常用信息化软件

在教学中的深度应用 马九克◎著

华东师范大学出版社

上海

图书在版编目（CIP）数据

常用信息化软件在教学中的深度应用/马九克著.
—上海：华东师范大学出版社，2012.3
ISBN 978 - 7 - 5617 - 9400 - 5

Ⅰ.① 常…　Ⅱ.① 马…　Ⅲ.① 多媒体软件—计算机辅
助教学—师资培训—教材　Ⅳ.① G434

中国版本图书馆 CIP 数据核字（2012）第 047588 号

教师新技能培训丛书

常用信息化软件在教学中的深度应用

著　　者　马九克
责任编辑　刘　佳
审读编辑　颜晶晶
责任校对　王丽平
装帧设计　卢晓红

出版发行　华东师范大学出版社
社　　址　上海市中山北路 3663 号　邮编 200062
网　　址　www. ecnupress. com. cn
电　　话　021 - 60821666　行政传真 021 - 62572105
客服电话　021 - 62865537　门市（邮购）电话　021 - 62869887
地　　址　上海市中山北路 3663 号华东师范大学校内先锋路口
网　　店　http://hdsdcbs. tmall. com

印 刷 者　常熟高专印刷有限公司
开　　本　889×1194　16 开
印　　张　20.75
字　　数　555 千字
版　　次　2012 年 5 月第 1 版
印　　次　2021 年 1 月第 5 次
印　　数　8401—9500
书　　号　ISBN 978-7-5617-9400-5/G·5622
定　　价　49.80 元

出 版 人　王　焰

（如发现本版图书有印订质量问题，请寄回本社客服中心调换或电话 021-62865537 联系）

你的教学也可以挥洒自如

刘雍潜

近日,我阅读了上海市七宝中学物理特级教师马九克老师的几本书,感受颇深:我们天天使用的 Word 中潜藏着巨大的功能,Excel 中蕴藏着神奇妙用,PowerPoint 应用空间广阔,教学中常用信息化软件的使用会让你的工作高效快捷。用好计算机的这些功能,教育可以变得轻松和高效!这一套丛书可以说是三大软件及多媒体技术教师应用的一株奇葩。

马老师的书深入浅出,通俗易懂,化繁为简,更重要的是能为我们解决实际操作中的难题。其内容几乎覆盖了教师日常应用的需求。教育的时代性进步,取决于教师的不断学习,取决于教师的专业化提升的过程。一个教师要想独具特色,就必须与时俱进,不断学习新的知识,不断思考,反复实践,不断提升教学能力。学习了马老师的这套丛书,你会惊喜地发现自己的工作变得轻松了,你的教学也可以挥洒自如。

我相信这套丛书的推广应用将有助于教师的课堂教学推陈出新,将使教师的常态教学不同于以往的传统教学模式,也一定会有助于中小学教师教育技术能力培训工作的开展。

(刘雍潜:研究员,全国中小学教师教育技术能力建设计划项目办常务副主任,中央电化教育馆学术委员会主任,中国教育技术协会秘书长)

目录

序一

张民生

随着计算机的普及和信息技术环境的逐步优化,常用软件如 Word、Excel、PowerPoint,已经成为广大教师教学中不可或缺的工具。但通过调查,我们了解到,这些软件的许多功能还没有被开发、被利用。多数教师只会应用这些软件的一些基本功能,比如 PowerPoint 仅仅起到一个电子黑板的作用,动画、插图、Flash 和影音文件的插入等很多功能还不能运用;Word 也只会用其进行简单的打字,连基本的排版功能都没有掌握;Excel 功能非常强大,但是我们的绝大部分教师甚至连它的基本运算功能都没有掌握,更不用说把它运用到教育管理和课堂教学中去了;其他复杂的可用于教学的软件有很多,但是广大一线教师没有时间学习,更不用说熟练掌握了,这些都制约了信息技术在教育教学中的应用。

七宝中学物理特级教师马九克老师,近几年对 Office 中的常用软件及多媒体技术进行潜心研究,如利用 PowerPoint 制作出具有动画效果的课件,他在制作过程中的创新思维具有独到之处,运用非常规的思维方法将 PowerPoint 的功能灵活运用,让你看到了你所没有见过的 PPT 课件。同时他还研究和总结了 Word 和 Excel 中的一些方法和技巧,能够极大地提高教师教学工作和班主任工作的效率。简单实用的一些网络软件的应用技术,可以解决你教学工作中的一些难题。目前马老师的研究成果得到了上海交大、华东师大、上海师大、中国教育技术协会及全国多位信息技术专家的高度肯定,普遍认为马老师的研究成果有以下三个特点:

1. 易学性。该研究是基于我们广大教师目前已普遍应用的常用软件,进行了深度应用,最大特点是简单易学,教师只要有使用这些软件的初步基础,就能很顺利地学习和应用。

2. 实用性。可以充分发挥常用软件的功能,用于课堂教学,提高课堂教学效率,同时也能够提高教师工作的效率和广大教师的信息技术素养。

3. 创新性。马老师对 Office 在教育教学中应用的系统研究到目前为止,国内还没有类似的研究成果,因此这一深度应用研究具有一定的创新性。

马九克老师的系列研究丛书的出版,为教师的教育技术的学习提供了良好的教材,它将促进课堂教学,进一步体现教育改革的精神,使课改先进的教育理念得以实践。

该系列丛书可以作为在职教师信息技术培训教材使用,如果教师学习的时候只是套用,那只能是机械地学习,我们希望学习者在学习过程中能够像作者马老师一样,拥有创新意识,这样就能在学习和应用中提升创新能力和产生创新成果。教师要利用信息技术创设适宜的教学环境,教育的环境,本质上是一种有助于启动和启发思维的酵母,通过环境的创设,可以激发学生学习的兴趣,使学生入情入境,获得学习的快乐感与幸福感。

教育信息化促进教育现代化已经成为教育发展的大趋势。希望大家够认清这一教育发展大势,努力使信息技术成为提高教与学效能的工具与资源,成为促进师生成长的不可或缺的有效环境与资源,以持续提升教学效能。

（张民生：原上海市教委副主任,现任中国教育学会副会长,上海市教委特邀总督学,上海市教育学会会长）

序二

黎加厚

国外一份资料介绍说,目前世界上,每天至少有 3 亿人在看 PPT。我们无需追究这个说法的数据是否准确,至少我们可以看到在我们的周围,PPT 已经成为人们学习和交流的重要的信息技术工具。从北大清华高等学府举行的顶尖级国际学术会议,到基层中小学校的课堂教学,从决定上千万元投资项目的论证报告,到决定你命运的 5 分钟求职演说,无论你是否意识到,你的 PPT 设计是否精彩,已经影响到你的工作、事业与人生!特别是在我们的课堂教学中,PPT 的应用已经成为主要的教学手段,能够很好地应用 PPT 制作出精美的课件,可以增强教师自身的魅力,最大限度地提高课堂教学的效益。

我认识马九克老师是在参加在上海闵行区举行的首届全国 Moodle 信息化课程设计研讨会议上。他从 2003 年以来,一直结合自己的物理教学工作,琢磨和研究如何将 Microsoft Office 2003 的几个常用教学软件为教学所用。他的教学科研获得了极大的成功。

现在如果问问周围的老师和学生,你会不会使用 PPT?大家都会不加思索地说,当然会用。读了马九克老师编写的《PowerPoint 2003 在教学中的深度应用》一书,才突然感到,其实你不会 PPT。或者说,一般人使用 PPT,只使用了 PPT 中"打开文件、打字、设置属性、保存、播放演示"等几种最基本的功能。也许,这就是 IT 界流传的"二八定律"(80%的人只是用了一项技术的 20%功能)在 PPT 上面的再现。

马九克老师能够从 PPT 的自定义动画功能入手,深究其奥秘,从而开发出无限奇妙的功能,将我们习以为常的 PPT 做得五彩缤纷,这是我以前不曾想到的。我感到马九克老师的这项研究工作为在基础教育中推广应用现有的 PowerPoint 平台,实现高质量的计算机辅助教学作出了贡献,这是一项很有作者原创特色的中学教学研究成果。

马老师编写的《Word 2003 在教学中的深度应用》一书,又一次让平时使用 Word 习以为常的人们感受到惊讶和意外,人们不会想到,Word 还有那么多的技巧和功能,帮助你提高工作效率,创造出自己也想不到的新奇。利用 Word 与 Excel 的巧妙链接,方便快捷地打印学生通知书,书中介绍的绘图的技巧和方法,可以让你在教案的编写过程中绘制出各种需要的图片。数据序号的自动生成可以让你的工作效率成倍地提高。

《Excel 2003 在教学中的深度应用》这本书,除了介绍了 Excel 使用过程中常用的一些方法和技巧外,还整理了大量教学中常用到的教学案例,几乎涵盖了教育教学过程中的所有电子文档的编辑和使用方法,既有一般学生成绩统计的常用函数的使用,又有各种实用的表格和图表的应用,如教师和班主任分别使用的学生成绩的查询、统计、成绩变化分析图表,学生体育成绩达标运算统计表,学校人事管理干部使用的教职工管理登记表。还介绍了一般书中见不到的利用 Excel 图表制作动态函数图线的方法。书中的内容对一线教师提高教学管理能力会有很大的帮助。

在课件制作过程中,需要大量的视频、音频以及图片,为了满足教学的需要,常常需要在 PPT 课件中插入视频文件,网上包括网络电视在内的众多的视频文件如何下载,下载后如何进行编辑,而下载的视频文件(如 FLV 格式)常常不能直接插入到 PPT 文档中,如何进行格式的转换,这些都是我们多数教师制作课件的难题。马九克老师在《常用信息化软件在教学中的深度应用》中都作了详细的介绍,该书还详细介绍了教师在教学过程中常用的一些软件和网络使用的一些方法技巧。例如,如何利用《格式工厂》改变视频、音频及图片的格式,如何使用《视频编辑专家》编辑下载的视频文件,如何让你制作的 PPT 文档转换格式保存,保护你的 PPT 文档。如何编辑"思维导图",如何修改 Flash 文件中的文字和图片,如何使用 QQ 进行远程协作,在别人邀请你的情况下,在你的电脑上看到别人电脑的界面,以此可以对他人进行电脑的指导操作,实现多人协作学习和工作。还有,如何利用网络保存你自己造的词库以及上网习惯的设置,如何使用网络邮盘上传和下载自己的文档,让你的文件永不丢失等十分有用的实用应用技术。

马老师通过自己多年的钻研,结合自己的教学实际整理出来的这套教育教学工作中实用方便的工具书,一定会给读者带来益处。

目前社会上计算机图书非常多,但是结合教学实际进行研究的、教师实用的计算机书籍还不多见。感谢马九克老师把自己多年研究使用 Office 及常用信息化软件应用的方法和技巧整理成系列丛书,供读者学习和参考。相信读者在马九克老师研究的基础上,不仅会在教学和工作中更好地使用这套丛书,并且受马老师钻研精神的启迪,大家也会进一步发展使用多媒体应用的技巧和创意。

这让我想到,其实,很多东西你都不知道,只有你深入进去,你才有机会发现美;深入是一种体验,体验则是一种过程,过程才是一种人生享受……

学习 Office 在教学中应用的高级功能,熟练应用多媒体信息技术,是提高 21 世纪教师教育技术素养的重要组成部分。马九克老师这套丛书的推出,为广大教师提高教育技术素养提供了一个很好的途径,值得大力推广。相信广大读者在马九克老师研究的基础上,会进一步发展 Office 的技巧和创意,从而使我们的课堂教学更加多姿多彩,焕发勃勃生机。用我们的辛勤努力去谱写教育教学工作中更加美丽的华章吧!

(黎加厚:教育部全国教师教育信息化专家委员会委员,中国教育技术协会学术委员会副主任,英特尔®未来教育中国项目专家组专家,教育部—微软携手助学项目特邀专家)

前言

仇忠海

　　教师是教育改革的直接参与者与执行者,学生的发展、学校的发展都离不开教师的发展,离开了素质精良的师资群体,任何教育改革都将成为空谈。就学校而言,可以通过营造教师文化、拓展培训途径、经费支持、名师带徒、评比激励等措施,促进教师在人文科学素养、课堂教学技艺、反思研究能力、信息技术整合能力等方面快速提高,促进教师向以教学为专长的特色型教师、以情感为本的人格型教师、以探究见长的研究型教师等多种目标取向发展,全面提高教师的专业水平。

　　教学是专业性很强的工作,需要教师发挥智慧和创造力,需要情感和身心的投入。教师通过课堂教学的创新不断发展和完善自我,提高自己的专业水平,实现自身的职业理想。坚持数年的新一轮教改背景下的校本师资培训,使我校教师队伍的整体素质大为改观。今天,我们已拥有一支非常精良稳定的师资群体。我校师德高尚、业务精湛的教师不断涌现,他们敬业爱岗,教书育人,深受学生的爱戴。

　　目前,我校教师校本培训的五个层次已逐步形成:① 专业知识和专业技能的培训。② 专业修养和专业精神的培训。③ 教、研、训一体化的教育研究与课堂创新能力培训。④ 鼓励教师超越自我,积极开设拓展型课程,拓展专业发展空间。⑤ 鼓励教师著书立说,潜心专业研究,培养专家型教师。我校通过全体教师参与的"课堂教学创新"研究活动,使教师教育理念得以全面提升,课堂新型的师生关系得到构建,学校课堂文化相应发展。七宝中学已经建立了一个课堂教学改革的可持续发展的机制。课堂教学创新机制建设的成败,关键是能否持续地促进教师开展课堂教学变革行动,成为行动的专家。只有在行动中,才能在课程资源的开发与利用、师生关系的构建、教学策略的优化、教学模式的选择及信息技术的应用中,发现问题,解决问题,总结经验,持续改进。

　　我校物理特级教师马九克,是一位事业心极强的研究性教师。在多年的教育教学实践中,他结合教学实际,对 Officer 的几个办公软件以及网络软件的应用进行了深入的研究和实践,使得 PowerPoint、Word、Excel 等常用信息化软件在教育教学中的应用有了新的突破。他的研究成果得到了上海市以及国内多位信息技术专家的高度评价,2008 年 12 月,该研究成果在南宁召开的中国教育技术协会年会上介绍后,引起了与会教育技术专家的极大兴趣,并获得了教育技术学术征文一等奖。2008 年 6 月,联合国教科文组织在朝鲜召开的多媒体信息技术应用大会上,展示该研究成果后,获得了与会专家的一致好评,被认为有极大的推广价值。华东师范大学网络教育学院院长、全国著名教师教育技术应用研究专家祝智庭教授认为,马九克老师的研究的最大价值在于,让平凡人用平凡工具做平凡事而产生不平凡的工作成效,值得大范围推广。

　　本书是作者在教学中经常使用的网络软件的方法和技巧的整合。作者在对软件的基本功能进行深入研究的基础上,进行了深度开发,拓宽了软件的应用领域,并结合教学实践摸索总结出一些方法和技巧。目前,在教学过程中,图片如何截取编辑、声音如何录制编辑、网络视频如何下载、下载后如何插入到PPT 文档中,都是教师常常遇到的问题。本书详细介绍了在课件制作过程中,如何使用和编辑图片,如何录制和编辑声音文件,如何修改 Flash 文件中的文字和图片,特别是介绍了下载包括全国卫星电视在内的所有网络视频的方法和复制所有不能复制的网页文字的方法,利用书中介绍的方法可以快速得到纸质文稿中的文字,并在 Word 中进行编辑整理。本书还对教学中常常使用的一些软件进行了使用方法的讲解。学习了书中的内容,可以极大地提高你的工作绩效和工作效率。

由于各软件更新较快,书中介绍的方法只是书中所附光盘的软件的相应版本的使用方法。虽然各软件版本不断升级,但是使用方法基本相同,升级的版本只是功能更加完善而已,希望大家能够创新她学习。

书中附有大量的图片,详细介绍了网络、软件在制作课件的过程中的具体操作方法,这确是一本较为完善的适合教师使用的制作教学课件的工具参考书。本书能使读者在教学中和日常工作中快速地制作出高质量的、美观大方的 PowerPoint 演示文稿。可以提高课堂教学的绩效,提高办公室人员的工作效率,使得计算机的操作使用更加方便快捷,工作效率大大提高。全书语言流畅,图文并茂,易学易懂,实用性强。

本书适合于计算机的初级、中级及高级用户使用,特别是广大教育工作者在课堂教学课件的制作过程中学习和参考,也可以作为教师信息化技术应用方面培训的参考书。同样它也适用于广大行政办公人员、工矿企业管理者、电脑爱好者学习和使用。

在本丛书的编辑过程中,华东师范大学网络教育学院院长、全国著名教师教育技术应用研究专家祝智庭教授,华东师范大学物理系博士生导师、全国高等物理教育研究会理事长胡炳元教授,上海师范大学教育技术系主任、教育部全国教师教育信息化专家委员会委员黎加厚教授,多次给予了指导和帮助,对本书提出了很多意见和建议。上海市闵行区教师进修学院、闵行区教育科学研究所对本书的编辑和出版给予了很大的帮助和支持。在此我们对以上专家和领导在本书编辑和出版过程中的帮助、关心和支持,表示深深的感谢。

2011 年 12 月 18 日于上海市七宝中学

(仇忠海:上海市七宝中学校长兼党委书记,上海市特级校长,中学特级教师,华东师范大学教师教育特聘教授,教育部校长培训中心兼职教授,国务院特殊津贴获得者,"上海市教育功臣")

第1章　图片的应用

制作教学课件时，常常需要大量的图片。这些图片一方面可以通过截图获得，另一方面可以通过网上下载而获得，但得到的图片常常不能直接满足教学的需要而要重新编辑。因此，如果能够掌握获得图片和编辑图片的方法，就能够更好地满足自己的教学需要。

1.1　由 Windows 自带工具截取图片

图片来源最简单的方法是利用 Windows 自带工具直接在屏幕上抓取图像，操作方法如下：

1. 截取图片

在电脑键盘上的右上角直接按"Print Screen SysRq"键（也有键盘上显示为"PrtSc SysRq"）。按下"Print Screen SysRq"键，系统会将当前整个屏幕截下来放到剪贴板上。若按下"Alt＋Print Screen SysRq"键，则截取的是当前的活动窗口。下面以截取的活动窗口"项目符号和编号"为例进行说明。

2. 保存图片

（1）可以通过系统自带的"画图"软件把它保存下来。点击"开始"→"所有程序"→"附件"→"画图"，调出 Windows 自带的"画图"软件，然后点击"编辑"→"粘贴"，或者利用"Ctrl＋V"。如图 1－1 所示。将截下的画面粘贴到"画图"文档中。

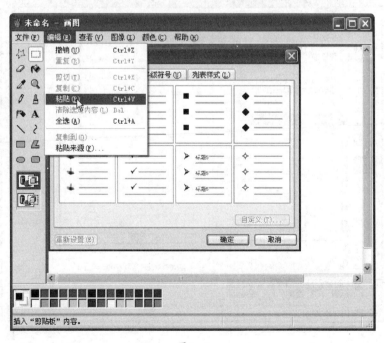

图 1－1

(2) 保存图片。

① 点击"文件"→"另存为"可以保存图片。截图一般会自动保存为 BMP 格式,但是 BMP 的图片较大,需要把它转换成 JPG 格式。在"保存类型"里选择"JPEG"格式,如图 1-2 所示。选择好保存路径,点击"保存",就可以把截图以 JPG 格式保存下来了。

图 1-2

② 点击"画图"程序左上角的"选定"按钮"□",用鼠标在图中选择一定的区域,并可以拖动选中的区域,然后点击"编辑"→"复制到",就可以将选中的区域保存下来。如图 1-3 所示。若点击"文件"→"另存为",则保存的是整个画面。

图 1-3

3. 直接使用

(1) 粘贴到文档中。可以将剪贴板上获得的图片直接应用于 Word 和 PowerPoint 文档中。如图 1-4 所示,在 Word 文档中直接粘贴,默认的是"嵌入式"图片,并自动出现图片工具栏。在 PowerPoint 文档中也可以直接粘贴使用,如图 1-5 所示。

图 1-4

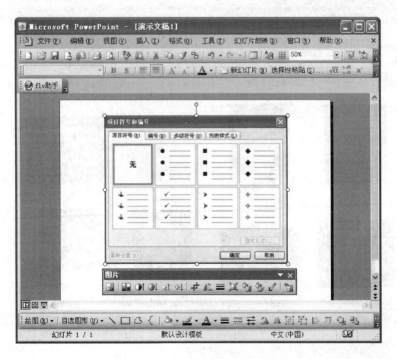

图 1-5

(2) 利用图片工具栏。在上面两个程序中,可以利用工具栏中的各个工具,对图片进行编辑。如可以对图片进行"裁剪"、改变图片颜色等操作。

1.2　从网上下载图片

网上有非常丰富的图片资源,可以找到很多教学需要的图片。某个网页上的图片,只要在输入框中输入图片中含有的该网页的文字,通过搜索文字,图片就可以搜索出来:

1. 网上搜索

(1) 各种搜索的网站上都有专门搜索图片的功能。以"百度"为例,选中"图片",在输入框中输入需要查找的图片的网页上可能出现的文字,如"爱因斯坦",然后点击"百度一下",如图 1 - 6 所示。则包含"爱因斯坦"文字的图片都可以被搜索出来。

图 1-6

(2) 从搜索到的图片中可以看出,都是与文字"爱因斯坦"有关的网页上的图片。如图 1 - 7 所示。

图 1-7

(3) 点击某一图片,可以看到该图片的放大图,并且在右边出现其他图片的预览图。如图 1-8 所示。点击大图片,可以逐张查看图片。在图片上右击鼠标,在得到的选项卡中,选择"复制",可以直接粘贴在Word 和 PowerPoint 文档中。如图 1-9 所示。或者以"图片另存为"进行保存。

图 1-8   图 1-9

1.3   图片格式及转换

由于图片的格式不同,有些图片文件很大,有些图片文件则很小,常见的图片格式有:

1. 图片格式简介

(1) BMP:Windows 系统下的标准位图格式,未经过压缩,这种图像文件比较大。平时我们用画图程序画出的图形的格式就是这一种。

(2) JPEG(JPG):是应用最广泛的图片格式之一,这种图片是经过压缩而来的,文件较小,便于在网络上传输,网页上大部分图片就是这种格式。

(3) GIF:分为静态 GIF 和动画 GIF 两种,文件较小,网上很多小动画都是 GIF 格式。

(4) TIF 或 TIFF:是印刷行业标准的图像格式,通用性很强,几乎所有的图像处理软件和排版软件都对其提供了很好的支持。

(5) PCX:是经过压缩的格式,占用磁盘空间较少,并具有压缩及全彩色的优点。

(6) PNG:与 JPG 格式类似,网页中很多图片都是这种格式,支持图像透明。

2. 图片的格式转换

图片格式的转换通常可以采用以下两种方法:

(1) 利用"另存为"。如图 1-2 所示,可以利用"另存为"的方法,在"保存类型"中选择需要的格式,以此改变图片的格式。

(2) 利用格式转换软件转换图片格式。图片格式转换的软件很多,后面介绍的 ACDsee、光影魔术手等软件都可以方便地转换图片的格式,"格式工厂"软件可以转换图片、声音及视频的各种格式。

1.4　在视频播放过程中截图

在制作课件的过程中,有时需要视频文件中的某一画面。在播放视频的过程中,看到需要的画面想截图时,如果用软件 HyperSnap - DX 6 或者直接用键盘上的 Print Screen 键,截取的视频图片都是黑色的。如何从视频文件中截取需要的图片? 一般的视频播放器都具有截图的功能,下面介绍截图的方法:

1. 暴风影音播放器

(1) 在暴风影音播放器的播放过程中,看到需要的画面想截图时,直接按下 F5 键就可以了。在得到的"截图另存为"对话框中,选择图片保存的位置,可以给图片重新命名,并可以选择图片的保存类型。如图 1-10 所示。

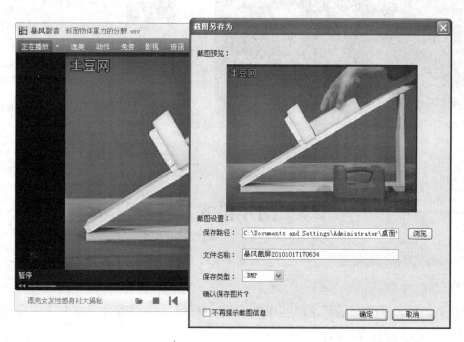

图 1-10

图 1-11

(2) 播放器设置。点击播放器右上角的按钮" ",再点击"高级选项",如图 1-11 所示,在得到的"高级选项"对话框中,在"热键"中可以设置截屏的快捷键。如图 1-12 所示。在"截图设置"选项中,可以设置图片的保存位置及图片的格式。如图 1-13 所示。

2. QQ 影音播放器

(1) 在 QQ 影音播放器的播放过程中,按下默认截图的快捷键"Alt + A",即可截图。按下快捷键后,屏幕上显示"截图成功,可直接粘贴",并显示了截取的图片在文件夹中的位置。如图 1-14 所示。

(2) 播放器设置。点击播放器右上角的按钮" ",再点击"设置"→"播放器设置",如图 1-15 所示,在得到的"播放器设置"对话框中,可以设置截图的快捷键。如图 1-16 所示。在"截图"选项中,可以设置图片的保存位置及图片的格式。

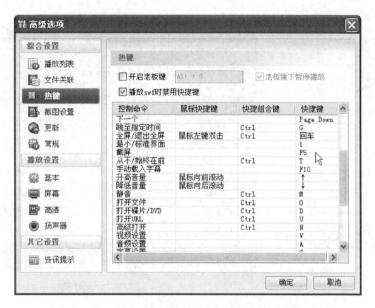

图 1 - 12

图 1 - 13

图 1 - 14

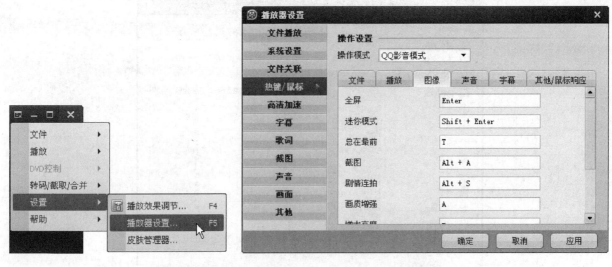

图 1-15   图 1-16

1.5 图片浏览器——Windows
图片和传真查看器

一般操作系统自带有图片浏览器和画图工具。鼠标右击某一图片,选中"打开方式",通常都可以看到"Windows 图片和传真查看器"、"画图"这两个选项。这两个选项分别表示用"Windows 图片和传真查看器"工具来打开这个文件,或者用"画图"工具来打开这个文件。如图 1-17 所示。这两个工具都是图片浏览器,都有图片浏览的功能。它们也各自有自己的特殊用处,先来看"Windows 图片和传真查看器",这个工具的主界面如图 1-18 所示,下面有几个简单工具,如图 1-19 所示,从左到右是:

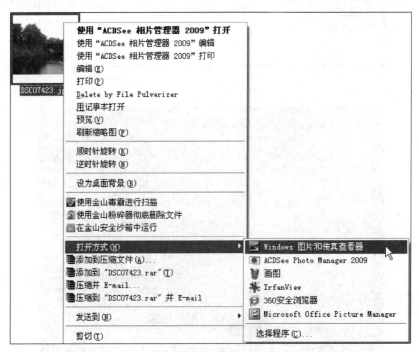

图 1-17

图 1 - 18

图 1 - 19

(1) 按钮""和""分别是浏览上一个图片和下一个图片按钮。

(2) 按钮""是图片"显示最合适"按钮。

(3) 按钮""是图片"显示实际大小"按钮。

(4) 按钮""是幻灯片放映按钮。

(5) 按钮""和""是图片的放大和缩小按钮。

(6) 按钮""和""是图片旋转按钮。

(7) 按钮""是删除该图片按钮。

(8) 按钮""是图片的复制按钮,相当于把图片"另存为"。

第2章　使用 ACDsee 浏览图片

2.1　ACDsee 软件简介

课件制作、文稿演示都离不开选择图片，ACDSee 是目前最流行的图像浏览处理软件，它能广泛应用于图片的获取、管理、浏览、优化等方面。ACDSee 可轻松实现 JPG、BMP、GIF 等图像格式的任意转化。最常用的是将 BMP 转化为 JPG，这样可以大大减小课件的体积。使用 ACDSee，可以从数码相机和扫描仪中高效方便地获取图片，并进行便捷的查找、组织和预览。它能快速、高质量地显示出你的图片，再配以内置的音频播放器，就可以享用它播放出来的精彩幻灯片了。此外 ACDSee 还是个得心应手的图片编辑工具，能轻松处理数码影像，拥有的功能有去除红眼、剪切图像、锐化、浮雕特效、曝光调整、旋转、镜像等等，并能对一些文件进行批量处理。下面以 ACDsee 2009 版为例作简单介绍。

1. ACDsee 浏览器的界面

安装后打开 ACDsee 软件，单击浏览窗口中的"文件夹"，在下面的目录中找到要浏览图片的文件夹，在右边的文件列表窗口中将显示文件夹中的所有图片，如图 2－1 所示。当光标置于某一图片上时，可以看到图片的放大图，单击一幅图片，左下角的预览面板中将显示出该图片。软件界面主要由四部分组成：

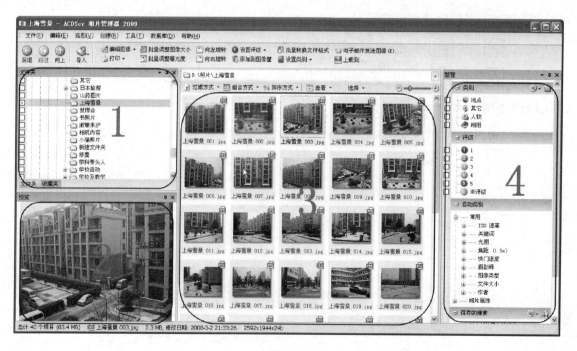

图 2－1

(1) 区域 1 是"文件夹"及"收藏夹"窗格。在此可以按文件夹或收藏夹浏览文件。

(2) 区域 2 是"预览"窗格。在此查看单击的任何略图的放大图片。

(3) 区域 3 是文件列表。查看图片略图,对它们进行过滤、组合或排序等操作。可以通过点击右上角的""、"➖"按钮,或者拉动小滑块,或者选中某一图片,在按下 Ctrl 键时,滚动鼠轮,来改变图像的显示比例。

(4) 区域 4 是"属性"、"整理"及"搜索"窗格。在此可以搜索并整理文件,查看文件的属性。

可以通过鼠标拉动边界线的方法改变各区域显示的大小。各区域的显示或隐藏可以通过点击"视图"中得到的下拉菜单进行操作。如图 2 - 2 所示。

图 2 - 2

2. 用户界面模式

ACDSee 有以下三种用户界面模式:

(1) ACDSee 浏览器。

用户界面的主要浏览与管理组件,启动 ACDSee 后就会看到它。在浏览器中,可以查找、移动及预览文件,可以进行文件排序、批量重命名等操作。浏览器中的"文件列表"窗格,显示了当前文件夹中的内容。

浏览器除了上面的主工具栏以外,还有一个是与上下内容相关的工具栏,它根据当前所选的项目提供不同工具的快捷方式。如果选择的是文件夹,工具栏如图 2 - 3 所示。如果选择的是某一文件,工具栏如图 2 - 4 所示。

图 2 - 3

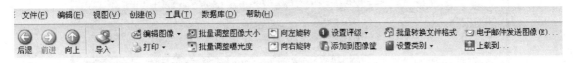

图 2 - 4

(2) ACDSee 查看器。

双击某一图片,可以进入 ACDSee 查看器模式,一次显示一张图像。可以在"查看器"中打开窗格来查看图像属性,滚动鼠轮,可以浏览本文件夹中不同的图片,若按下 Ctrl 键时再滚动鼠轮,可以改变图片的显示比例,也可以利用菜单栏中的"缩放"工具,改变图片的缩放比例,点击菜单栏中的"视图"→"属性",再选中下面的"文件"选项卡,可以看到图片的信息。如图 2 - 5 所示。

点击左上角的"浏览"按钮,可以重新回到浏览器模式,点击"浏览"按钮右边的"编辑图像"按钮"▨ ▾",则可以进入编辑模式状态。

(3) 编辑模式。

在"编辑模式"中,"编辑面板"左侧显示了许多图片编辑工具,可以使用编辑工具对图片进行各种编辑。"编辑模式"下面的状态栏,显示正在编辑图像的有关信息。如图 2 - 6 所示。编辑结束后,点击上面

图 2-5

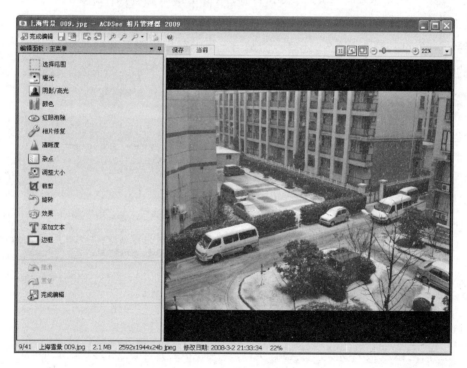

图 2-6

的"完成编辑",则重新回到查看器模式。

2.2 图片的查看及排序方式

1. 文件的排序方式

要方便地查看图片,就要熟练地掌握各种查看排序的方式。在浏览窗口中浏览图片时,点击工具栏上的"排序方式"按钮,可以设置不同的排序方式,如可以按照"文件名"排序,或"图片类型"、"修改日期"

等选项排序。如图 2-7 所示。

2. 文件的查看类型

点击工具栏上的"查看",可以选择不同的图片显示的类型,既可以显示"略图",也可以显示"平铺",或显示"图标",如图 2-8 所示。

图 2-7

图 2-8

2.3 转换图片格式

为了减小图片的字节大小或供其他应用程序使用,常常需要转换图片的格式。BMP、TIFF 等格式的文件比较大,JPEG 格式较小,ACDsee 不仅能转换单个图片的格式,更能批量转换图片的格式,操作方法如下:

1. 选中需要转换的图片

在图 2-1 中间的文件列表区,选中需要转换格式的图片,点击上面的"工具"→"转换文件格式",如图 2-9 所示。

2. 选择文件格式

在得到的"批量转换文件格式"对话框的"格式"选项卡中,选择需要转换的格式,如图 2-10 所示。点击"下一步"。

3. 转换设置

在得到的"设置输出选项"对话框的"目标位置"项目中,选择文件放置的位置,在"文件选项"中,在"覆盖现有的文件"时,选择"询问"(覆盖文件时出现提示消息)、"忽略"(如果存在有相同文件名与扩展名的文件时,则取消操作)、"替换"(覆盖文件而不提示确认)、"重命名"(提示重命名文件)等选项。如图 2-11 所示。点击"下一步"。

4. 转换图片格式

"输入"和"输出"都选择默认项。如图 2-12 所示。点击"开始转换"即可。

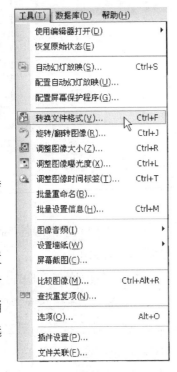

图 2-9

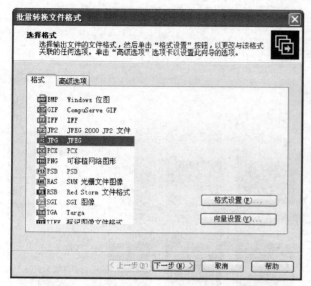

图 2-10

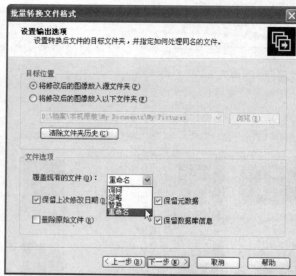

图 2-11

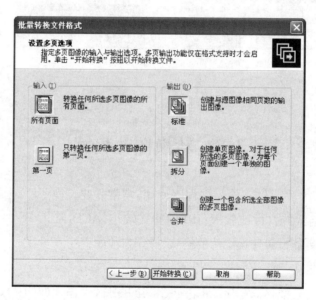

图 2-12

2.4　改变图片的大小

实际的应用中常常需要更改图片的大小。利用 ACDsee 可以选择按百分比、像素等项目来改变图片大小,其方法如下:

1. 按"原图的百分比"改变图像大小

(1) 在"浏览器"界面中(如图 2-1 所示),选择一个或多个图像,然后单击菜单栏中的"工具"→"批量调整图像大小",或者点击图 2-4 所示工具栏上的"批量调整图像大小"按钮,在得到的"批量调整图像大小"对话框中选择"原图的百分比",如图 2-13 所示。

(2) 按图像原始大小的百分比调整图像大小。输入小于 100 的百分数以缩小图像,输入大于 100 的百分数以放大图像。"应用于"指将调整大小应用于"高度"或"宽度"还是二者同时应用,一般选择"宽度与高度。

（3）点击图 2-13 中左下角的"选项"按钮，在"选项"对话框中，根据情况可以选择不同的项目，如图 2-14 所示。

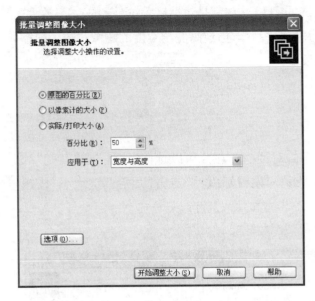

图 2-13

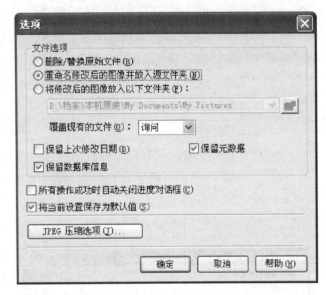

图 2-14

（4）图像大小改变以后，可以通过"浏览器"左下角的"预览"窗格进行大小的比较，默认的是"自动大小"，可以选择"实际大小"等选项。如图 2-15 所示。在下面的状态栏中还可以看到图像的信息。

图 2-15

2. "以像素计的大小"调整图像

(1) 选择"以像素计的大小",得到如图2-16所示的对话框,"宽度"指以像素为单位的图像新宽度；"高度"指以像素为单位的图像新高度。

(2) "调整大小"：指如何调整图像大小,选择以下选项之一(这些都是对批量操作而言的)："只放大"只调整那些小于指定高度与宽度的图像；"只缩小"只调整那些大于指定高度与宽度的图像；"放大或缩小"将所有图像调整为指定的高度与宽度(一般选择此项)。

(3) "保持原始的纵横比"：保留原始图像的宽高比,一般选择此项。

(4) "适合"：一般选择"宽度与高度"。

3. 选择"实际/打印大小"

选择"实际/打印大小",可以得到如图2-17所示的对话框。在此可以选择"宽度"和"高度"的单位,以及图像打印的分辨率,可以"保持原始的纵横比"。设置好以后,点击"开始调整大小"按钮即可。

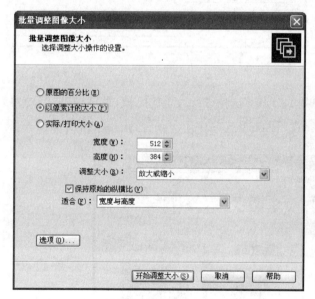

图 2-16

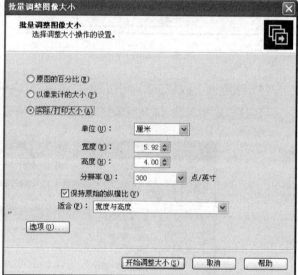

图 2-17

2.5 调整图片的精度

前面对图像大小的调整是调整了图像的几何尺寸,另一种方法是调整图像的精度,减小图像的"体积"(即大小)。可以通过以下几种方法进行调整。

1. 利用图像另存为

(1) 在"查看器"模式下,点击"文件"→"另存为",在"图像另存为"对话框中,输入文件名和保存的类型,点击右下角的"选项"按钮。如图2-18所示。

(2) 选项的设置。在得到的"JPEG选项"对话框中,移动滑块,调整图像的质量。如图2-19所示。一般不要小于40%。点击"确定"后,再点击"保存"即可。

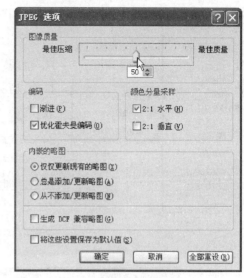

图 2-18   图 2-19

2. 转换图像格式时调整

在前面的格式转换过程中,可以通过点击图 2-10 中的"格式设置"按钮,而得到"JPEG 选项"对话框。在格式转换的同时,改变图像的精度。

3. 改变图像大小时调整

"JPEG 选项"对话框也可以通过点击图 2-14 中的"JPEG 压缩选项"按钮而得到。在前面"改变图像大小"的内容中,也可以同时改变图像的精度。

这种方法,图像的几何大小可以不改变,但是体积却大大减少了,无论是用于电子邮件传输,还是个人相册上传或是论坛贴图都十分方便。在制作课件时,将图像的质量降低并不影响其在 PPT 课件中的使用,但是可以让文件变小,使用更方便。

2.6   图片的查看及设置

1. 图片的查看

(1) 进入查看器界面。

在"文件列表"窗口中,有以下三种方法可以进入查看器:

① 选择一个文件,然后按 Enter 键。

② 选择一个文件,双击该文件。

③ 使用鼠标右键单击图像,然后选择查看。

(2) 退出查看器界面。

如果要重新回到文件夹列表窗口,可以通过如下方法:

① 在"视图"菜单下点击"浏览"(或者左上角的"浏览"按钮)。

② 点击右上角的窗口关闭按钮"✕"。

③ 在图像上双击。

(3) 进入和退出全屏模式。

① 在查看器界面要进入全屏模式,点击菜单工具栏上"视图"→"全屏幕";或者在图像上右击鼠标选

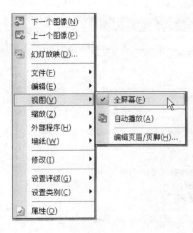

图 2 - 20

择"视图"→"全屏幕",都可以进入全屏幕显示状态。

② 退出全屏幕。在图像上右击鼠标,选择"视图"→"全屏幕",如图 2 - 20 所示,还可以点击"下一个图像"、"上一个图像",或者利用鼠标滚动轮,对图像进行全屏幕浏览。或者双击该图像,回到文件夹列表模式。

2. 文件列表窗口中同时浏览多个文件夹图片

要想同时浏览多个文件夹中的图片,可用鼠标在文件夹中的左边区域中,同时选中(点击即可)多个文件夹,如图 2 - 21 所示,同时选中了"优秀作品"和"封面"两个文件夹,这样在浏览窗口中可以同时浏览多个文件夹中的图片。

图 2 - 21

3. 显示文件的属性

对于一个图片,要想了解该图片的属性,可以通过右边的"属性"窗格进行浏览。在图 2 - 2 中点击"属性",在右边显示属性的窗格,点击下面的"文件"选项,可以看到该图像的详细信息。如图 2 - 22 所示。

4. 浏览常用的文件夹

常常是需要浏览某一文件夹的图像,要让打开软件的窗口时就能进入到该文件夹中,可以进行如下设置:点击"工具"→"选项",在"选项"对话框中选中"浏览器",在"默认启动文件夹"项目中选中"特定文件夹",再点击右边的"浏览"按钮,选择需要浏览的文件夹的位置。如图 2 - 23 所示。

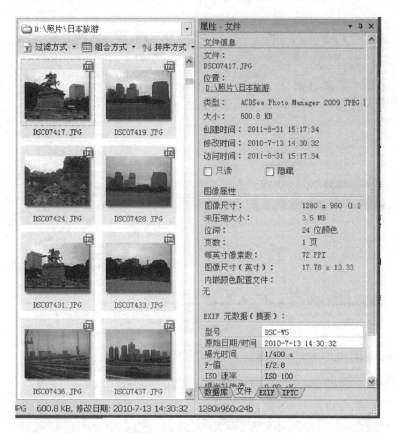

图 2 - 22

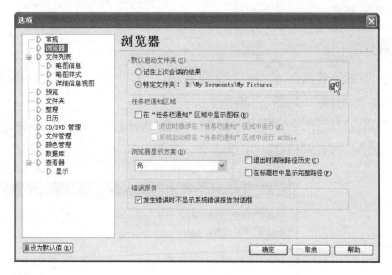

图 2 - 23

2.7 幻灯片方式自动播放图片

可以对文件夹中的图片,应用幻灯片模式进行图片的自动播放,操作步骤如下:

1. 自动放映图像

(1) 选中一个准备放映该文件夹中的图像的文件夹,点击菜单工具栏上的"工具"→"自动幻灯放映",或者点击上面工具栏中的"自动幻灯放映"按钮。如图 2 - 24 所示。或者选中文件夹中的几个准备

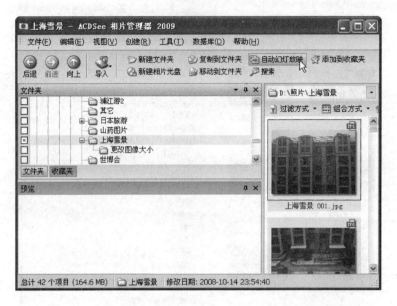

图 2 - 24

以幻灯片方式放映的图像,进行类同的操作。

(2) 在放映过程中,可以通过下面的工具按钮改变幻灯片的放映设置。如图 2 - 25 所示。

图 2 - 25

2. 幻灯片放映属性的设置

(1) 可以设置幻灯片放映的属性,选中一个文件夹或者文件夹中的某几个图像,点击菜单工具栏上的"工具"→"配置自动幻灯放映"。如图 2 - 26 所示。

(2) 在"幻灯放映属性"对话框中的"基本"选项卡中,在"选择转场"中,可以设置幻灯片的切换方式,还可以进行"变化"、"效果"及"幻灯持续时间"等选项的属性设置。如图 2 - 27 所示。

图 2 - 26

图 2 - 27

（3）在"高级"选项卡中，在"常规设置"选项中，可以选中如"自动隐藏控制栏"、"循环"等项目，在"幻灯顺序"中可以选择幻灯片是"向前"还是"无序"播放，可以在"音乐目录"中，点击"浏览"添加幻灯片放映时播放的音乐。如图 2-28 所示。

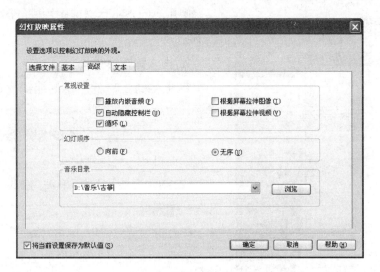

图 2-28

2.8 批量按顺序重命名

对于一些文件名较乱的图片文件，常常要将它们按照一定的顺序进行重新命名，方法如下：

选中需要重新按顺序命名的图像，点击"工具"→"批量重命名"，如图 2-26 所示。在得到的"批量重命名"对话框的"模板"选项卡中，默认选中"使用模板重命名文件"，可以选择"使用数字替换♯"还是"使用字母替换♯"，"开始于"一般选择"1"，即从 1 开始，在模板中输入文件名，后面出现自动序号，用"♯"代替，序号需要几位，就用几个"♯"号，如图 2-29 所示。

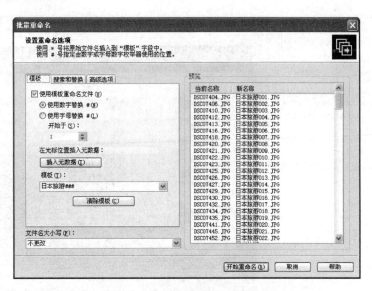

图 2-29

上述批量重命名的方法，不仅对于图像文件，对于任何文件和文件夹都可以用这种方法批量更改文件名，且按一定的序号排列。

2.9 图片的编辑处理

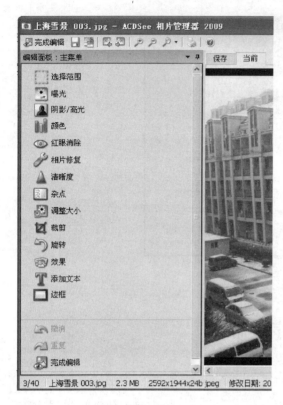

图 2-30

使用 ACDSee 可以对图片进行简单的加工处理,步骤如下:

1. 进入编辑模式

要进入如图 2-6 所示的编辑模式,可以采用下面任意一种方法:

(1) 在"浏览器"中,选择图像,然后单击"工具"→"使用编辑器打开"→"编辑模式"。

(2) 在"查看器"中,单击"修改"→"使用编辑器打开"→"编辑模式"。

(3) 在"查看器"中,单击"修改"→"编辑模式"。

然后选择左边编辑图像的工具按钮。可以直接打开该工具进行图像的编辑。当完成编辑时,点击上面(或者下面)的"完成编辑"按钮,退出编辑状态,回到"查看器"模式中。如图 2-30 所示。

2. 选择范围的使用

"选择范围"工具是为配合其他编辑工具的使用而设计的一种工具。利用"选择范围"隔离出图片的一块区域,这样就可以仅对该区域进行编辑,这里有三种不同的选择范围工具,每种都可以按照不同的方式来选择相片区域。点击"选择范围",进入范围的选择状态,如图 2-31 所示。三种选择工具分别简介如下:

图 2-31

（1）"自由套索"：单击鼠标左键并拖动光标，在希望选择的区域上进行自由绘制。

（2）"魔术棒"：单击图像中的任何区域，相同颜色的所有像素便都包含在选择范围内。

（3）"选取框"：单击鼠标可以拖动一个矩形或椭圆区域。

点击下面的"完成"按钮，退出选择范围模式。

3. 图片的裁剪

使用"裁剪"工具可以删除图像上不想要的部分，或是将图像画布缩减到特定的尺寸。

（1）要裁剪图像，在"编辑模式"中，单击"编辑面板"上的"裁剪"。

（2）用鼠标或者输入数值，调整裁剪窗口的大小和位置后双击即可。

（3）点击"估计新文件大小"，可以看到被裁剪的新图片的文件大小。如图 2-32 所示。

图 2-32

4. 退出裁剪状态

（1）双击裁剪窗口区域，关闭"裁剪"工具并以裁剪的新图像出现在编辑器窗口。

（2）单击下面的"完成"按钮，关闭"裁剪"工具并以裁剪的新图像出现在编辑器窗口。

（3）单击下面的"取消"按钮，退出此工具而不裁剪图像。

5. 应用效果编辑图像

（1）点击工具栏上的"效果"按钮，可以看到很多种类别的效果。如在"选择类别"中选择"扭曲"，选择一种效果如"镜像"。如图 2-33 所示。

（2）在"镜像"选项卡上的"镜像方向"区域，选择"水平"或者"垂直"的镜像方向。可以拖动"镜像轴"滑块，以调整镜像的位置。值为 500 时，在图像中间放置镜像。如图 2-34 所示。

（3）单击"完成"按钮，即完成镜像效果的设置。单击下面的"取消"按钮即取消更改。

6. 图片的旋转

对于一些图片需要进行一定角度的旋转。

图 2 - 33

图 2 - 34

(1) 在编辑模式下点击"旋转"工具按钮,在"旋转"选项卡中的方向选项中,可以对图像进行向左或者向右 90 度的旋转,以及 180 度的旋转。图 2 - 35 所示,是旋转前的图片。

(2) 左右拖动调正滑块,直至图像看上去很平直。如图 2 - 36 所示。或者选中"显示网格",根据网格线再进行图像的调整。

(3) 也可以单击"垂直"按钮" "或"水平"按钮" ",然后在要设为垂直或水平的图像上使用鼠标指针绘制一条直线,即可以让图片按绘制的图线方向旋转。

图 2 - 35

图 2 - 36

（4）在"翻转"选项卡中，可以将图像翻转。

点击"完成"按钮，退出旋转的编辑状态。

7. 利用相片修复功能删除图中文字

利用相片修复功能中的"克隆",可以将图像中的某一处内容(颜色、文字等)复制到其他区域,操作方法如下:

(1) 打开一个图片。在图2-30中点击"相片修复",选中"克隆",调整"笔尖宽度"。如图2-37所示。

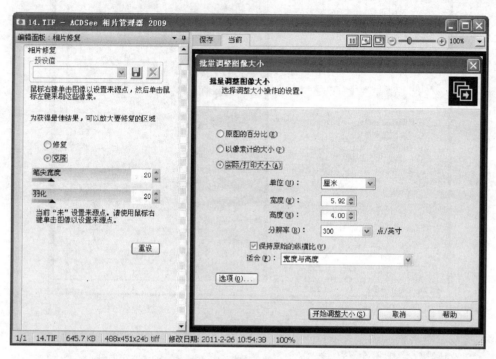

图2-37

(2) 擦除文字。光标置于某一区域右击一下,然后在需要擦除的文字上扫一下即可。如图2-38所示。

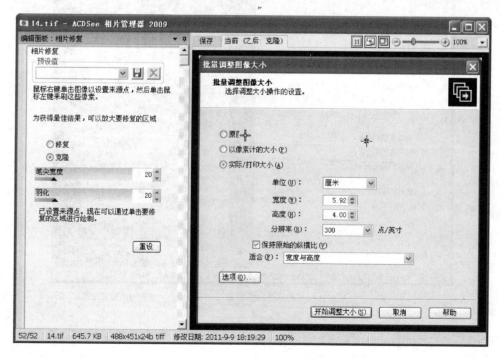

图2-38

(3) 复制文字等内容。光标置于某段文字前面,右击一下,然后用鼠标在某处水平刷一下即可。如图2-39所示。

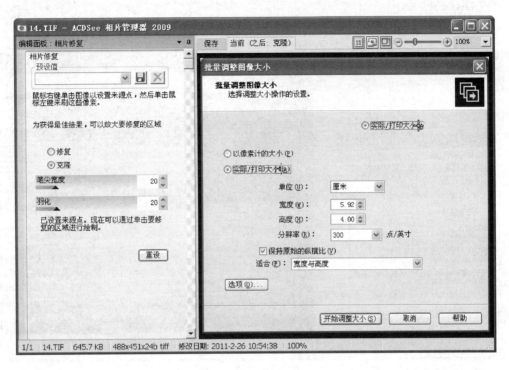

图 2 - 39

2.10　利用"克隆"工具编辑图片

我们常常需要利用克隆工具对图片进行修复。图 2 - 40 所示,是一张已经拍摄好的照片,现需要将"强生"两个字更换字体颜色,并去掉图片下面的拍摄日期。

图 2 - 40

1. 利用克隆工具去除"强生"二字

(1) 适当调整图片的显示比例,调整笔尖的宽度,用鼠标在图片背景某处右击一下后,用鼠标左键点击欲擦除的字体,反复多次,即可去除掉文字。如图 2−41 所示。

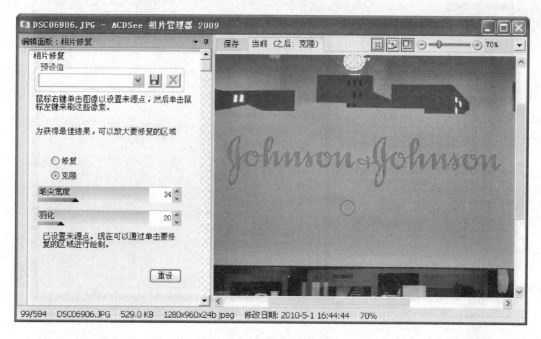

图 2−41

(2) 利用同样的方法,在放大 700 倍的状态下进行编辑。去掉下面的拍摄日期,如图 2−42 所示。剩下"2"字作比较,其他字已经被去掉。然后点击下面的"完成"。返回到编辑状态。

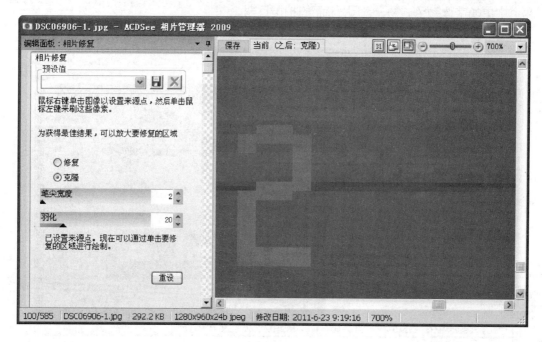

图 2−42

2. 添加文字

在图2-30中点击"添加文本",输入文本内容,设置字体格式以及效果。添加后的文本如图2-43所示。点击下面的"完成",然后点击上面或下面的"完成编辑",最后点击"文件"→"另存为",保存修改后的图片即可。

图 2-43

第3章　光影魔术手及 IrfanView 应用简介

　　光影魔术手是目前国内最受欢迎的图像处理软件,主要作用是对数码照片进行编辑处理和添加效果等操作,它简单易学,不需要专业的图像处理技术。下面介绍光影魔术手常用的一些操作方法。

3.1　软件界面简介

　　安装后打开该软件,会自动启动"向导中心"(在"向导中心"左下角选中"启动时不再打开向导中心",以后启动软件时向导中心不再打开),可以根据向导中心完成一些常用的操作。如图 3-1 所示。上面是常见的菜单栏,下面是常见的工具按钮(工具栏中的工具一般都包括在菜单栏中)。右侧显示了一些常用的功能菜单,在此可以直接进行有关的操作。

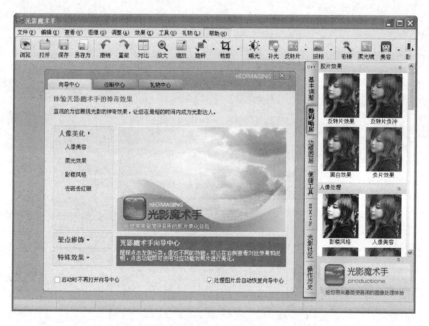

图 3-1

　　1. 常用工具按钮

　　(1) 对比按钮" "。当对图像进行编辑等操作时,点击此按钮,可以随时与原图像进行对比,再次点击恢复原状。

　　(2) 放大按钮" "。点击此按钮可以把图像放大,也可以通过滚动鼠标上的轮子进行图像的缩放。

　　(3) 缩放按钮" "。点击此按钮可以对图像进行大小的缩放,不是显示比例的大小。

　　(4) 旋转按钮" "。在此可以对图像进行多角度的旋转。

（5）裁剪按钮"![裁剪]"。利用此按钮可以对图片进行裁剪。

（6）抠图按钮"![抠图]"。利用此工具可以抠取图片中的某一部分。

（7）边框按钮"![边框]"。点击此按钮直接对图像插入边框。

2. 右侧区域功能

（1）基本调整。在此可以进入"自动曝光"、"数码补光"、"增加噪点"等操作界面，进行相应的操作。如图3-2所示。

（2）数码暗房。在此可以对图像进行各种效果的添加和设置，点击某一效果直接进入即可进行操作。如图3-3所示。

（3）边框图层。在此可以直接进行边框和图层的添加。操作方法如图3-4所示。

图3-2

图3-3

图3-4

（4）便捷工具。在此可以直接进入"裁剪"、"缩放"、"批处理"、"左右镜像"等功能。如图3-5所示。

（5）EXIF信息。在此可以查看图像的信息，当打开一张图片时，在此可以看到该图像大小、相机型号、拍摄时间等相关信息。如图3-6所示。

图3-5

图3-6

(6) 操作历史。可以快速地返回到前面操作过的某一状态。

3.2 图片的浏览和缩放

1. 浏览图片信息

点击工具栏上的"打开"按钮，打开一张图片，在右侧栏目中点击"EXIF"，可以看到该图片的有关信息，如图3-7所示。按下Ctrl键，通过滚动鼠轮，可以改变图像的显示比例。

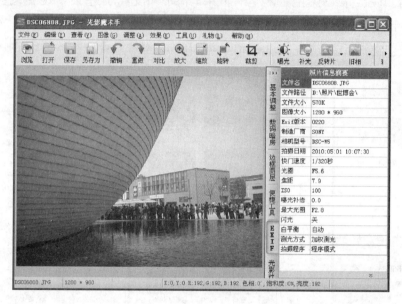

图3-7

2. 浏览文件夹中的图片

点击图3-7左上角的"浏览"按钮或者双击打开的图像，可以得到如图3-8所示的浏览界面，在此可以进行文件夹中图片的浏览，或者利用上面的工具按钮，进行相关的操作。在此界面利用Ctrl键选中多幅图像，常可以进行批量操作。再点击左上角的"返回"，或者再次双击某一图像，可以重新回到图3-7的图像编辑状态。

图3-8

3. 图片的缩放

点击"缩放"按钮,在得到的"调整图象尺寸"对话框中,可以输入"新图片的宽度"的数值,选中"维持原图片长宽比例",则图片会按比例缩放。点击"快速设置",可以直接选中已经设置好的比例,如图3-9所示。"复位"可以使其快速回复到原状态,设置好后点击"开始缩放"即可。

图 3-9

3.3 图片的裁剪

在图3-7中点击"裁剪"工具按钮,得到如图3-10所示的裁剪工具界面,在右边出现"自由裁剪"、"按宽高比例裁剪"和"固定边长裁剪"等选项。

1. 自由裁剪

(1) 如选中"自由裁剪",下面的四个选择工具中,选择"矩形选择工具",在图像中可以画出任意矩形区域,左上角的六个按钮可以帮助快速调整选中区域的位置,然后点击"确定"即可。如图3-10所示。"椭圆形选择工具"的操作类同,"套索工具"可以手动设置不规则的裁剪区域。

图 3-10

(2) "魔术棒工具"可以帮助选中颜色相近的区域。选中"魔术棒工具",在图像中某一区域点击一下。如图3-11所示,选中了一片颜色相近的不规则区域。点击"确认",则裁剪掉了被选中的区域,如果点击"选择"→"反选",如图3-12所示。点击"确定"则可以裁剪掉反选的区域。

2. 按宽高比例裁剪

选中"按宽高比例裁剪"选项,既可以自己设置宽高比例,也可以直接点击"快速设置"按钮,选中某一比例。如图3-13所示。

3. 固定边长裁剪

选中"固定边长裁剪"选项,既可以输入固定的宽和高的值,也可以通过"快速设置"按钮快速设置宽和高的值。如图3-14所示。

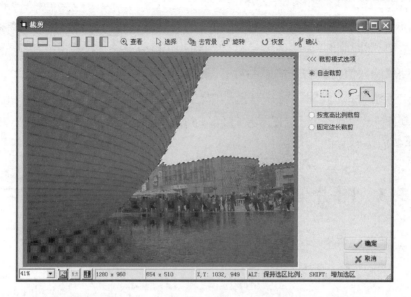

图 3-11

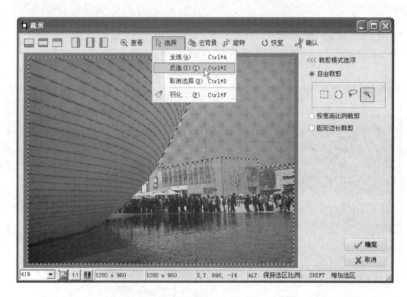

图 3-12

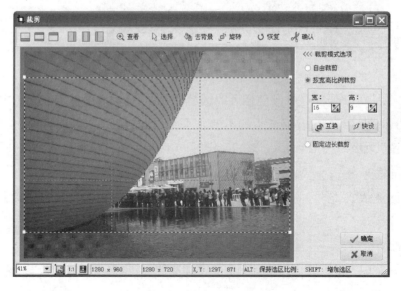

图 3-13

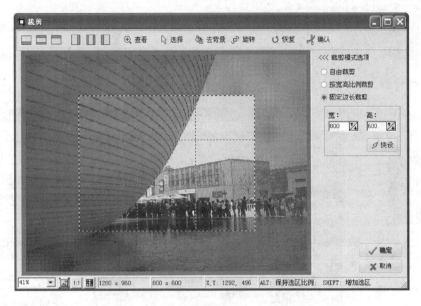

图 3－14

3.4　图像添加边框

利用该软件，可以给图像添加各种边框。在图 3－4 中的"边框图层"中选择某一种边框，进行设置即可。

1. 轻松边框

点击"轻松边框"，得到如图 3－15 所示的设置对话框，在此有"在线素材"、"本地素材"等众多边框素材供选择。

图 3－15

2. 利用"场景"设置图像的艺术效果

利用"场景"中的众多艺术效果的模板,制作艺术效果的图像。在图 3 - 4 中选择"场景"后,再点击左下角的"＋"号添加图片,利用箭头改变图片的顺序,选中某一个场景浏览,可以通过左上角的虚线框改变图片的显示区域。如图 3 - 16 所示。点击"确定"即可。

图 3 - 16

3. 自定义边框

可以根据自己的需要,自定义个性化的边框。在图 3 - 15 中点击右上角的"本地素材",在右下角点击"边框工厂",得到如图 3 - 17 所示的边框工厂设置向导。可以设置五层的边框,并添加相关文字。下面的"导入"是打开已有的边框文件,可以进行修改,"导出"是指设置好后重新保存。文件保存在 EasyFrame 子目录下(默认即可),可以在"轻松边框"项目中的"本地素材"中找到保存的自定义边框文件,点击即可使用。

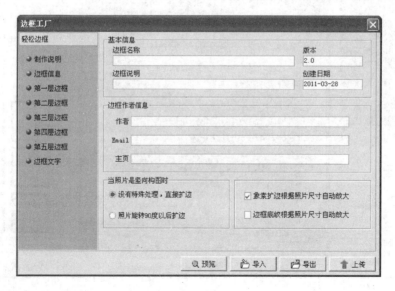

图 3 - 17

3.5 图像的旋转

1. 特定角度旋转

选中一个图像,点击工具栏中的旋转按钮,在得到的如图 3－18 所示的操作框中,选中一个转动的按钮可以使图像旋转,下面的"镜像对折"工具按钮,可以使图像上下或左右翻转。点击相应按钮即可。

2. 任意角度旋转

(1) 点击图 3－18 中的"任意角度"旋转按钮,在"自由旋转"对话框中,可以输入任意旋转的角度,或者根据图像上的十字参考虚线用鼠标拉出一条线。然后点击"预览",如果达到要求,点击"确定"即可。如图 3－19 所示。

图 3－18

图 3－19

(2) 图像旋转后,再用裁剪工具对图片进行裁剪,得到的对比图像如图 3－20 所示。

图 3－20

3.6 抠图及背景的更换和删除

根据制作课件的需要,一些图片常常需要更换背景或删除背景,这就需要把图像的某一部分"抠"出来,这叫抠图。抠图后可以把图像的背景删除,或者更换新的背景。在图 3-21 所示的三幅图中,将飞机添加在大桥的上空,将轮船添加在江面上。

图 3-21

1. 抠图

打开轮船图片,点击工具栏上的"抠图",或者菜单栏上的"工具"→"容易抠图",右边有两个抠图笔。

(1) 智能选中笔。选中此按钮(默认是选中的),用鼠标在需要抠出的部分画出线条,放手后自动出现全部被选中的区域。如图 3-22 所示。

图 3-22

(2) 智能排除笔。选中智能排除笔,在背景区域画出几条线,放手后则自动把图片中要抠出的部分与背景区域分开,如图 3-23 所示。如果某些区域没有按要求被选中,可以利用两个笔作局部修改,直到满意为止。

图 3－23

2. 删除背景

点击第二步的"背景操作"中的"删除背景",点击"预览"按钮,可以看到删除背景后的图片。如图 3－24 所示。这时点击"保存",存为默认的 ＊.png 文件格式,成为一个没有背景的图片。如果点击"确定"再保存,则是背景为白色的图片。在网上下载的图片常含有背景,利用这种方法可以把背景去掉。

图 3－24

3. 替换背景

选中"替换背景"选项卡,点击"加载背景",打开大桥的图片,这时大桥图片已经是背景图案了,用鼠标调整轮船图片的大小和位置即可。如图 3－25 所示。"确定"后保存起来。

图 3 - 25

4. 重新抠图

对飞机图片进行类同的抠图,如图 3 - 26 所示。由于该图片需要选中的细节较多,可以多次用"智能选中笔"和"智能排除笔"进行选中的操作。

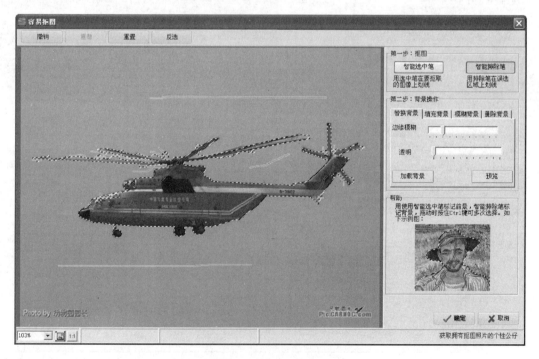

图 3 - 26

5. 重新更换背景

将保存起来的插入了轮船的背景图片,重新作为背景替换飞机的现有背景。调整飞机图片的大小和位置,如图 3 - 27 所示。确定后保存即可。

图 3 - 27

3.7　多个图像的叠加

利用"自由文字与图层"功能可以将多个图片组合起来。

1. 有背景图像的叠加

多个图像组成一幅图像。在软件主界面上打开一幅作为背景的图片,再点击"工具"→"自由文字与图层",然后点击右上角的"水印",打开需要插入的图片,再选中该图片,调节大小和位置,可以多次点击"水印",插入多个图片。如图 3 - 28 所示。

图 3 - 28

2. 无背景图像的叠加

按照图3-24的方法抠出几个删除了背景的图片,打开一幅背景图片,点击"工具"→"自由文字与图层"功能,然后点击右上角的"水印",打开需要插入的图片,再选中该图片,调节大小和位置,可以多次点击"水印",插入多个图片。如图3-29所示,天空中插入了卫星、飞机及三幅大雁的图片。

图3-29

3.8　添加文字及图片的自由组合

利用"自由文字与图层"功能,可以在图片上添加文字,并可以利用图层将多个图片自由组合。

1. 添加文字

在主界面打开一幅背景图片,点击"工具"→"自由文字与图层"功能,然后点击右上角的"汉文字"按钮,在打开的"插入文字"对话框中,设置"字体"、"字号"等文字格式,点击"⑨"按钮,可以使插入的文字在有、无背景色间转换,点击"字体色"和"背景色"的颜色块可以改变颜色,在文字框中输入文字,如图3-30所示。点击"确定"即可。

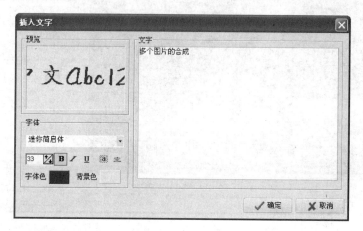

图3-30

2. 利用旋转功能

选中插入的文字或图片,利用右边"图层"项目下面的工具可以进行"删除"、图片的上下层移动,若选中"旋转"功能,在得到的"预览"对话框中,输入旋转角度的值,或者拉动滑块改变角度。如图 3 - 31 所示。添加了文字后的图片如图 3 - 32 所示。

3. 图片的自由组合

根据需要可以把多个图片放在一起。对图片进行各种旋转,利用工具栏中的工具可以对图片进行各种图线、文字、线框的添加。如图 3 - 33 所示。

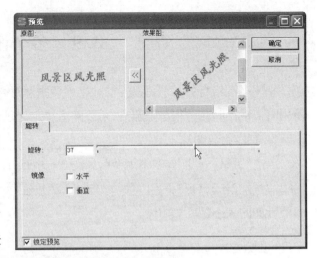

图 3 - 31

图 3 - 32

图 3 - 33

3.9　多个图片的组合

利用多图组合的功能可以轻松地把很多张照片合并成一张大照片。软件中预设了很多种布局方式。使用时可以同时打开很多张照片,可以随意决定显示、隐藏哪张照片,操作方法如下:

1. 制作组合图片

点击"工具"→"制作多图组合",如图3-34所示,得到"组合图制作"对话框,在上面可以选择预设的1×2、2×1、2×2、1×3、3×1、3×3等模板,然后在每个区域中添加图片。如图3-35所示,是选择3×3模板所加的大小相同的图片。

图 3-34

图 3-35

2. 组合图片的设置

(1) 组合的图片常常是大小不一样的,如图3-36所示。拉动图片中的分隔线可以改变图片的大小。

图 3-36

(2) 点击""按钮，"全部照片裁剪到适合大小"；点击"□"按钮，"全部照片自动缩小到合适大小"；点击"□"按钮，"全部照片拉伸至全部显示"，如图3－37所示。再次点击3×3模板，可以重新回到初始状态。

图3－37

(3) 点击右边的小箭头，可以删除图片，拉动分隔线，得到的图片如图3－38所示。

图3－38

3.10　多个图片的批量编辑

　　利用批量处理功能，可以一次性对多个图片进行编辑。在图片的浏览模式状态下，选中多个图片，点击菜单栏上的"工具"，可以看到多个批量操作功能，如图3－39所示。

1. 批量转换格式

　　点击菜单栏上的"工具"，选择"批量转换格式"，在得到的"批量转换格式"对话框中，选择输出的文件

图 3 – 39

格式,选择文件的保存路径,如图 3 – 40 所示。点击"JPEG 选项"按钮,还可以进一步设置转换文件的质量。

2. 批量旋转图像

点击菜单栏上的"工具",选择"批量旋转图像",在得到的"批量旋转图像"对话框中,选择输出文件的旋转角度,输出的文件是"覆盖原文件"还是"另存到"其他文件夹中,如图 3 – 41 所示。

3. 批量调整图像大小

点击菜单栏上的"工具",选择"批量缩放图像",在得到的"批量缩放图像"对话框中,选择新图片是以"较长的边"或者选择其他,在"边长为"中输入以像素为单位的边长值。文件的输出路径是"覆盖原文件"还是"另存到"其他文件夹中,如图 3 – 42 所示。

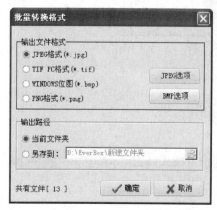

图 3 – 40

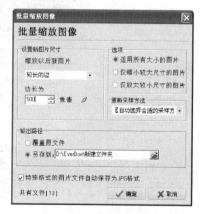

图 3 – 41   图 3 – 42

4. 批量重命名

（1）点击菜单栏上的"工具"，选择"批量重命名"，在得到的"批量重命名"对话框中，点击"模板元素"，选择一种文件名的序号格式，如选择"自动序号"的"自动递增数字（2位）（2）"，这样文件名以两位数自动递增。如图3－43所示。

（2）还可以输入其他文字，如输入"上海世博会"，这样所有图片都会以"上海世博会"为文件名进行自动排号。如图3－44所示。点击"确定"，然后输入文件名的起始序号。如图3－45所示。

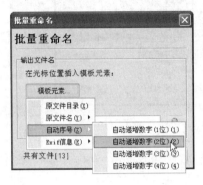  

图3－43　　　　　　　　　　图3－44　　　　　　　　　　图3－45

3.11　高级批处理的应用

除了前面介绍的某一项目的批量处理功能以外，还可以一次性完成多个项目的批量处理。

1. 列表中添加图片

在图片浏览模式状态下，选中多个图片，点击菜单栏上的"工具"→"高级批处理"，在"批量自动处理"对话框的"照片列表"选项卡中，可以看到选中的所有图片文件都在列表中。如图3－46所示。下面点击"增加"，可以添加单个文件，点击"目录"，可以添加一个文件夹中的所有文件。可以"删除"某一个文件或者全部"清空"。

2. 批量自动处理的设置

（1）在"自动处理"选项卡中，可以设置多个动作依次自动完成，中间列表框中显示了多个动作的排列顺序，利用方向箭头可以改变各项动作顺序，裁剪后加边框和加了边框后再裁剪是不同的。"保存为新方案"可以把设置好了的方案保存起来，"导入其他方案"可以把已有的方案导入进来。右边的"动作选项设置"中的"常用动作"，可以对常用的动作进行设置。如图3－47所示。

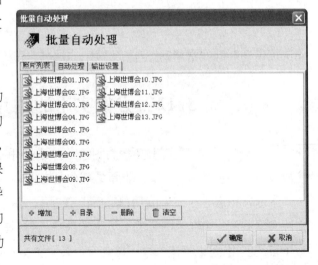

图3－46

（2）动作列表中添加和删除动作。

① 列表中的对象，可以添加和删除，要添加项目，在图3－47中点击" "按钮，在得到的"增加动作"选项卡中，选择需要的动作，然后点击"增加"按钮，如图3－48所示，选择完毕后点击"完成"即可。

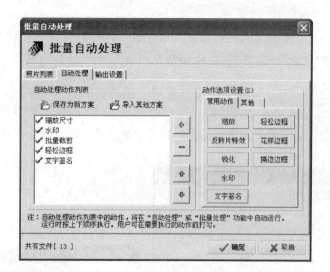

图 3-47　　　　　　　　　　　　　　　　图 3-48

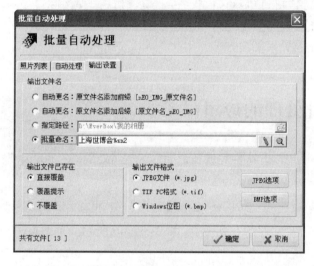

图 3-49

② 要删除列表中的某一个动作,选中该动作,点击"－"按钮,删除即可。

3. 输出设置

对文件的输出位置以及文件名进行设置。在"输出设置"选项卡中,选择输出文件名的样式,在下面的"输出文件格式"项目中,选择输出文件的格式。如图 3-49 所示。

4. 批量添加自定义边框

经常需要对图片批量添加自己设置的边框,方法是首先按图 3-17 所示的方法设置好自己定义的边框,并保存在 EasyFrame 文件夹中,在图 3-47 动作列表中,只保留"轻松边框"一项,在右边的"动作选项设置"中的"常用动作"选项卡中,点击"轻松边框",可以对常用的动作进行设置。

3.12　方便实用的图片查看工具 IrfanView

IrfanView 是一款快速、免费的图像查看、浏览和转换软件,可以方便地改变图像的格式、大小,进行缩放、裁剪,特别是对于图像的批量处理很是方便。下面介绍一下几种常见的应用:

本软件下载了压缩包以后,解压即可使用。解压缩后可以在 IrfanView 的文件夹里看到一个红色图标的 i_view32.exe,这就是主程序,如图 3-50 所示。为了方便使用,可以把这个程序建立一个桌面快捷方式,这样以后双击快捷方式就可以启动该程序。

图 3-50

1. 查看图片

(1) 程序启动后,主界面是黑色的。点击"文件"→"打开",如图 3-51 所示。找到想要查看的图片并打开,就可以看到图片了。默认是以窗口状态查看图片的,按下 Ctrl 键,滚动鼠轮,可以改变图片的显示比例。

（2）如果想全屏查看的话，可以按回车键进入全屏浏览模式，再次按回车键回到窗口模式。按空格键查看本目录的下一张图片，按退格键查看上一张图片。在全屏模式下，按鼠标右键看下一张图片，按鼠标左键看上一张图片。

（3）如果想旋转图片，可以按键盘 R 键让图片顺时针旋转 90 度，或者按 L 键让图片逆时针旋转 90 度。

（4）在窗口状态，工具栏有两个放大镜形状的按钮，分别是放大和缩小功能。所有的工具按钮的功能，用鼠标悬停到按钮上方，就会弹出功能说明。

2. 图片信息及数码照片的 EXIF

（1）在放大按钮左边有个标着"i"的图像信息按钮"ⓘ"，在已经打开图片的情况下点击这个按钮，可以显示图片的详细信息。如图 3-52 所示。

图 3-51

图 3-52

（2）点击下面的"EXIF 信息"按钮（EXIF 信息是数码相机用来记录拍摄参数的扩展信息），可以看到拍摄这张照片的相机型号、拍摄时间等详细的拍摄信息。如图 3-53 所示。有时可能发现图片明明是数码相机拍摄的照片，但看不到 EXIF 信息，这种情况是因为图片文件已经不是数码相机原生文件，而是经过处理的。

3. 幻灯片播放

IrfanView 也可以让图片自动按幻灯片模式播放。

（1）点击菜单栏中的"文件"→"幻灯片"，或点击工具栏中的幻灯片打开按钮"▤"，弹出幻灯片播放设置和查找文件窗口。如图 3-54 所示。从右上角"查找范围"那里找到图片所在的文件夹，然后点击下方的"添加"按钮，可以把文件夹里面的所有文件添加到播放列表中；在左上角设置切换间隔时间，然后点击上

图 3-53

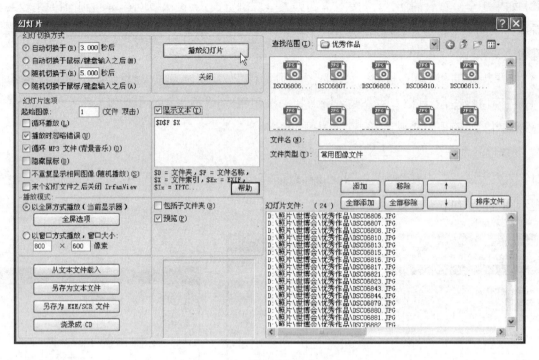

图 3 - 54

面的"播放幻灯片"按钮即可。

（2）要结束放映,按一下键盘上的 Esc 键即可。

4. 图片格式转换

如果要改变图片的格式,可以利用"另存为"的方法。用 IrfanView 打开图片后,点击第三个"另存为"按钮,或者点击"文件"菜单选择"另存为",弹出保存位置选择窗口,在上面的"保存在"栏目中设置文件的保存位置,在下面"文件名"栏目输入文件名,在下面的"保存类型"中,选择新的图片格式,这里选择"JPG-JPG/JPEG 格式",这样就会以 JPG 格式生成一个文件,如图 3 - 55 所示。如果选择的类型是 JPG或者 GIF 的话,会有个 JPEG/GIF 保存品质的对话框,对话框里面有个横向保存品质滑块,越向右移动保存品质越好,当然品质越好文件尺寸也就越大,一般选 80 就可以了。

图 3 - 55

5. 图片缩放和截取

(1) 图像的缩放。点击菜单中的"图像"→"调整大小/二次采样",在弹出的"图像调整大小/二次采样"的窗口中,有两种方式进行缩放,一个是"设置新的尺寸",另外一个是按照"相对原图的百分比"。如选择"设置新的尺寸",在"宽度"栏填写新的数值,由于默认选中了"保持宽高比","高度"栏会自动计算出数值。如图 3-56 所示。然后点下面的"确定"按钮,再另存文件就可以了。

(2) 图片的截取。如果想截取图像的某一部分,先用鼠标拉出一个想要的区域,然后点击菜单栏中的"编辑"→"裁剪",如图 3-57 所示。可以得到一张框选区域的新图片,再另存为就可以了。

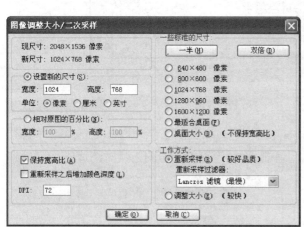

图 3-56   图 3-57

6. 图片批量转换

点击菜单栏中的"文件"→"批量转换/重命名",在弹出的"批量操作"设置窗口中,跟幻灯片播放窗口的设置一样,先从右上角找到需要处理的图片,添加到列表框中。若选中部分图片,点击"添加",可以将选中的图片添加到下面的列表中,如果直接点击"全部添加",则将该文件夹中的所有图片都添加到下面的列表中。在窗口左边,可以设置"批量转换",也可以设置"批量重命名",或者是"批量转换并重命名结果文件"。设置好重命名规则和输出目录之后,点击下面的"开始处理"按钮,如图 3-58 所示。它就按照设置好的规则自动做批量处理了。如果勾选中间的"使用高级选项",可以点击旁边的"高级选项"按钮,进入更多设置页面,可以实现批量裁剪、缩放和旋转等功能。

7. 抓屏

IrfanView 也具有抓屏功能。点击"选项"菜单——"捕捉/截图"进入设置页面。可以设置是捕捉"整个屏幕"还是"前台窗口",是否捕捉"包括鼠标指针",在保存方式中,如果选中"在查看器中显示捕捉到的图像",则捕捉后,图片会出现在 IrfanView 窗口,如果选中"将捕捉到的图像另存为图像",可以输入文件名称,以及选择文件的存放位置和文件格式。在上面的捕捉方式中可以选择是利用热键还是自动延时捕捉(定时抓图是个较有特色的功能),设置好以后点击"开始"按钮,再按下抓图的快捷键"Ctrl+F11"就可以抓图了。如图 3-59 所示。

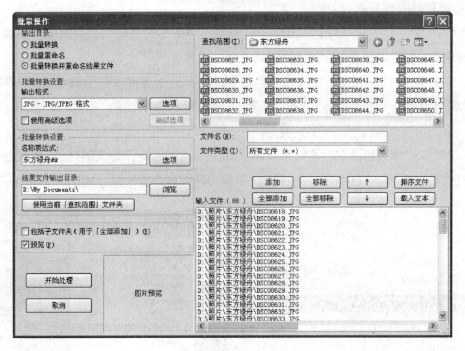

图 3-58

8. 绘图工具

有时候我们需要对图片进行简单的标注,例如用标注文字说明,或者做红框醒目标记。点击"编辑"菜单,选取"显示画图工具面板"就可以调出绘图工具,用笔刷、喷筒等简单的绘图工具对图片进行简单编辑了。

9. 创建全景图像

(1) IrfanView 可将多个图片文件组合在一起,创建出一幅全景图像来。点击"图像"→"创建全景图像",打开"创建全景图像"对话框。选择创建的全景图像的方向之后,点击"添加图像"按钮,在"打开"对话框中选择需要加入的图像文件,确定后添加的图像文件会出现在"输出图像"列表框内,根据需要对图像文件进行移除、排序等操作,如图3-60所示。之后点击"创建图像"按钮即可完成全景图像创建。

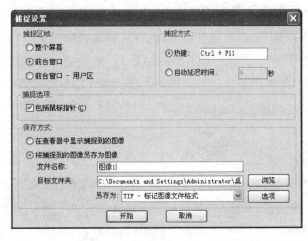

图 3-59   图 3-60

(2) 得到的竖排的全景图像如图 3-61 所示。保存即可。

10. 快速定位和清除文件夹列表

利用IrfanView可以快速定位以前打开过的文件夹,起到快速定位和方便打开的作用。点击"文件"→"最近使用的文件夹"选项即可查看到IrfanView所保存的最近使用过的文件夹列表,用户可以利用这一功能快速定位并访问以前打开过的文件。此外,IrfanView还提供了类似于浏览器中清除历史记录的功能。点击"选项"→"属性"→"杂项2",在"杂项2"选项中点击"清除"按钮,即可清除"最近使用的文件夹"选项中的所有文件夹列表项。如图3–62所示。

图 3–61

图 3–62

第4章 音频文件的录制和编辑

4.1 录音机的使用

要录制声音,常见的就是话筒和头戴式麦克风,一般在电脑上录音使用头戴式麦克风较为方便,笔记本电脑一般都自带麦克风。

1. 打开电脑中的录音机程序

点击"开始"→"所有程序"→"附件"→"娱乐"→"录音机",如图4-1所示。打开电脑自带的录音机程序。如图4-2所示。

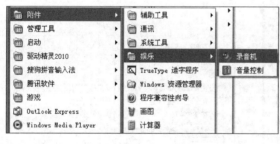

图4-1   图4-2

2. 录音前的设置

默认的情况下,一般都可以直接录制声音,如果不能录制,可以作如下设置:

(1) 双击右下角的小喇叭图标,打开主音量对话框,然后点击"选项"→"属性"。如图4-3所示。

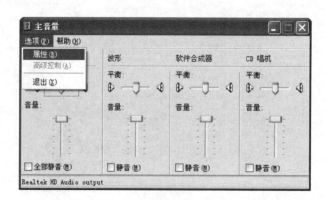

图4-3

(2) 在得到的"属性"对话框中,选择"混音器"中的"Realtek HD Audio Input"项,且"录音"被选中,在下面的"显示下列音量控制"中要选中"麦克风音量",如图4-4所示。然后点击"确定"按钮。

（3）在录音控制对话框中，"麦克风音量"下面的"选择"要被选中，如图 4-5 所示。这样便可以开始录音了。

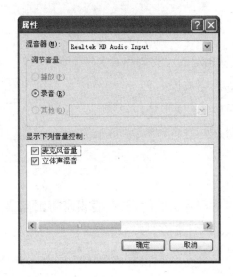 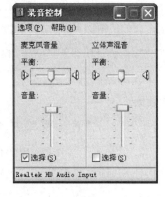

图 4-4   图 4-5

3. 声音的录制和播放

单击图 4-2 中右下角的"■▶"按钮，即可开始录音。一般最多录音长度为 60 秒。录制完毕后，单击"停止"按钮即可。单击"播放"按钮，即可播放所录制的声音文件。点击"文件"→"另存为"，可以把声音文件保存为 WAV 的格式文件。

4.2　编辑声音文件

1. 合并声音文件

"录音机"可以把多个 WAV 格式的声音文件合并成一个 WAV 格式的声音文件。操作方法如下：

（1）打开"录音机"窗口，选择"文件"→"打开"命令，双击要插入的 WAV 格式声音文件。

（2）播放这个声音文件，在需要加入另一个声音文件的时候，点击"停止"按钮，或者滑块移动到文件中需要混入声音的地方。

（3）选择"编辑"→"插入文件"命令，打开"插入文件"对话框。如图 4-6 所示。双击要插入的声音文件即可。

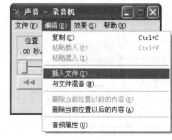

图 4-6

采用这一方法，可以将多个 WAV 格式的声音首尾连接起来。

2. 声音混合

声音混合就是将两个或者多个 WAV 格式的声音文件混合到一个声音文件中。利用"录音机"进行声音文件的混音，操作方法如下：

（1）打开"录音机"窗口。选择"文件"→"打开"命令，打开一个声音文件。

（2）播放至适当位置点击"停止"按钮，或者将滑块移动到文件中需要混合声音的地方。

（3）选择"编辑"→"与文件混音"命令，打开"混入文件"对话框，找出文件，双击该声音文件即可。

（4）将某个声音文件混合到现有的声音文件中，新的声音将与插入点后的原有声音混合在一起。利用这一功能来制作一个配乐朗诵，如果嫌朗诵的声音太小，可以在混合之前通过"效果"菜单中的"加大音量"来加大朗诵声音的音量。

声音文件编辑后,要重新保存文件。

3. 删除部分声音文件

利用"录音机"可以对声音文件进行部分删除。在删除声音片段之前,首先要确定片段的范围,它可以是从声音文件的开头到某个特定位置,也可以是从指定的位置到声音文件的结束处。

需要删除从声音文件的开头到某个特定位置的声音片段时,先拖动滑块至删除片段的结尾处,然后点击"编辑"→"删除当前位置以前的内容",如图4-7所示。类似地,需要删除从指定的位置到声音文件的结束处的声音片段时,先拖动滑块至删除片段的开始处,然后执行"编辑"菜单的"删除当前位置以后的内容"命令。

4. 设置声音效果

在"声音-录音机"窗口的"效果"菜单内,包含着对声音文件的音量、播放速度、回音等一系列控制命令。如图4-8所示。需要加大音量时,可执行"加大音量"命令,按每次增加25％的幅度增大声音文件播放的音量。类似地,执行"降低音量"命令时,将按每次减少25％的幅度减小声音文件播放的音量。选中"添加回音"命令即可为该声音文件添加回音效果。

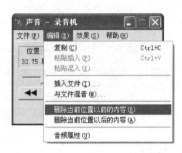
图 4-7

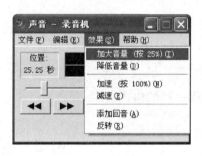
图 4-8

4.3 增加录音时间的长度

录音机录音长度的默认值只有60秒,要增大录音的时间长度。可以采用如下所示:

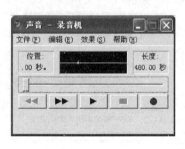
图 4-9

在正式录音之前,先按录音键进行一次空白录制,长度计数将为60秒,录制完成后,反复点击菜单栏的"效果"→"减速"命令,此时长度计数会变为120秒、240秒、480秒等不同的数字。如图4-9所示。

长度计数到一定程度后,计算机会提示"内存不足",待需要录音的时间够了后,将滑块拖到开头,然后再进行正式录音,这样录音长度就轻松地超过了60秒。

4.4 声音编辑软件 GoldWave

GoldWave 软件是一个集声音编辑、播放、录制和格式转换的音频工具,体积小巧,有内含丰富的音频处理特效,功能齐全。且是标准的绿色软件,不需要安装,将压缩包里的文件解压到任意文件夹里,直接点击 GoldWave. exe 就开始运行了。

1. 认识界面

刚进入 GoldWave 时，窗口是空白的，而且 GoldWave 窗口上的大多数按钮、菜单均不能使用，只有当建立一个新的声音文件或者打开一个声音文件时，多数按钮才可以使用。如图 4 - 10 所示是打开了一个声音文件，且选取了一段声音片断时，各功能按钮就被激活了。整个主界面从上到下被分为三个大部分，最上面是菜单命令和快捷工具栏区域，中间是波形显示，下面是文件属性。主要操作集中在占屏幕比例最大的波形显示区域内，如果是立体声文件则分为上下两个声道(上面绿色波形为左声道，下面红色波形为右声道)，可以分别或统一对它们进行操作。

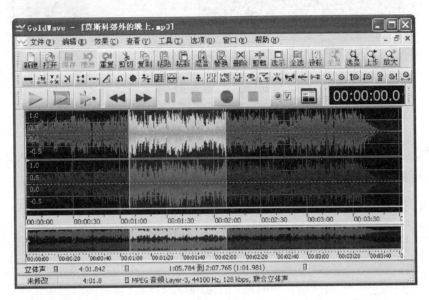

图 4 - 10

(1) 音频部分的选择。

要对文件进行各种音频处理之前，必须先从中选择一段出来。

① 声音波形编辑区里，初打开时被蓝色覆盖着，这是全部选中的状态，你用鼠标在任意处点一下，可看到点击处左边的部分变成黑色的了，这黑色部分是"未选中"部分，那么鼠标点击处就是被"选"部分的开始点了，要再选择一个结束点，可击鼠标右键，从弹出的右键菜单中选择"设置结束标记"，如图 4 - 11 所示。该段就是被选中部分了。

② 选取的另一种方法。用鼠标左键从左边某一位置开始，向右拉动出一个区域即可。用鼠标左键在左边或右边单击可以改变选取的范围，在中间单击可以改变左边界线位置。或者当鼠标指针放在左右两边的区域边界线上变成"◁‖▷"时，左右拉动，也可以改变选择的区间。这样被选择的部分就将以高亮度显示，所有操作都只对这个高亮度区域进行。

(2) 工具栏。

音频编辑与 Windows 中其他应用软件一样，在操作中也大量使用剪切、复制、粘贴、删除等基础操作命令。要对某一段音频进行编辑，就要先选中，然后点击相应按钮进行操作即可。

如要对某一段音频进行剪切，首先要对"剪切"的部分进行选择，然后按上面的剪切按钮，或者按下快捷键"Ctrl＋X"即可，这段高亮度的选择部分就消失了。再找到需要粘贴的地方点击一下，用"Ctrl＋V"就能将刚才剪掉的部分粘贴过来，和普通软件使用方法完全相同。同理，用"Ctrl＋C"进行复制可以对某

图 4-11

一段话重复播放,用 Del 进行删除。如果在删除或其他操作中出现了失误,用"Ctrl+Z"就能够进行恢复。除了与其他软件类同的工具以外,还有该软件自己的专用工具,主要工具简介如下:

① 按钮"![全选]",在选择部分区域时,点击此按钮可以对文件进行全部选中。

② 按钮"![设标]",点击此按钮,在得到的如图 4-12 所示的"设置标记"命令框中,可以设置选择区域的准确的开始和结束的时间。

③ 按钮"![全显]"和"![选显]",当文件刚打开时,两个按钮都不可操作,当在波形图中选择了某一区域时,点击"选显"(即选择区域被显示)时,被选择的区域被放大显示,再点击"全选",则重新回到原状态。

④ 按钮"![放大]"和"![缩小]",可以横向放大和缩小波形。

(3) 控制器。

波形区上面的一排按钮是控制器按钮。点击中间的"显示控制器窗口"按钮"![图标]",可以单独显示控制器,如图 4-13 所示。主要按钮功能如下:

图 4-12

图 4-13

① 按钮"▷",从音乐文件的开始播放。

② 按钮"▷|",从被选中的音频片段的初始端开始播放。

③ 按钮"↗•",从任意停止处重新开始播放。

④ 按钮"◀◀"、"▶▶"、"||"和"■"分别表示后退、快进、暂停和停止播放。

⑤ 按钮"●",是录音按钮,点击此按钮,即开始录音。

⑥ 按钮"■",在进行录音时,该按钮被激活,点击此按钮,录音结束。

⑦ 按钮"||",在进行录音时,该按钮被激活,点击此按钮,录音暂停,再次点击继续录音。

2. 时间标尺和显示缩放

打开一个音频文件之后,在波形显示区域的下方有一个指示音频文件时间长度的标尺,它以秒为单位,清晰地显示出了任何位置的时间数值。

有的音频文件较长,一个屏幕不能显示完毕,一种方法是用横向的滚动条进行拖放显示,另一种方法是改变显示的比例。波形的缩放就是改变波形的显示比例。在"查看"菜单中,点击"放大"、"缩小"命令就可以改变波形的大小,更方便的是用快捷键"Shift+↑"放大和用"Shift+↓"缩小(或滚动鼠轮改变显示比例)。如果想更详细地观测波形振幅的变化,可以加大纵向的显示比例,在"查看"菜单下点击"垂直方向放大"、"垂直方向缩小"或使用"Ctrl+↑"、"Ctrl+↓"即可(或按下"Ctrl"键时滚动鼠轮)。

3. 声道选择

对于立体声音频文件来说,在 GoldWave 中显示的是两个声道的波形文件。有时在编辑中只想对其中一个声道进行处理,另一个声道要保持原样不变,就需要对某一声道进行选择。方法是:点击菜单栏中的"编辑"→"声道",如图 4-14 所示。直接选择将要进行作用的声道即可(上方表示左声道,下方表示右声道)。这时所有操作只会对这个选择的声道起作用,而另一个声道会以深色的表示并不受到任何影响。

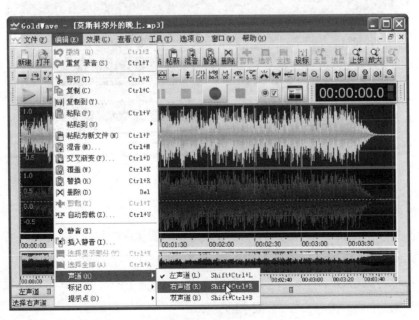

图 4-14

4.5 声音的录制

像在 Word 中编辑文档一样,要先建立一个空白文档。要录制声音文件,也要先建立一个空白声音文档。

1. 录制外部声音

(1) 建立空白声音文档。点击工具栏上的"新建"按钮,在得到的"新建声音"对话框中,声道数和采样速率可以默认,"初始化长度"是指建立声音文件的长度,也就是时间数,输入值按 HH:MM:SS. T 的

图 4 - 15

格式,前面的 HH 表示小时数,中间的 MM 表示分钟数,后面的 SS 表示秒数,以冒号为分界。如果没有冒号的数字就表示秒,有一个冒号,前面为分钟,后面为秒,有两个冒号,最前面为小时。如长度为"5:00"就表示 5 分钟。设置这个时间要比你所需要录音的时间长一些,因为用不完可以再截去,如果不够用就麻烦了。或者在"预置"时间中,选取较合适的一项即可。如图 4 - 15 所示。然后点击"确定"。

(2) 录制声音。新建立的空白声音文件上面是左声道,下面是右声道。建立好以后,点击录音按钮" ● "即可。如图 4 - 16 所示。录制好以后可以试听。

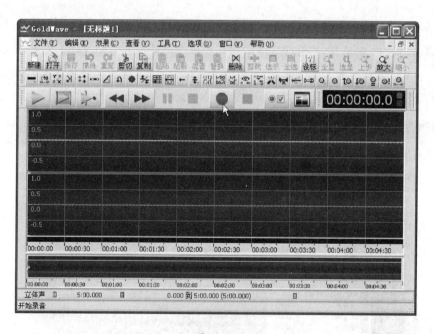

图 4 - 16

(3) 保存声音文件。录制的声音要保存起来,需要存储为一个文件。选择菜单命令中的"文件→保存",在弹出的如图4 - 17所示的保存文件对话框中,选择好所要保存的目录,输入文件名字,再在下面"文件类型"中选择"wav"或"mp3",点击"保存"按钮,即可存储为一个声音文件了。

从类型选择中看出,GoldWave 可存储类型很多,一般我们常用的是"mp3"和"wav",WAV 是记录声音波形文件,MP3 是压缩后的波形文件,有很小的文件尺寸。

(4) 录音控制器的设置。录音的效果可以在录制前进行设置。点击中间的"显示控制器窗口"按钮

图 4-17

"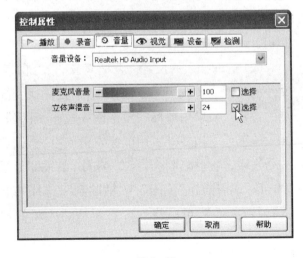",在得到的如图 4-13 所示的控制器界面的右边,"音量"可以设置 100%,"平衡"为 0%,速度为"1",速度设置不当声音要失真。

2. 录制电脑内部声音

录制电脑内部声音主要是进行"录音控制"的设置。下面两种方法均可以进行设置。

(1) 在 GoldWave 中设置。点击菜单中的"选项"→"控制器属性",在得到的"控制属性"对话框的"音量"选项卡中,将"立体声混音"选中即可。如图 4-18 所示。如果选中"麦克风音量",则可以录制外部声音。

(2) 通过电脑右下角音量设置。

① 点击电脑右下角的"音量"图标,在上方"选项"中,点击"属性"。如图 4-19 所示。

图 4-18

图 4-19

② 在"属性"选项卡中,混音器选择"Realtek HD Audio Input"项。如图 4-20 所示。点击"确定"。

③ 在"录音控制"中选中"立体声混音"。如图 4-21 所示。

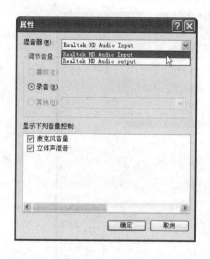
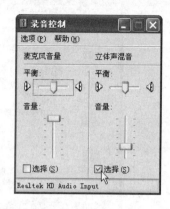

图 4-20

图 4-21

两种方法的设置本质是一样的。设置好后就可以录制电脑中播放的声音了。同时在图 4-19 中要把音量调高。

4.6 声音片段的移动和复制

要把声音文件中的某一段移动到本文件或其他声音文件的某一位置,可以采用"复制"和"粘贴"的方法。方法类同在 Word 中的移动复制文档一样。

(1) 选取某一段声音。要移到和复制某段声音,需要先选取该声音片断。用鼠标在波形区域

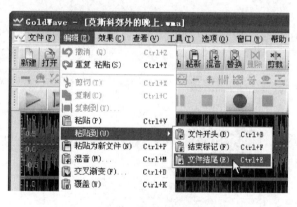

图 4-22

向右拉出一个合适的区域,也可以通过"设置标记"按钮(如图 4-12 所示),准确设置声音片断的选取时间。选取后的状态如图 4-10 所示。然后点击"复制"按钮,或者点击快捷键"Ctrl+C"即可。

(2) 选取插入的位置。要把声音插入到本声音文件的其他位置或另一个文件中,需要先找到插入点的位置。如果用鼠标在波形图中拉出个区域,则插入位置为左边界处。用鼠标左键向右拉,则选中一个区域,向左拉,则会得到一条线,该线即为插入

点的位置。点击"粘贴"按钮,或者按下"Ctrl+V"即可。或者点击"编辑"→"粘贴到",选择特定的位置进行粘贴。如图 4-22 所示。或者点击"粘贴为新文件",可以将内容重新粘贴为新的声音文件。

4.7 两种声音混合

通过"复制"和混音的方法可以将两种声音混合在一起。在一个文件中复制后,在另一个文件中

点击菜单栏中的"编辑"→"混音",如图4-23所示,在得到的"混音"显示框中,可以设置混音开始的时间,以及插入的声音的音量,点击绿三角形按钮可以试听。如图4-23所示。满意后点击"确定"即可。

图 4 - 23

4.8　两个声音文件的连接

在一个界面上可以打开多个声音文件,如图4-24所示。当点击最大化按钮"□"时,该声音文件会充满整个界面,其他文件被隐藏,当点击右上角的按钮"□"时,会重新恢复原状。

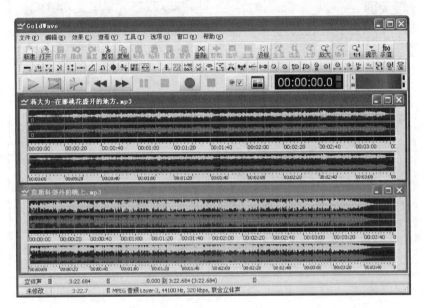

图 4 - 24

选中某一个文件,点击全选按钮"全选",该文件的波形区域被全部选中,再按下"Ctrl＋C",然后再选中另一个文件,找到插入点后,按下快捷键"Ctrl＋V",重新保存文件即可。这样就可以把两个声音文件连接到一起了。

4.9　声音的编辑

1. 截取一段声音文件

(1) 要在声音文件中截取一段,与图片的截取方法类同。用鼠标在中间的波形区域拉出一个需要截取的区域,即选中一段音频部分,也可以点击"设标"按钮,在"设置标记"对话框中,设置准确的时间。如图4-25所示。选取的时间间隔是2分30秒到3分30秒,间隔为1分钟。

(2) 点击"剪裁"按钮"剪裁",得到剪裁的声音文件,如图4-26所示。可以从时间轴上看到新的声音文件长度是1分钟。将这个文件"另存为"即可。

2. 抹去某段时间内的声音

要把某段时间内的声音抹去,即静音,要先选取需要静音的区域,点击菜单中的"编辑"→"静音",则

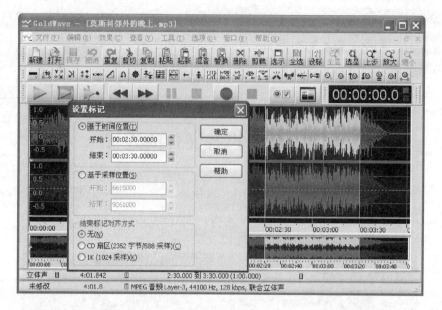

图 4 - 25

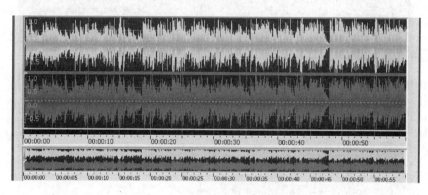

图 4 - 26

该时间内的声音被抹去,即静音了。如图 4 - 27 所示,是点击静音后,某段时间的声音被抹去,该段时间内波的振幅为零。如果选中后点击"删除",则该段时间内的波形被删除。

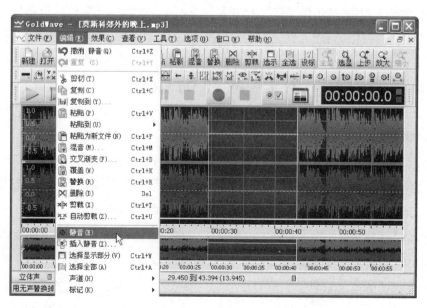

图 4 - 27

4.10　降低录音中的噪音

录制的声音一般都会有噪音,因为各种各样的波形混合在一起,要把某些波形完全去掉是不可能的,而这个 GoldWave 软件却能将噪声大大减少。

噪声的来源一般有环境设备噪声和电气噪声。如果有语音时,可能影响不大,但是在语音的间断时间中,噪声较为明显。在 GoldWave 中降噪的方法是:

1. 一般降噪

点击菜单命令中的"效果"→"滤波器"→"降噪",弹出降噪面板如图 4-28 所示。保持面板默认值,点击"确定"按钮即可。

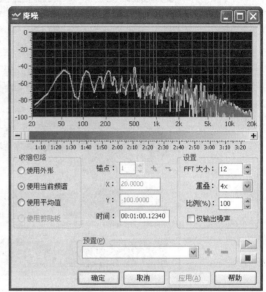

图 4-28

2. 取出噪声样本降噪

选取没有语音只有噪声的一段波形,选取后点击播放试听一下,确认该段内没有语音内容,然后点击菜单命令"编辑"→"复制",这次复制是用作"取样"用的。复制以后,还要全部选中整个文件的波形,然后选择菜中的"效果"→"滤波器"→"降噪",在打开的如图 4-28 所示的降噪面板中,选择左下角的"使用剪贴板"(当复制噪音样本时,该选项被激活),再点击"确定"即可。

4.11　增大声音文件音量

电脑中的音量条、音箱或耳机里的音量电位器都可以调整音量的大小,但是这里说的音量调整与以上改变音量有本质的不同,以上各种改变音量的方法,并不改变原始声音文件中的波形幅度,只改变播放出来的声音大小,这里说的是改变原始声音文件中的波形幅度。

1. 整个文件声音的调整

打开要调整的声音文件后,选择菜单中的"效果"→"音量"→"更改音量",弹出的音量对话框如图

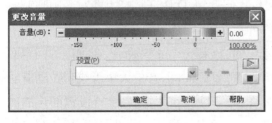

图 4-29

4-29所示。音量调节条中有一个可以用鼠标拖动的滑块,向左拖动是减少音量,向右拖动是增加音量。当拖动滑块时,右边小框中的数值也在随着改变,显示出改变量的分贝数。也可以直接在右边小框中输入数字,譬如要让声音减少 2 分贝,就在框中输入"-2"。如果想精细调节,也可用鼠标点击滑块两端的正、负号,滑块会一点一点地移动。调节后可以先点绿色的三角形按钮播放试听,如果不合适可再调节,最后点击"确定"按钮即可。

2. 局部声音的调整

有时需要对声音的局部改变音量,这要先用前面讲到的"选中"方法选中需要调节的部分,可以是一句话或者是一个字的发音,然后再更改音量。这样我们的读音中有某句发音过弱或过强,甚至某一字的

爆发音难以除去,都可用这种方法作局部调节。有时调节某一个字的发音,该段波形太短不好定位,可以点击上面工具栏里的一个放大镜形状的图标(或者利用滚动鼠轮的方法),把声音的时间刻度放大,如图4－30所示。

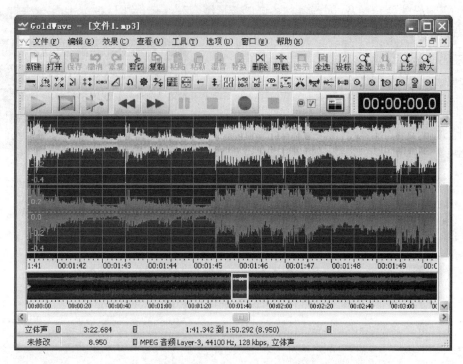

图 4－30

放大后编辑区下部出现滚动条,可以拉动滚动条让所要选择部分处于编辑区中间。滚动条与上面编辑窗口之间的窄框中显示出了全部声音的长度,其中一个白色边框套着的一段表示当前窗口区域内显示的范围,从中可以看到窗口中显示部分在整个声音中所处的位置和长度比例。不需要放大显示时,可点击"全选"或者"全显"按钮,让波形全部显示在当前窗口内。

4.12　声音的其他设置

1. 设置回声效果

回声,顾名思义是指声音发出后经过一定的时间再返回被我们听到,就像在旷野上面对高山呼喊一样。设置方法如下:

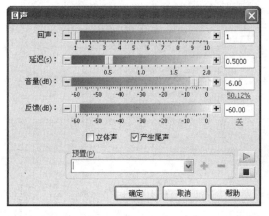

图 4－31

点击菜单中的"效果"→"回声"命令,在弹出的回声面板中输入回声时间、延迟时间、音量大小等或者拉动滑块进行调整。如图 4－31 所示。面板最上行设置回声的次数,就是想产生几次回声。第二行是设置延迟时间,单位是秒,就是设置回声与主音或两次回声之间的间隔。第三行音量是指回声的衰减量,以分贝为单位。第四行反馈是指回声对主音的影响,－60 db 即为关闭,就是对主音没有影响。选中"立体声"选项可产生双声道回声效果,选中"产生尾音"可让回声尾部延长。但注意声音文件的后面要有足够的空白时间以适应尾音的延长,如果结束处没有空白时间,可以插入静音时间。以上各项的选择要经过多次试验,通过点击按钮" 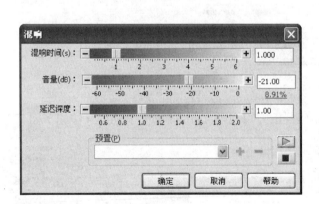 "试听。如果回声的衰减量选择为0db(就是不衰减),可以得到二重唱的效果。如果延迟时间选择0.02秒以下,可以听到二人合唱的效果。

2. 混音

在家中你自己或弹或唱,是否感觉比在歌舞厅中的弹唱单薄?在歌舞厅中由于从各个方向传来的反射波与音源混合在一起,听起来气势磅礴、余音绕梁,这与山谷回音又不同,因为这个环境中反射回来的音有各种不同时差,并不能清晰辨别出回音,产生这种效果的功能叫"混响"。点击菜单命令的"效果"→"混响",弹出混响面板如图4-32所示。"混响时间",是指混响逐渐衰减过程持续的时间,以秒为单位,一般在1—2秒间选择。第二项是混响音量,以分贝为单位,注意这是比例值,0分贝为音源值,一般在—30 db——10 db之间选择。第三项延迟深度项可调节延迟余音的大小,其中的数值是与混响音量的比例。其值为1时就是以混响音量为标准。设置好后感觉一下。然后"确定"即可。

3. 均衡器

均衡器可对不同频率的音调分别调节。点击菜单命令"效果"→"滤波器"→"均衡器",弹出图4-33所示的均衡器面板。从图中可以看到,在各个竖条上的滑块开始都在0 db位置,这个分贝值也是相对值,0分贝表示不变,如果需要把某段频率音域提升就将相应滑块向上拖,否则向下拖。调整后试听一下。然后"确定"即可。

若想使用更专业的声音编辑软件,可以用sony sound forge软件。

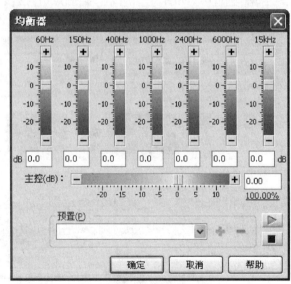

图4-32   图4-33

第5章 视频文件下载及编辑

在制作教学课件时,需要大量的视频文件来丰富课堂教学,而网上众多的视频文件如何能够下载到自己的电脑中,又如何插入到 PPT 文件中,是不少教师制作课件时面临的难题。下面介绍如何将需要的视频文件从网上下载到自己电脑中。

5.1 优酷网站视频文件的下载

视频网站很多,比较好的视频网站可以首选优酷网站,输入优酷网站地址:http://www.youku.com,可以进入优酷网站主页,下面就介绍优酷网站视频文件的下载方法。

1. 在优酷主页的搜索框中,输入要找的视频文件的名称,如:物理学科教学中需要搜索"重力在斜面上的分解"的视频,如图 5-1 所示。然后点击"搜索"。

图 5-1

2. 点击"搜索"后,可以看到与"重力在斜面上的分解"相关的视频文件,在每一个视频文件的下面有文件的大概介绍和文件的播放时间。如图 5-2 所示。

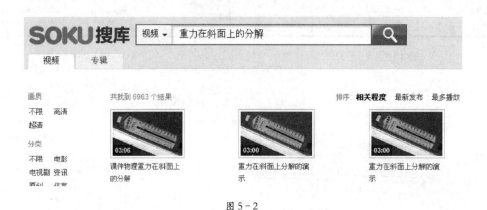

图 5-2

3. 选中一个视频文件,双击打开,就可以在线播放了。如图 5-3 所示。在该界面的右下角,可以看到有一个"下载"工具按钮。

4. 点击"下载"工具按钮后,提示让你下载安装爱酷软件。它是优酷自带的一款小巧的客户端软件iuk 爱酷。它具有下载和上传视频文件等功能。爱酷安装后再点击"下载"按钮,可以看到如图 5 - 4 所示的对话框。

5. 爱酷的用法

(1) 在桌面上打开爱酷,在"视频库"选项中可以看到很多视频文件点击即可在线观看。如图5 - 5 所示。点击"下载",可以看到下载的任务,点击右边的"新建下载",将正在播放的视频文件的网络地址复制到地址栏中,下载即可。如图5 - 6所示。

图 5 - 3

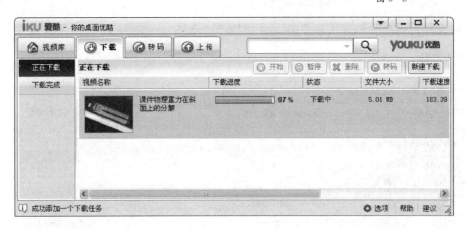

图 5 - 4

图 5 - 5

图 5 - 6

（2）文件上传。

① 要上传文件需要注册和登录。点击上面的"上传"选项卡。如图 5 - 7 所示。登录后点击右边的"新建上传"。

图 5 - 7

② 上传文件。在得到的"爱酷超级上传"对话框中，点击"浏览"按钮，查找要上传的文件，添加"标题"和内容"简介"。如图 5 - 8 所示。最后点击"开始上传"。

③ 爱酷设置。在图 5 - 7 中的下面点击"选项"按钮，或者点击上面倒三角形按钮。在得到如图 5 - 9 的"iku 爱酷管理配置"对话框中，进行有关的设置。

6. 视频文件小窗口播放

在视频播放时，当打开某一程序时，常常视频窗口被挡住。可以通过设置让该程序"置顶"（即视频窗口总是在最前面）。

以优酷网站为例（其他不少视频网站也具有该功能）。在图 5 - 3 文件播放的过程中，鼠标置于右上角附近，出现一个"小窗口播放"工具按钮，如图 5 - 10 所示，直接点击即可。拉动出现的小窗口视频播放的画面，改变画面的大小，放置在适当的位置，再打开其他程序时，视频播放窗口总在最前面。

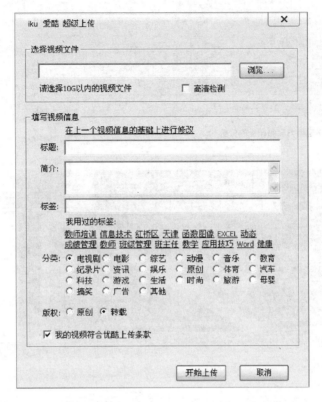

图 5 - 8

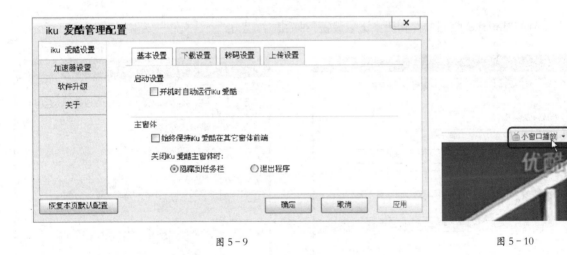

图 5 - 9   图 5 - 10

5.2 在临时文件夹中找出视频文件

很多视频网站没有提供直接下载文件的功能,如何把其他网站能够播放的视频文件下载到自己的电脑中呢?下面介绍一种方法:在线播放视频时,已经把网上的文件自动下载到自己的电脑上了,并放置在临时文件夹中了,因此找出临时文件夹,就能找出该文件,把这个视频文件复制出来即可。

1. 在视频播放结束后,全部文件已经下载到了自己电脑中的临时文件夹中了,点击网页上面的"工具",点击下面的"IE 选项"。如图 5 - 11 所示。

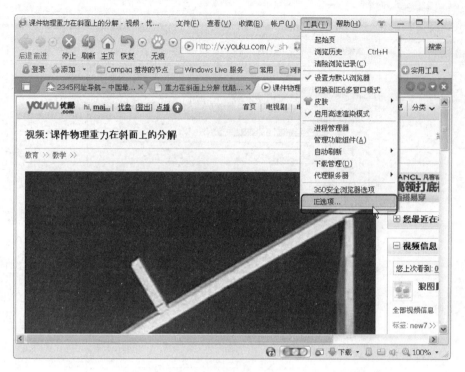

图 5 – 11

2. 在得到的"Internet 属性"对话框中,在"浏览历史记录"项目中,点击"设置"按钮。如图 5 – 12 所示。

3. 在得到的"Internet 临时文件和历史记录设置"对话框中,点击"查看文件"按钮。如图 5 – 13 所示。

图 5 – 12

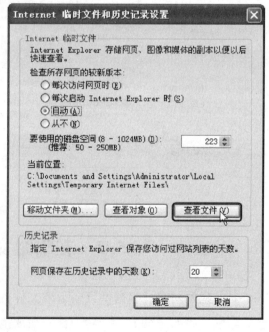

图 5 – 13

4. 即打开了临时文件夹,这里的文件都是浏览网页时下载到电脑中的临时文件,根据视频文件的播放时间、文件大小和文件类型,可以找到需要的视频文件。不少视频文件都是 FLV 格式文件。如图 5 – 14所示。然后把该文件复制到电脑中的其他位置即可。

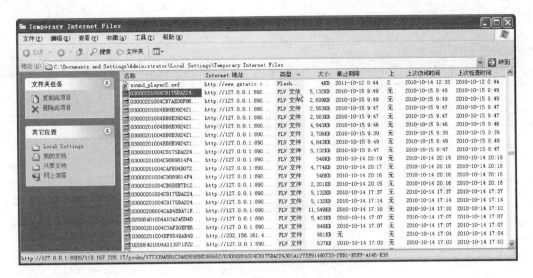

图 5－14

5. 如将文件复制到"桌面",右击该文件,选择打开该文件的程序,如图 5－15 所示。

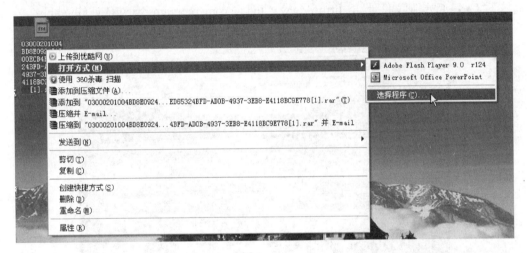

图 5－15

6. 选择一个合适的播放器,如选择"暴风影音"播放器播放。如图 5－16 所示。确定了需要的视频文件后,把原文件名重命名即可。也可以先在图 5－12 中点击中间的"删除文件"按钮,删除以前的临时文件,便于新的临时文件的查找。在图 5－13 上,点击"移动文件夹",可以把它移动到非系统盘处以免占用系统盘空间。

5.3 利用解析网站下载视频文件

除了利用上面的找出临时文件的方法,找到视频文件以外,还可以利用解析网站下载视频文件。FLVCD 是视频/音乐专辑解析下载门户网站(http://www.flvcd.com)。主要功能是获取各大视频网站视频的原始地址后解析下载,解析能力十分强大。由于多数在线网络视频不提供下载链接,而

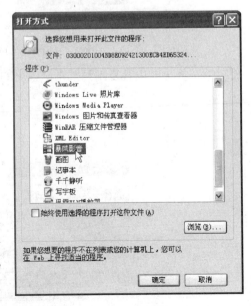

图 5－16

FLVCD 是目前最专业的 FLV 视频解析下载网站。使用方法如下：

1. 在视频网站上搜索内容

如在土豆网上要找"牛顿第三定律"视频文件，如图 5 - 17 所示。然后点击"搜索"按钮。

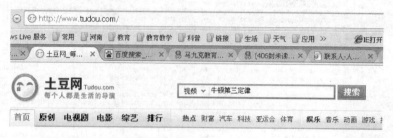

图 5 - 17

2. 复制文件地址

点击"搜索"按钮后，可以搜索到很多有关"牛顿第三定律"的视频文件，选择一个满意的文件，双击后打开，选中（通常用鼠标在地址栏中点击一下或连击三下即可选中）上面的文件地址栏中的内容，如图5 - 18所示。然后按下"Ctrl＋C"复制文件地址：http://www. tudou. com/programs/view/LvLGhn-aFis/。

图 5 - 18

3. 打开 FLVCD 门户网站：http://www. flvcd. com。将光标置于搜索栏中，按下"Ctrl＋V"按钮，将"粘贴"板上的内容复制到搜索框中。如图 5 - 19 所示。点击"开始"。

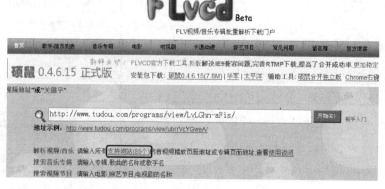

图 5 - 19

4. 复制文件名

点击上图的"开始"后,得到如图5-20所示的文件下载地址,点击"复制文件名"按钮可以得到如图5-21所示的消息框,在此既复制了文件名到剪贴板,也看到了文件的名称及文件的格式。

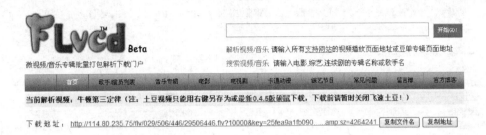

图5-20

5. 下载文件

点击下载地址,可以直接下载该文件,也可以在下载地址栏上右击鼠标,点击"目标另存为",如图5-22所示,然后选择存放文件的位置,也可以使用"迅雷下载"。也可以选择中间的"用硕鼠下载该视频"按钮,此下载方法下面介绍。

图5-21

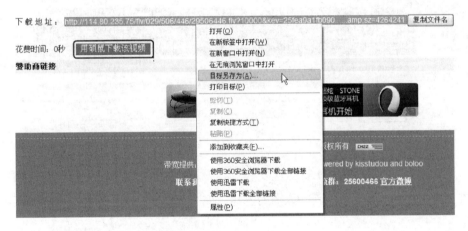

图5-22

5.4 网络电视视频文件下载

上面介绍的FLVCD视频/音乐专辑解析下载网站,可以支持目前网络上流行的很多网站,点击图5-19下面的"支持网站(85个)"的链接按钮,在图5-23中可以看到众多的视频网站和包括中央电视台在内的一些网络电视网站,这些网站的视频节目都可以通过FLVCD视频/音乐专辑解析下载网站进行解析下载。下面以下载2010年10月1日的晚间新闻联播节目为例,说明如何通过中国网络电视台网站(http://www.cntv.cn)找到并下载该视频文件。

1. 查找视频文件

(1) 打开中国网络电视台网站,在左下角点击"新闻联播"。如图5-24所示。

(2) 打开的都是默认的当天的新闻节目内容,在页面的右下角的"日历查询"框中,找到需要查找的

FLVCD支持85个音乐/视频网站的解析下载（持续更新）

土豆网	优酷网	我乐网	酷6网	六间房	新浪播客	新浪宽频
百度贴吧视频	QQ播客	QQ宽频	CCTV	搜狐	网友天下	魔方网
ESPN中文网	17173播客	激动网	爆米花视频	迅雷随便看看	琥珀网	天线视频
凤凰宽频	第一视频	MSN直播频道	百度音乐掌门人	Replays.Net	星际视频网	网易
一一影院	偶偶网视频	播视网	太平洋游戏网	SK Gaming	中关村在线	东方宽频
搜房网	SoGua	ACFUN	湖南卫视	巨鲸MV	爱拍游戏	艺术中国
YouTube	Metacafe	veoh	MegaVideo	I'm Vlog	乐视网	时光网
Break	Stupid Videos	CollegeHumor	芒果TV	新华网	谷歌音乐	一听音乐
WAT TV	ESL TV	中国网络电视台	江苏网络电视台	北京电视台	广州电视台	淘宝数字娱乐
优米网	奇艺网	电影(M1905)	音悦台	11688	CC联播网	中经播客
嘀哩嘀哩	京探影视	中国孕育网	浙江网络电视台	TOM视频酷	虾米网	巨鲸音乐
5min	WinOut	热点影院	PLU游戏	TVS南方电视台	Howcast	知音视频网
超星大讲堂						

图 5-23

图 5-24

日期。如图 5-25 所示。点击"10 月 1 日"。

（3）在该日期中找到准备下载的新闻联播的内容。如图 5-26 所示。当然也可以是其他视频文件。

图 5-25

图 5-26

（4）在该视频文件的播放过程中（不一定要全部播放结束），选中上面地址栏中的该文件地址。如图 5-27 所示。点击"Ctrl＋C"，即复制该文件的地址。

2. 利用解析网站解析后下载

（1）将上述复制后的文件地址（http://news.cntv.cn/program/xwlb/20101001/102204.shtml）粘

图 5 - 27

贴在如图 5 - 23 所示的 FLVCD 视频/音乐专辑解析下载网站的解析文件地址输入框中,点击"开始"后,得到下载地址列表。由于该文件较大,则自动分隔成了 7 小段文件。用常规的右击鼠标右键后"目标另存为",分别将每个视频文件下载是很不方便的,且下载速度很慢,利用该网站提供的"硕鼠下载工具"(要先安装)下载比较方便,这时点击下面的"用硕鼠下载该视频"按钮,如图 5 - 28 所示。

当前解析视频: 新闻联播2010100119:00 (请用右键"目标另存为"或硕鼠来快速下载.)

下载地址: 【说明:本视频由中国网络电视台自动切割的7段小视频组合而成】
http://v.cctv.com/flash/mp4video5/TMS/2010/10/01/912920da803f4ae7c9fcabb6......ro_aac32-1.mp4
http://v.cctv.com/flash/mp4video5/TMS/2010/10/01/912920da803f4ae7c9fcabb6......ro_aac32-2.mp4
http://v.cctv.com/flash/mp4video5/TMS/2010/10/01/912920da803f4ae7c9fcabb6......ro_aac32-3.mp4
http://v.cctv.com/flash/mp4video5/TMS/2010/10/01/912920da803f4ae7c9fcabb6......ro_aac32-4.mp4
http://v.cctv.com/flash/mp4video5/TMS/2010/10/01/912920da803f4ae7c9fcabb6......ro_aac32-5.mp4
http://v.cctv.com/flash/mp4video5/TMS/2010/10/01/912920da803f4ae7c9fcabb6......ro_aac32-6.mp4
http://v.cctv.com/flash/mp4video5/TMS/2010/10/01/912920da803f4ae7c9fcabb6......ro_aac32-7.mp4

花费时间: 0秒 用硕鼠下载该视频 M3U列表
【温馨提示:推荐下载安装最新版硕鼠,集成了视频合并、转换等功能:硕鼠0.4.5正式版】

图 5 - 28

(2) 在得到的如图 5 - 29 所示的页面上点击"硕鼠专用链下载"按钮,在得到的下载选择框中选取"(推荐)添加到硕鼠 Nano 的窗口下载"。如图 5 - 30 所示。

(3) 在得到的"添加新任务"对话框中,点击"浏览"可以选择文件的存放地址,选中"自动创建目录",如图 5 - 31 所示。这样可以在图中的"F:\硕鼠"的文件夹下面新建一个目录存放该文件。然后点击"确定"。

(4) 可以看到 5 个文件在同时下载。如图 5 - 32 所示。

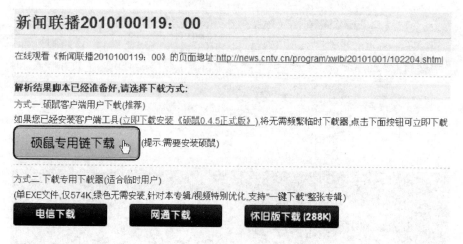

图 5 - 29

图 5 - 30

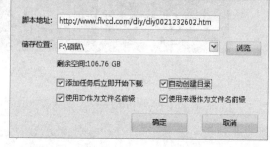

图 5 - 31

图 5 - 32

3. 文件所在位置

（1）文件下载完毕,点击"已下载"选项,可以看到下载后的文件,右击鼠标后可以进行相应的操作,如"打开文件所在目录",可以找到该文件所在的位置,如图5－33所示。也可以根据图5－31中的文件"储存位置"找到下载的文件所在的位置。

(2) 下载的7个被分隔的文件,会自动的以一个完整的文件出现在"F:\硕鼠\新闻联播2010100119：00\合并"文件夹中,如图5－34所示。

图5－33   图5－34

5.5　长篇影视剧的快速下载

长篇影视剧的下载与前面方法类同,以下载电影《赵氏孤儿》为例说明下载方法:

1. 搜索电影文件

(1) 在搜库网页的搜索框中输入"赵氏孤儿",选中自动出现的"赵氏孤儿电影全集"备选项后点击"搜索",得到如图5－35所示的页面。可以直接打开下面某一个文件,也可以点击"电影1部"按钮。

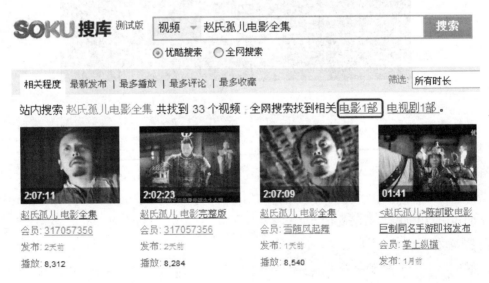

图5－35

(2) 当点击"电影1部"按钮时,得到如图5－36所示的页面。再点击"播放影片"按钮,在影片的播放过程中,复制上面地址栏中的文件地址。如图5－37所示。

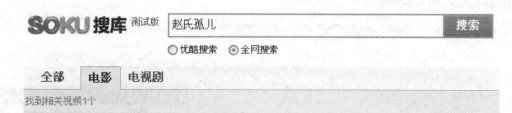

图 5－36

图 5－37

2. 下载文件

（1）将文件地址粘贴到 FLVCD 视频/音乐专辑解析下载网站的输入框中，类同如图 5－23 所示的方法。点击"开始"，即得到如图 5－38 所示的页面。可以看出该视频文件已经被分隔成 18 段小视频文件。在界面的下面点击"用硕鼠下载该视频"，如图 5－39 所示。右边是"高清模式解析"按钮，点击后该按钮变为"普通模式解析"。

（2）在图 5－40 中点击"硕鼠专用链下载"按钮，得到的类同图 5－29 图 5－30 和图 5－31 所示的界面。点击"确定"后，得到如图 5－41 所示的硕鼠下载页面。在此可以看到下载的进程。

3. 打开文件播放

利用图 5－33 的方法找到下载的视频文件，选择合适的播放器播放即可。

图 5－38

http://f.youku.com/player/getFlvPath/sid/00_00/st/mp4/fileid/030008120B4D......6eaf27161b7295
http://f.youku.com/player/getFlvPath/sid/00_00/st/mp4/fileid/030008120C4D......6eaf27161b7295
http://f.youku.com/player/getFlvPath/sid/00_00/st/mp4/fileid/030008120D4D......6eaf27161b7295
http://f.youku.com/player/getFlvPath/sid/00_00/st/mp4/fileid/030008120E4D......6eaf27161b7295
http://f.youku.com/player/getFlvPath/sid/00_00/st/mp4/fileid/030008120F4D......6eaf27161b7295
http://f.youku.com/player/getFlvPath/sid/00_00/st/mp4/fileid/03000812104D......6eaf27161b7295
http://f.youku.com/player/getFlvPath/sid/00_00/st/mp4/fileid/03000812114D......6eaf27161b7295

花费时间：0秒　[用硕鼠下载该视频]　[M3U列表]　普通模式解析
【温馨提示】：推荐下载安装最新版硕鼠，集成了视频合并、转换等功能：硕鼠0.4.5正式版】
赞助商链接

图 5－39

图 5－40

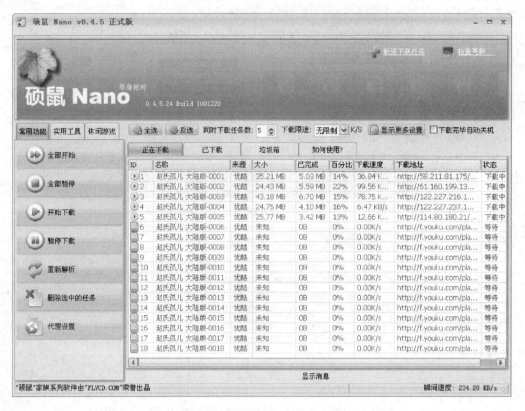

图 5 - 41

5.6 下载工具——硕鼠和维棠的应用

1. 硕鼠软件应用简介

（1）安装了硕鼠软件后，在桌面上双击打开该软件，把如图5－18所示的视频文件地址：http://www. tudou. com/programs/view/LvLGhn-aFis 复制到如图5－42所示的地址栏中，点击"开始"按钮即可。

图 5 - 42

(2) 下载文件。

① 在得到的如图 5－43 所示的界面中,点击"用硕鼠下载该视频"按钮。

图 5－43

② 在得到的如图 5－44 所示的界面中,点击"硕鼠专用链下载"按钮。

图 5－44

③ 在得到的如图 5－45 所示的界面上,点击"(推荐)添加到硕鼠 Nano 的窗口下载",即得如图 5－31 所示的界面。接着向下按步骤操作即可。

图 5 - 45

(3) 一般设置。

① 在图 5 - 45 中点击左边的"打开硕鼠 Nano"选项,在得到的如图 5 - 32 所示的界面中点击上面的"显示更多设置",可以选中"自动合并分段视频"以及"合并后删除原文件",这样可以自动的把下载的分段视频合并后自动将原文件删除。如图 5 - 46 所示。

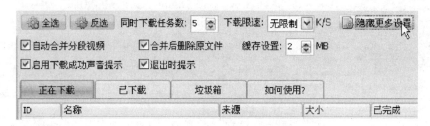

图 5 - 46

② 点击"已下载",选中已下载的文件,可以进行格式的转换和合并。如图 5 - 47 所示。点击"如何使用?"可以得到帮助的文件。

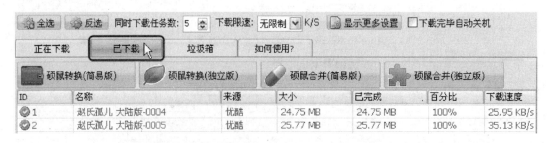

图 5 - 47

2. 维棠软件应用简介

(1) 另一个常用的视频下载软件是维棠,安装软件后,双击软件图标,打开软件,软件界面如图 5 - 48 所示。

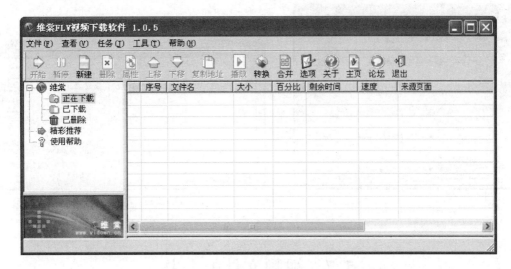

图 5-48

  (2) 要下载视频,先要找到视频文件的下载地址,如图 5-18所示。然后按下"Ctrl+C"复制文件地址:http://www. tudou. com/programs/view/LvLGhn-aFis。在图 5-48 中的工具栏中,点击"新建"按钮,得到如图 5-49 所示的"添加新的下载任务"对话框,视频网址可以自动进入"视频网址"框中,可以在"另存到"中,选择文件存放的位置。点击"确定"即可。

  (3) 常用功能简介。

  ① 文件下载完毕后,点击"已下载",可以看到下载的文件,在此选中某一文件,可以对选择的文件进行"删除"、"播放"等操作。如图 5-50 所示。

图 5-49

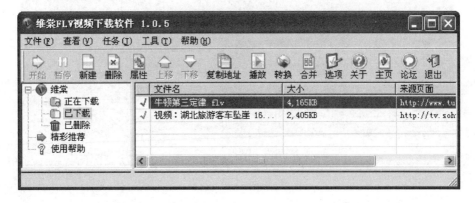

图 5-50

  ② 文件的格式转换。点击转换,得到"格式转换"对话框,点击"浏览"可以选择文件,点击"视频质量"可以选择转换后的格式,选中"截取片断",可以设置截取视频文件的"开始时刻"和"结束时刻"。如图 5-51 所示。

  ③ 文件的合并。在图 5-50 中点击"合并",在得到的如图 5-52 所示的"合并视频"对话框中,点击"添加任务",可以将电脑中的视频文件添加后进行合并。

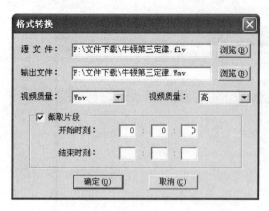

图 5-51

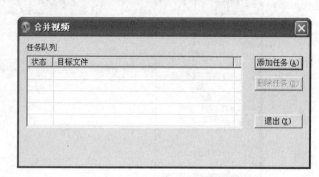

图 5-52

5.7 视频文件的合并

"视频编辑专家 6.2"是一款专业的视频编辑软件,包含视频合并、视频分割、视频截取,是视频爱好者的一款必备的工具。它的界面简洁明了,如图 5-53 所示。操作十分方便。

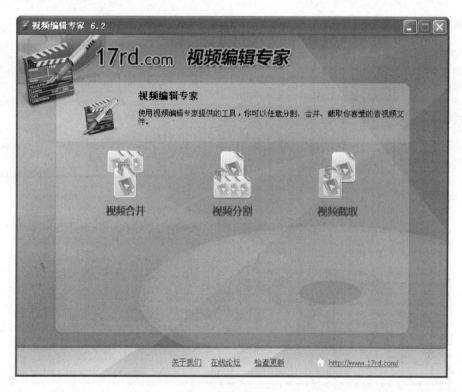

图 5-53

1. 视频文件合并

（1）在如图 5-53 所示的主界面上点击"视频合并",在得到的新的界面的下方点击"添加"。如图 5-54 所示。找到需要合并的视频文件。反复点击"添加",将所有准备合并的视频文件全部添加进来。选中某一个文件,可以删除,或者全部清空。还可以通过点击下面的上下箭头,调整不同视频的位置。还可以在右边预览某一视频。然后点击"下一步"。

（2）在得到的新的界面中,如果不进行特殊的操作,可以直接点击"下一步"。如图 5-55 所示。这样

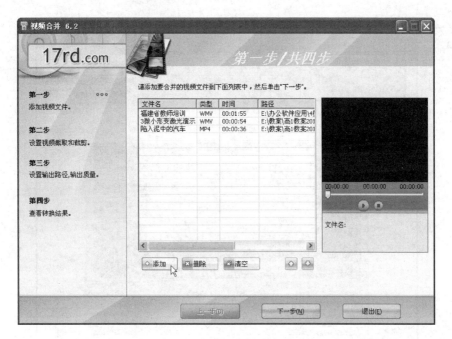

图 5 – 54

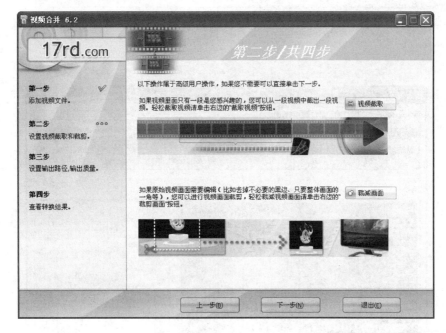

图 5 – 55

把插入进来的三个视频文件按原来的大小、时间的长短合并起来。如果想对原来的视频作进一步的编辑,可以继续进行操作。

① 视频截取。点击"视频截取"按钮,可以在此截取你感兴趣的一段视频。拉动滑块,可以选取一段时间,如图 5 – 56 所示。然后再选中第二个视频,再对第二个视频进行时间的选取,对第三个视频也进行同样的操作。

② 裁剪画面。点击"裁减画面"按钮,进入"画面裁剪"操作界面,如图 5 – 57 所示。一般选取默认值"不裁剪"画面,也可以"手动裁剪",选取"手动裁剪"后,可以拉动画面上的黄线,也可以在上、下、左、右输入数值。对三个视频都可以进行这样的裁剪。然后"确定"。返回原界面。

图 5 - 56

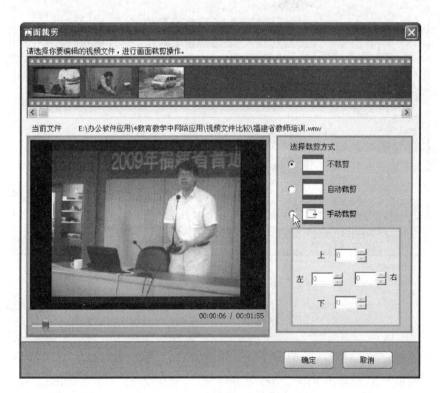

图 5 - 57

(3) 点击"下一步",点击"浏览",选择文件的输出位置,并给文件命名,选择文件的输入格式。如图5-58所示。点击"下一步"。

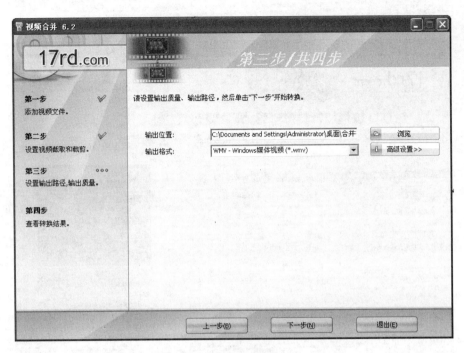

图 5 - 58

(4) 当合并结束时,可以看到"合并成功"的显示框,点击"浏览",可以查看文件,点击"返回主界面",可以重新回到"视频合并"的界面。如图 5 - 59 所示。

图 5 - 59

5.8　视频文件的分割

把一个视频文件分割成任意大小和数量的视频文件。

1. 在主界面点击"视频分割",得到如图 5 - 60 所示的对话框,点击"加载",选择需要分割的视频文件。再点击"下一步"。

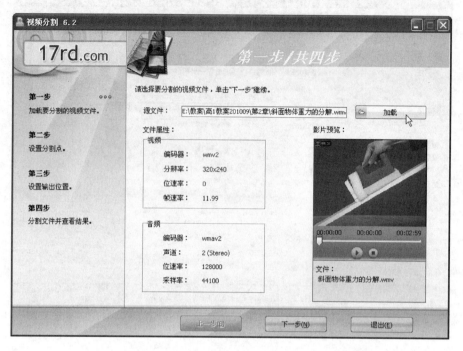

图 5-60

2. 得到的第二步的对话框,在"分割设置"中,在"每段时间长度"中输入时间,点击"应用",即把视频文件分成若干段视频。选中"每段文件大小",则按照每个文件的大小分割成若干段视频。选中"平均分割为"几段,则将文件均分为几个视频文件。选中"手动分割",用鼠标拉动滑块,到某一位置,再点击下面第一个工具按钮"设置当前画面为分割点"的按钮,如图 5-61 所示。点击"下一步"。

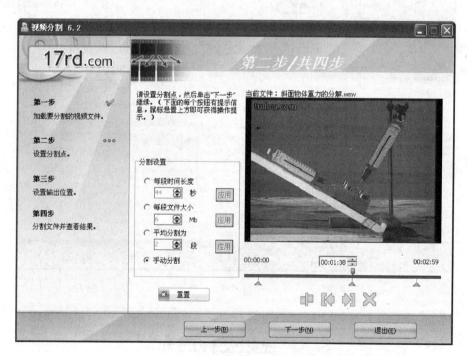

图 5-61

3. 在得到的第三步的对话框中,点击"浏览",选择文件的保存位置。如图 5-62 所示。点击"下一步"。

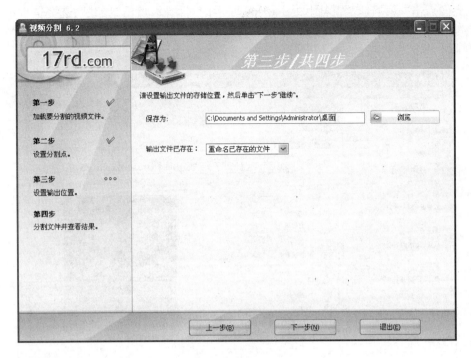

图 5 - 62

4. 在得到的第四步的对话框中,可以看到已经把文件分割成若干个小文件了。如图 5 - 63 所示。

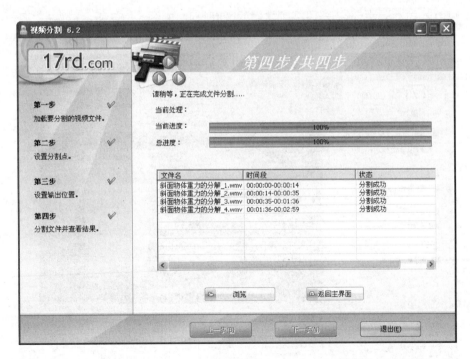

图 5 - 63

5.9 视频文件的截取

把您喜爱的视频文件截取出精华的一段加以保存。

1. 在主界面点击"视频截取",得到如图5-64所示的对话框,点击"加载",选择需要截取的视频文件。再点击"下一步"。

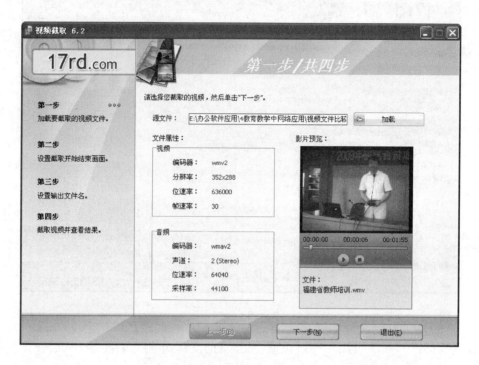

图5-64

2. 在第二步中,拉动滑块,选择一段视频文件的区间长度,如图5-65所示。点击"下一步"。

图5-65

3. 在得到的第三步的对话框中,点击"浏览",选择文件的保存位置。如图5-66所示。点击"下一步"。

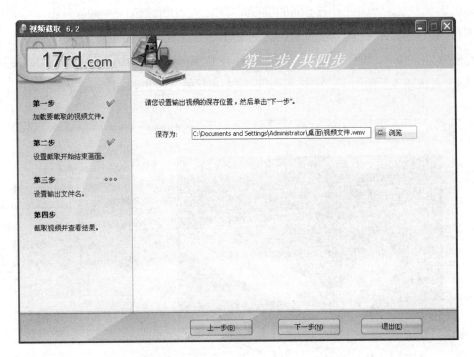

图 5 - 66

4. 在得到的第四步的对话框中,可以看到已经把文件截取成功。如图 5 - 67 所示。

图 5 - 67

5.10 利用格式工厂截取视频文件

除了应用上面的方法截取视频文件以外,还可以利用后面介绍的"格式工厂"软件截取视频文件,方法如下:

1. 在第6章中的图6-5中,点击上面的"选项"按钮,在此可以截取视频的片断。当放映到某时刻时,点击一下"开始时间",如图5-68所示,则此时刻作为截取视频的初始时刻(00:00:35),当运行一段时间后,再点击"结束时间",如图5-69所示,则此时刻作为截取视频的结束时刻(00:01:10)。也可以在"开始时间"框中直接输入开始时间,在"结束时间"框中直接输入结束时间,点击"确定"即可。

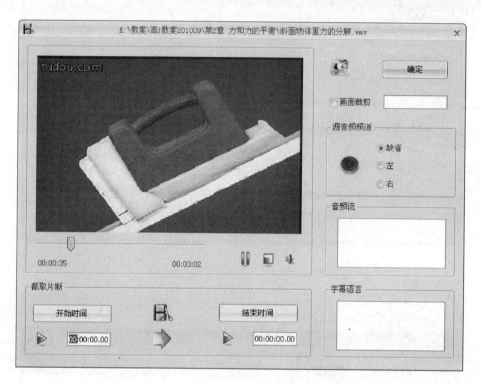

图 5-68

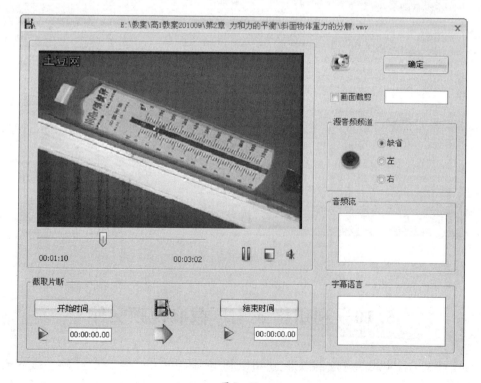

图 5-69

2. 在图 5 - 69 中点击"确定",回到第 6 章的图 6 - 6 状态,点击"开始",则在转换格式的同时,截取了视频的一部分,在文件夹中可以看到该文件的文件名后面增加了截取片段的时间间隔。如图 5 - 70 所示。

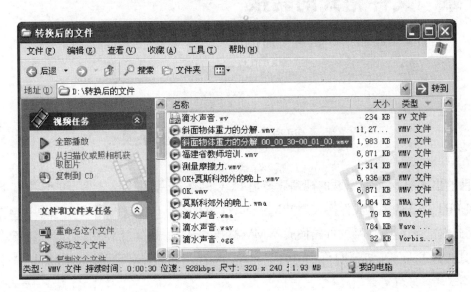

图 5 - 70

第6章 文件格式的转换

6.1 视频文件格式的转换

视频文件的格式很多,网上下载的视频很多是 FLV 的格式,而这个格式是不能直接在 PPT 文档中使用的,一般 PPT 插入的视频文件格式是 WMV、MPG、AVI,同一个文件,WMV 格式的文件最小、MPG 文件最大,因此常常可以把 FLV 文件转换成 WMV 格式,方便在 PPT 中使用。文件格式转换的软件很多,比较好的是"格式工厂",打开网页:http://www.pcfreetime.com/CN_index.html。在该网站下载"格式工厂"格式转换软件。

1. 认识"格式工厂"软件界面

"格式工厂"软件的界面如图 6-1 所示。上面有工具栏,左边是选项,可以转换视频、音频和图片的格式。

图 6-1

工具栏如图 6-2 所示。各工具的使用说明如下:

图 6-2

① 移除:从下面列表中移除所选任务。

② 清空列表:清空下面列表里所有任务。

③ 停止：停止转换任务。

④ 开始：开始或者暂停转换任务。

⑤ 选项：弹出选项页。

⑥ 输出文件夹：打开转换后文件所在的文件夹。

⑦ 主页：打开"格式工厂"主页。

2. 转换视频文件格式

(1) 在图6－1中左边选中"视频"项目，如果想把文件转换为 WMV 格式，则点击"所有转到 WMV"图标"![icon]"（想转换成哪个格式就选择哪个格式的图标），在得到的如图6－3所示的输入文件框中，点击"添加文件"，打开某一个视频文件，如图6－4所示。

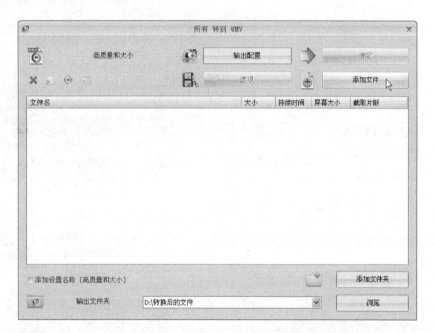

图 6－3

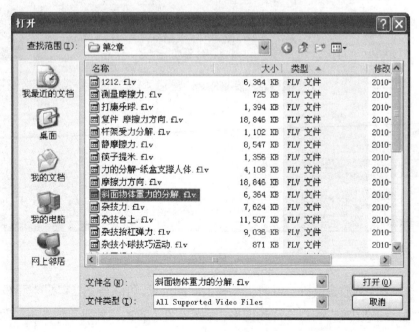

图 6－4

(2) 点击"打开"后,将文件添加到了对话框中,如图6-5所示。点击"确定"即可。

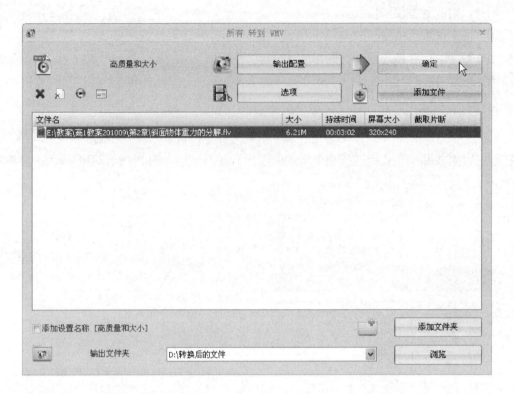

图6-5

(3) 回到主界面后,点击"开始"即可进行格式的转换,如图6-6所示。转换完成后,在放置文件的文件夹中找到该文件即可。

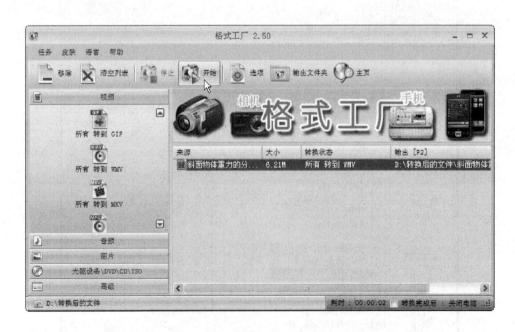

图6-6

(4) 改变格式后文件的放置位置。点击工具栏上面的选项,可以得到"选项"对话框,在此可以改变输出文件的文件夹,点击"改变",可以选择改变格式后的文件放置的文件夹。如图6-7所示。

图 6-7

6.2　音频文件格式的转换

音频文件的格式转换与视频文件的格式转换类同,操作方法如下:

1. 文件格式的转换

(1) 在图 6-1 的左边点击"音频"选项,可以看到各种音频文件格式的列表,如图 6-8 所示。

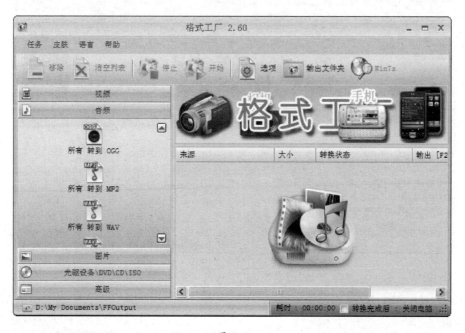

图 6-8

　(2) 当点击某一个需要转换的文件格式时,如点击"所有转到 WAV ",可以得到如图 6-3 所示的类同对话框,点击"添加文件",找到需要转换的文件后"打开",会出现如图 6-9 所示的界面。然后点击"确定"。

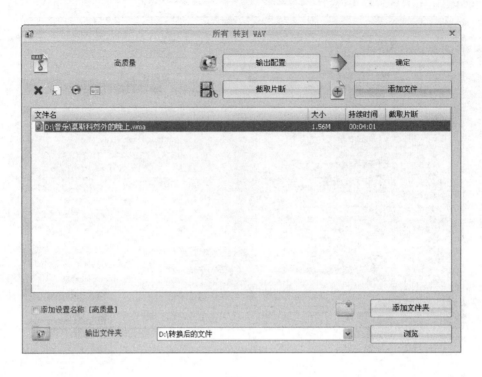

图 6 – 9

　　(3) 在图 6 – 10 所示的界面上点击"开始"按钮,即开始格式的转换。转换后点击上面的"输出文件夹"按钮,可以找到转换后的文件。

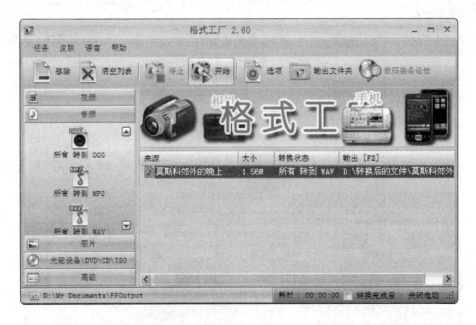

图 6 – 10

2. 截取片断

　　如果要截取音乐文件的一部分,在图 6 – 9 中点击"截取片断"按钮,在得到的如图 6 – 11 所示的界面上,可以截取音频文件的某一段进行格式的转换,选取一段时间后点击"确定"即可。如果不需要截取片断,在图 6 – 9 中直接点击"确定"即可。

图 6-11

6.3 图片文件格式的转换及其设置

1. 图片格式转换

在"格式工厂"的界面左边点击"图片"选项,如图 6-12 所示,在此可以进行图片格式的转换,转换方法与前面的类同。

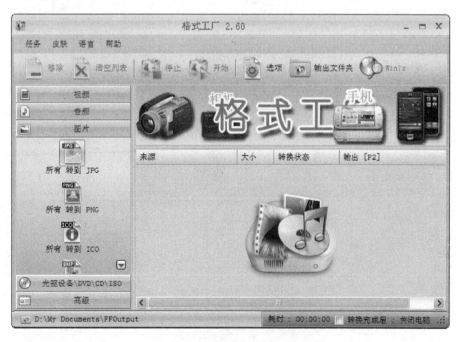

图 6-12

2. 软件设置

对软件进行一些简单设置,可以方便工作。在软件界面上点击"选项",在得到的如图6-13所示的"选项"对话框中,可以改变"输出文件夹"的位置。还可以选择文件转换完成后自动"打开输出文件夹"。

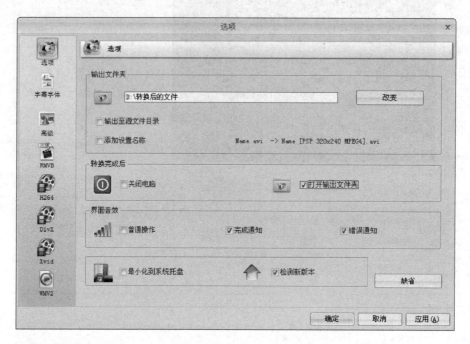

图 6-13

第 7 章　PowerPoint 文档中文件的插入

7.1　图片的插入

1. 单个图片的插入

（1）直接复制插入图片。① 网页上的图片和 Word 中的图片插入到 PPT 文档中,可以直接将图片复制后,粘贴在 PPT 文档即可,有时 Word 中的图片直接粘贴插入时不显示图片,这时可以通过"选择性粘贴",改变粘贴文档的格式来解决。

② 图片文件的插入。打开图片文件所在的文件夹,选中图片直接复制后,粘贴到 PPT 文档中即可,可以一次复制多个图片。

（2）利用插入工具。利用插入工具可以插入图片文件。通过点击 PPT 文档界面上的"插入"→"图片"→"来自文件",如图 7 - 1 所示。找到文件插入即可。一般各种格式的图片都可以直接插入到 PPT 文档中。可以选择多个文件同时插入。

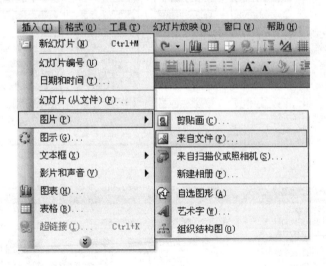

图 7 - 1

2. 批量插入图片

要把多张图片一次性的插入到 PPT 文档中,且图片都均分到每个幻灯片中,可以采用创建相册的方式来实现。

（1）在图 7 - 1 中点击"新建相册",在得到的"相册"对话框中,可以在"插入图片来自"下面点击"文件/磁盘",如图 7 - 2 所示。然后找到需要插入的图片,并选中,再点击"插入"。如图7 - 3所示。

（2）重新返回到"相册"对话框中,可以在此旋转图片的方向,设置图片的"亮度"以及改变图片的顺序。在相册版式中可以选择相册的版式,可以选择"适应幻灯片尺寸",还可以选择每版"4张图片"。如图7-4所示。在"相册版式"中选择"4张图片"。

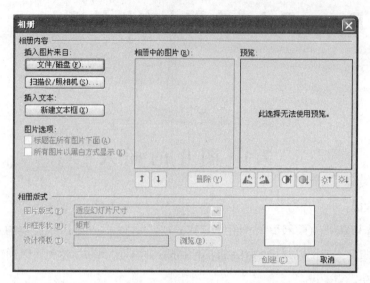

图7-2

图7-3

图7-4

(3) 点击"创建"后,在新的文档中得到每张幻灯片有四张照片的幻灯片文档,如图 7-5 所示。

(4) 如果选择"适应幻灯片尺寸",则每张幻灯片中插入一张幻灯片。如图 7-6 所示。

图 7-5

图 7-6

7.2 插入音频文件

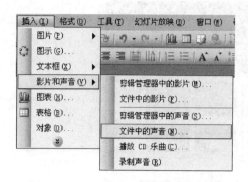

图 7-7

要在PPT文档中插入声音文件,可以通过以下三种方式:直接在PPT文档中插入;在动画中嵌入;利用幻灯片切换嵌入。

1. 直接在PPT文档中插入

(1) 点击"插入"→"影片和声音"→"文件中的声音",如图7-7所示。在打开的"插入声音"对话框中,找到声音文件的位置。一般的"mp3"、"wav"、"wma"等格式都可以插入。如图7-8所示。

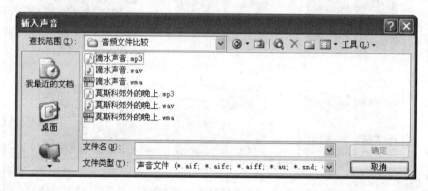

图 7-8

(2) 点击"确定"后,在幻灯片上出现一个小喇叭图标,同时得到图7-9所示的对话框,如果选择"自动",则放映幻灯片时声音自动播放,选择"在单击时",则单击小喇叭图标时声音才开始播放。若选择"在单击时",则自动添加了以小喇叭图标为触发器的触发功能。

图 7-9

(3) 声音播放的设置。

① 声音的连续播放。双击"自定义动画"下面的表示声音的设置图标,得到"播放声音"对话框,在"效果"选项卡中的"停止播放"下面,选中"在(F)",输入最大数值如"999",在幻灯片放映时,声音可以不间断地连续播放。如图7-10所示。如果插入的声音文件播放时间比较短,可以切换到"计时"选项卡,在"重复"后面的下拉列表框中选中"直到幻灯片末尾"项,这样就可以避免因为声音文件太短,导致演示到后来没有背景音乐的情况发生。

② 幻灯片放映时若不想看到喇叭图标,点击"播放声音"对话框的"声音设置"选项卡,在"显示选项"下面选中"幻灯片放映时隐藏声音图标"。如图7-11所示。"信息"下面显示的有播放时间,一般当插入的文件不是WAV格式或者虽是WAV格式但文件较大时,下面会显示声音文件的路径。在"小喇叭"图标上右击鼠标,点击"编辑声音对象",出现"声音选项"命令框,也可以在其中选择是否循环播放,是否隐藏声音图标。如果插入的WAV文件较小,则会显示该文件"包含在演示文稿中"。

(4) 在"播放声音"对话框的"计时"选项卡中,还可以设置"重复"的次数,以及改变播放声音的触发器对象。如图7-12所示。

图 7 - 10

图 7 - 11

图 7 - 12

(5) 声音播放的个性化设置。声音插入后,可以设置声音的"暂停"、"结束"及"开始"按钮。设置方法如下:

① 选中声音图标,点击"自定义动画"的"添加效果"(此时子菜单的内容由原来的四个变为五个)→"声音操作"→"暂停",如图 7 - 13 所示。再点击"添加效果"→"声音操作"→"停止"。

② 利用"绘图"工具的"自选图形",画出一个棱台,调整大小,设置填充颜色和线条颜色,并输入文字"播放",再复制出另外两个,并改变文字为"暂停"和"结束"。双击"自

图 7 - 13

定义动画"下面的"多媒体1"(能嵌入的文件显示"多媒体",否则显示文件名)改变其触发按钮,在得到的"播放声音"对话框中的"计时"选项卡中,在"触发器"下面的"单击下列对象时启动效果",选择"棱台2:播放",再双击"多媒体1"设置"暂停"的触发功能,如图7-14所示。双击"多媒体1"设置"结束"的触发功能,设置方法与"开始"的触发功能设置方法类同。

图 7-14

(6)将声音文件嵌入到文档中。上述方法插入的声音文件,若不是WAV格式,或虽是WAV格式,但文件较大,都没有嵌入到文档中,当改变声音文件的位置时,将不能播放插入的声音,因为前面的插入只是一个链接。若把PowerPoint文件复制到其他电脑上时,必须同时把声音文件一起复制过去,或者打包,方可运行。利用下面的方法,可以把声音文件嵌入到PowerPoint的文档中。

① 首先要保证声音为WAV的格式文件。如果不是WAV格式的声音文件,可以先利用其他软件将其转为WAV格式。

② 插入声音文件前,修改链接声音文件的大小。点击"工具"→"选项"命令,在"常规"选项中把"链接声音文件不小于(100)KB"的默认设置改为"链接声音文件不小于50000KB(最大值50M)",因为你的设置必须大于你将要插入的声音文件大小,才能保证声音文件被嵌入到文档中。如图7-15所示。这样,利用前面的方法插入的WAV格式文件将被嵌入到文档中。声音信息会显示出"包含在演示文稿中"。

图 7-15

2. 利用动画嵌入声音文件

对文档中的任一个对象(文本框、自选图形或图片),设置

该对象为任意一种进入的方式,如选择"出现",在"自定义动画"中,双击"自定义动画"下面的表示"出现"的图标

""。在"出现"对话框的"效果"选项卡中,在"声音"中选择"其他声音",找到声音文件

后点击"确定"即可。如图7－16所示。

3. 利用幻灯片的切换嵌入声音文件

点击"幻灯片放映"→"幻灯片切换",在幻灯片切换任务窗格中的下面"声音"项目中,找到声音文件

插入即可。如图7－17所示。

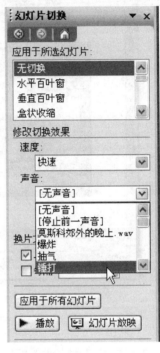

图7－16 .　　　　　　　　　　　　图7－17

7.3　插入视频文件

视频文件有很多不同的格式,能插入到PPT文档中的一般有三种格式：WMV、MPG、AVI。

1. 直接插入视频文件

将视频文件或影片直接插入到幻灯片中,是最简单的一种插入方法,这种方法只提供简单的"暂停"

和"继续播放"两种控制手段,设置方法如下：

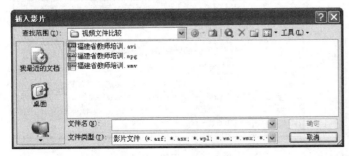

图7－18　　　　　　　　　　　　图7－19

（1）单击"插入"→"影片和声音"→"文件中的影片"，在打开的"插入影片"对话框中，找到视频文件的位置，如图7-18所示。

（2）点击"确定"。得到图7-19所示的对话框，如果选择"自动"，放映幻灯片时，则自动播放影片，当点击该对象时，"暂停"播放，再点击则重新播放。设置"自定义动画"后的结果如图7-20所示。若选择"在单击时"，则单击影片图标时影片才开始播放。

图 7-20

2. 利用控件工具箱

利用控件工具箱在幻灯片中插入视频文件时，有多种可供选择的操作按钮，播放进程可以自己控制，方便、灵活。设置方法如下：

（1）打开需要插入视频文件的幻灯片，点击"视图"→"工具栏"→"控件工具箱"，在控件工具箱中选择"其他控件"，再选择"Windows Media Player"如图7-21所示。也可以点击菜单栏中的"插入"→"对象"，在"插入对象"对话框中，选择"Windows Media Player"，如图7-22所示。点击"确定"。

图 7-21

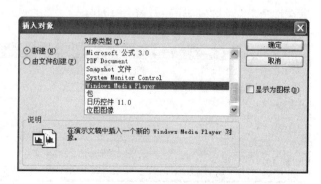

图 7-22

(2) 在得到的黑色屏幕中右击,点击"属性",得到"属性"对话框,选中"按字母序"选项卡,再选中"自定义",点击"自定义"后面有三个小黑点的按扭。如图 7 - 23 所示。

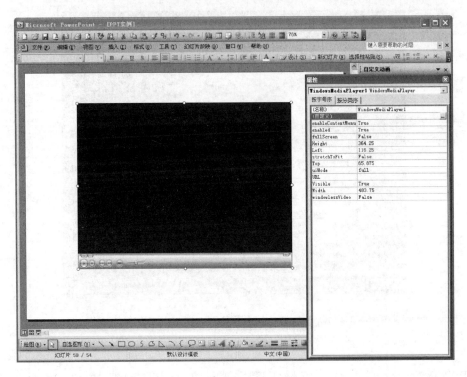

图 7 - 23

(3) 在打开的"Windows Media Player 属性"对话框的"常规"选项卡中,点击"浏览",找到视频文件所在的位置,点击"打开",即将视频文件的路径自动输入到了"常规"选项卡的"源"下面的"文件名或URL"中,点击"确定"即可。如图 7 - 24 所示。也可以在"属性"对话框的"按字母序"选项卡中,直接在"URL"中输入文件的地址。如图 7 - 25 所示。

图 7 - 24

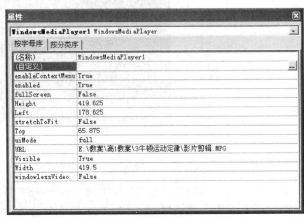

图 7 - 25

（4）在 PPT 播放过程中,可以通过播放器中的"播放"、"停止"、"暂停"和"调节音量"等按钮对视频进行控制。如图 7 - 26 所示。

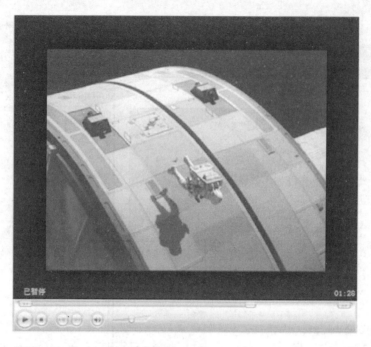

图 7 - 26

（5）在 PPT 播放过程中,如果播放区域(即黑屏区域)较大,播放时默认播放画面较小,这时右击鼠标,点击"缩放"→"全屏",可以全屏播放。如图 7 - 27 所示。要退出全屏播放,再次右击鼠标,选择"退出全屏",或者按下 Del 键,都可以退出全屏播放模式。

图 7 - 27

7.4   插入 Flash 动画

利用控件工具在 PowerPoint 中插入 Flash 动画的方法如下:

1. 调出控件工具

在操作界面中点击"视图"→"工具栏"→"控件工具箱"命令,打开"控件工具箱"面版窗口;用鼠标单击该窗口中的"其他控件"按钮,选择其中的"Shockwave Flash Object"命令,如图7-28所示。随后光标的形状就变成了"十"字形,再将光标指针移动到幻灯片上,画出一个大小合适的矩形区域,以便在其中播放 Flash 动画。如图7-29所示。

2. 输入文件的路径

(1) 用鼠标右键单击前面画出的矩形区域,点击"属性"命令;然后在弹出的"属性"窗口中,在"Movie"中直接输入 Flash 文件的路径(Flash 文件最好与PowerPoint 文件在同一个文件夹中),输入时要注意Flash 文件的后面要加上扩展名. swf,如图7-30所示。

图7-28

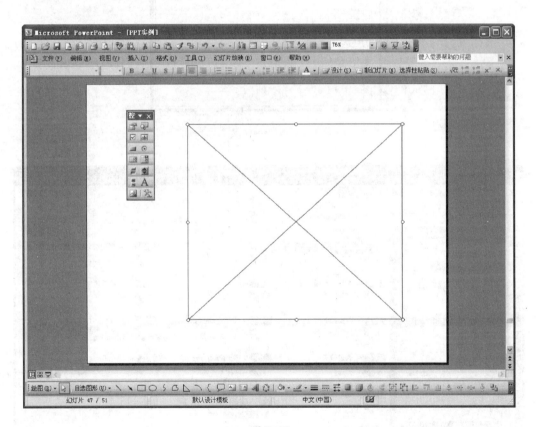

图7-29

(2) 显示文件的扩展名。由于插入 Flash 文件时后面要加上扩展名. swf。若不记得扩展名,文件中又没有显示,可以通过设置让每个文件显示出它的扩展名。点击工具栏上面的"工具",再点击"文件夹选项"。如图7-31所示。在得到的"文件夹选项"对话框的"查看"选项卡中,去掉"隐藏已知文件类型的扩展名"前面的"√"。如图7-32所示。点击"确定"后,所有文件都显示出了文件的扩展名。

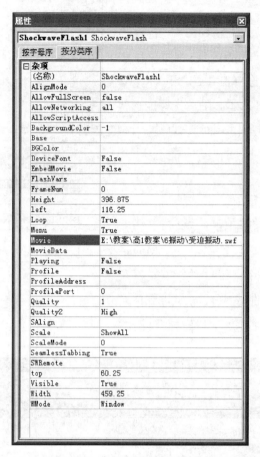

图 7 - 30

图 7 - 31

(3) 如果输入路径不方便,可以采用复制的方法。右击 Flash 文件,选中"打开方式",点击"Internet Explorer",打开网页浏览器,如图 7 - 33 所示。选中地址栏中的文件路径,"复制"后"粘贴"即可。如图 7 - 34所示。

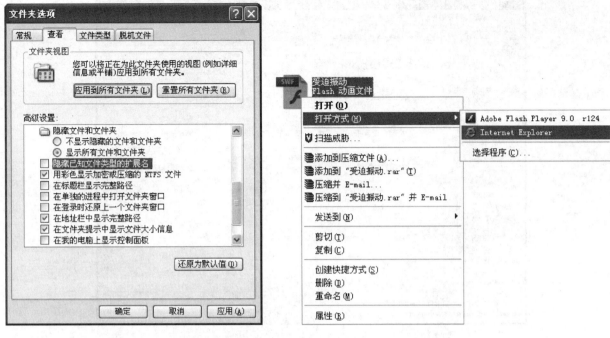

图 7-32   图 7-33

图 7-34

3. 其他幻灯片中需要插入 Flash 文件时, 只须复制一下该幻灯片, 把文件的路径和文件名改一下即可。

7.5 PPT 文件的变格式保护

1. PowerPoint Slide Show Converter 软件简介

PowerPoint Slide Show Converter(PPT 幻灯片放映器)是一款可将制作的 PowerPoint 演示文档转换成可独立执行的文件的软件。这样其他用户可以无需安装 MicroSoft PowerPoint 而直接打开你的演示文档。同时演示文档的原创性得到了一定程度的保护, 其他人无法随意对该文档进行修改或复制, 起到了保护文档的作用。

2. PowerPoint Slide Show Converter 软件的使用

(1) 本软件不需要安装, 从网站上下载后, 解压即可使用。解压后双击如图 7-35 所示的文件, 得到如图 7-36 所示的该软件的操作界面。有两种使用模式, 分别是"简单模式"和"增加模式"。一般使用"简单模式"较好。

(2) 点击"简单模式", 或选择"简单模式"选项卡, 在出现的如图 7-37 所示的对话框中, 点击上面的"选择"按钮, 找到需要转换的 PPT 文件, 在下面的"输出文件名"的框中, 自动将转换后的文件与原文件放在同一个文

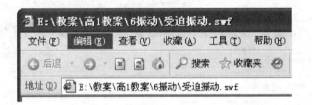

图 7-35

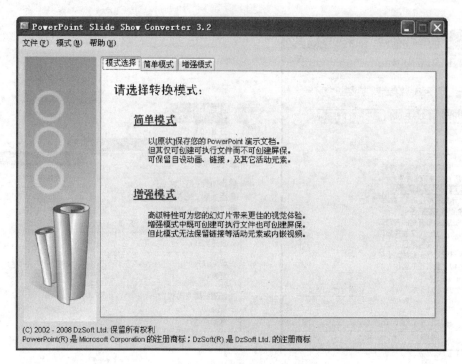

图 7 - 36

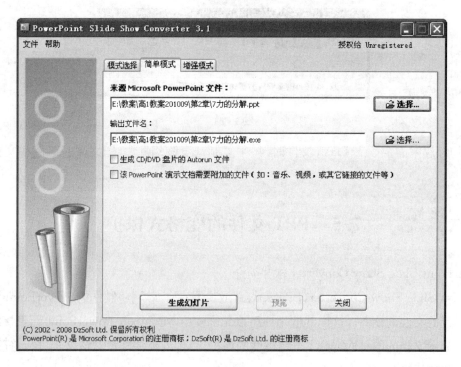

图 7 - 37

件夹中,如果想改变存放的位置和文件名,点击右边的"选择"按钮,进行设置。最后点击下面的"生成幻灯片"按钮即可。

(3) 完成以后,当出现如图 7 - 38 所示的信息框时,点击"确定"即可,这时在原 PPT 文件所在的文件夹中出现了一个格式为"exe"的文件。打开该文件即可放映。

图 7 - 38

第8章 屏幕截图——HyperSnap 软件的应用

8.1 HyperSnap 软件简介

HyperSnap 是目前认为最好的屏幕捕获软件之一,可以捕获光标、窗口、网页、视频、文本、自定义图形等,能以 20 多种图形格式(包括: BMP、GIF、JPEG、TIFF、PCX 等)保存图片。可以用热键(快捷键)方便快捷地从屏幕上抓图。功能非常强大。该软件界面如图 8-1 所示。左边的绘图工具栏也可以拖放到上面。

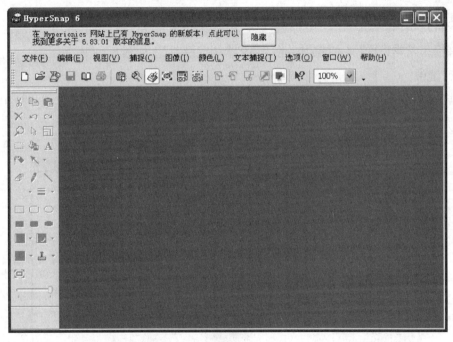

图 8-1

8.2 认识菜单栏

1. "视图"菜单

上面的"文件"、"编辑"等菜单栏与 Office 中的基本相同。点击"视图"(有的是"查看"),可以得到如图 8-2 所示的视图菜单。在此可以选择软件的界面是否显示"工具栏"、"绘图工具"以及调出自定义对话框。

2. "捕捉"菜单

点击"捕捉",在捕捉菜单中,常用到的两个命令是"捕捉设置"和"配置热键",如图 8-3 所示。"捕捉"菜单下面的各项,常常可以通过快捷键实现。

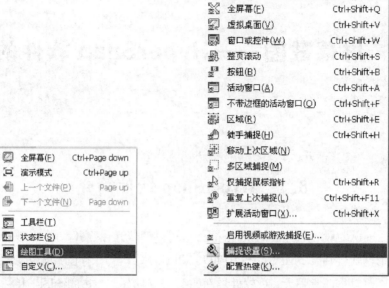

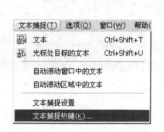

图 8-2   图 8-3

3."文本捕捉"菜单

在文本捕捉里常常设置"文本捕捉热键"和"文本捕捉设置"。如图 8-4 所示。

4."选项"菜单

要使用快捷键,就要在"选项"菜单中,点击"激活热键"按钮(或在工具栏上点击"激活热键"按钮)。如图 8-5 所示。

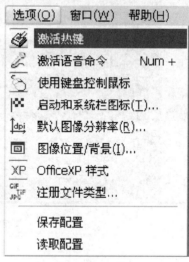

图 8-4   图 8-5

8.3 工具栏简介

工具栏如图 8-6 所示,前几项与 Office 基本相同,其他几个常用项目简介如下:

图 8-6

1. "粘贴新图像按钮"

利用绘图工具栏中的"选择区域"按钮"▭", 在显示的图片中选择一定的区域, 然后点击工具栏上"复制"按钮(或按下"Ctrl+C"), 再点击"粘贴新图像按钮" , 可以把图片的选中部分, 粘贴到新的图片文件中。

2. "捕捉设置"工具按钮

点击"捕捉设置"工具按钮"🔧", 在得到的"捕捉设置"对话框中, 可以进行有关设置。如图8-7所示。

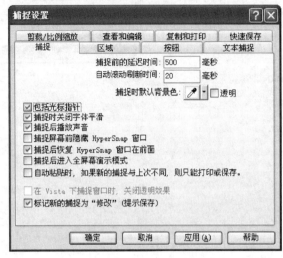

图 8-7

3. "激活热键"工具按钮

点击"激活热键"工具按钮"🖌", 或者在图8-5中点击"激活热键", 这样才可以使用快捷键。

4. "捕捉窗口"工具按钮

点击"捕捉窗口"工具按钮"▣", 点击此按钮, 光标在不同的位置时, 可以看到闪动的矩形框, 选中合适的矩形框, 点击后可以将该区域截图。

5. "捕捉所选区域"工具按钮

(1) 选定捕捉区域。点击"捕捉所选区域"工具按钮"▦", 点击此按钮, 会出现两根长的细十字线, 如图8-8所示。选中需要截图的左上角, 用鼠标拉动, 会出现一个矩形框, 达到适当位置双击鼠标, 该矩形框架区域即为所选的截图区域。

(1) "捕捉设置"工具按钮

点击"捕捉设置"工具按钮"🔧", 在得到的"捕捉设置"对话框中, 可以设置。如在"捕捉"选项卡中, 可以选择截图时是否"包括光标指针"。如所示。

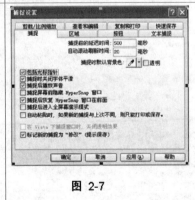

图 2-7

图 8-8

(2) 在拉动鼠标时, 可以看到被截图片的长和宽的数值, 双击即可。如果拉到某位置右击鼠标, 可以看到出现一个命令框, 在此可以选择"放弃捕捉"或者"结束捕捉", 如图8-9所示。也可以选择其他各项。

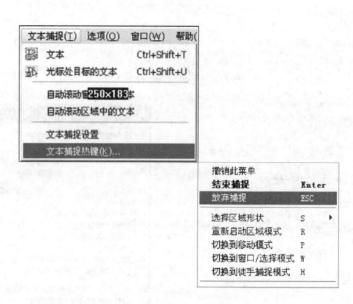

图 8-9

6. 图片转动按钮

(1) 点击右转按钮"🗗",可以让图片右转90°。

(2) 点击左转按钮"🗗",可以让图片左转90°。

7. 裁剪工具按钮

(1) 点击裁剪工具按钮"🗗",可以对截取的图片或从"打开"菜单插入的图片进行裁剪如图 8-10 所示。

图 8-10

(2) 在图 8-10 中双击后,被裁剪的图片自动出现在新的文件界面中。如图 8-11 所示。

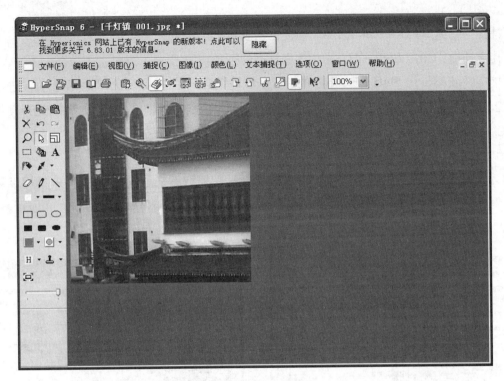

图 8 - 11

8. 显示比例

最右端的百分数是表示图片的显示比例的,也可以在按下 Ctrl 键时滚动鼠标的轮子,方便的改变图片的显示比例。

8.4 图片的捕捉和截取

利用该软件,基本可以满足教学中所有捕捉图片和截取图片的需要。下面是常见的一些捕捉和截图的方法。

1. 捕捉热键的设置

快速捕捉屏幕上的图片,要用到捕捉的快捷键。点击“捕捉”→“配置热键”,如图 8 - 3 所示。在得到的“屏幕捕捉热键”对话框中,可以对每一项快捷键进行设置。如图 8 - 12 所示。

2. 常用捕捉方式

常用的捕捉是捕捉全屏、捕捉窗口、捕捉区域和徒手捕捉,在图 8 - 12 中对应的快捷键分别是:

（1）捕捉全屏:Ctrl＋Shift＋Q。捕捉的是整个屏幕。

（2）捕捉窗口:Ctrl＋Shift＋W。捕捉

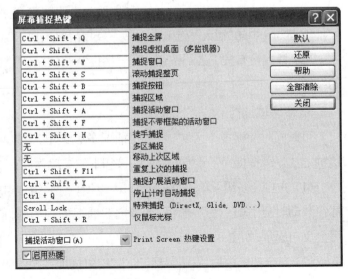

图 8 - 12

不同的活动窗口。

（3）捕捉活动窗口：Ctrl＋Shift＋A。捕捉正在被操作的窗口。

（4）徒手捕捉：Ctrl＋Shift＋H。自由选择捕捉的区域。

（5）捕捉区域：Ctrl＋Shift＋E。默认的捕捉区域是矩形。在"捕捉设置"对话框中可以进行不同的设置，点击"捕捉"→"捕捉设置"命令，在打开的"捕捉设置"对话框中的"区域"选项卡中，选择其他捕捉区域的形状。如图8-13所示。这样截取的图片就是这里设置的形状了。

3. 光标的抓取

有时为了得到更加真实的效果，往往需要连同光标一起抓取下来。点击"捕捉"→"捕捉设置"命令，在打开的"捕捉设置"对话框中的"捕捉"选项卡中，选中"包括光标指针"选项，如图8-14所示。点击"确定"即可。

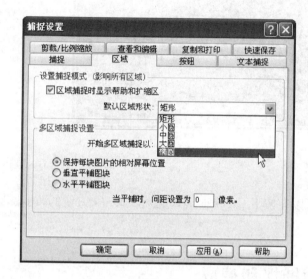

图 8-13

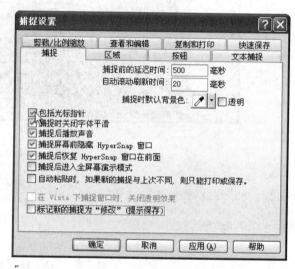

图 8-14

图 8-15

4. 捕捉按钮

任意一个软件中都有很多菜单按钮和工具按钮，有时需要将这些按钮捕捉下来，方法如下：

（1）捕捉按下去的按钮，先把鼠标置于被捕捉的按钮上，如图8-15所示，要捕捉 Word 中的"插入"按钮，此时按下"Shift＋Ctrl＋B"即可。

（2）捕捉没有按下去的按钮，点击"捕捉"→"按钮(B)"，如图8-3所示，再用鼠标点击一下需要捕捉的按钮即可。

5. 多区域捕捉

可以同时捕捉多个区域，如需要捕捉多级菜单，可以采用这种方法。以捕捉 Word 中的"插入"按钮下的菜单为例：

（1）先打开多级菜单，再按下"Shift＋Ctrl＋M"组合键，光标在游动时会出现一些矩形框，点击需要捕捉的矩形框，选中后会反白显示，如图8-16所示。

（2）当全部选中后，右击鼠标，选中"结束捕捉"，如图8-17所示。最后得到的图片如图8-18所示。

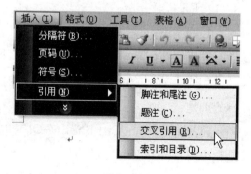

图 8-16

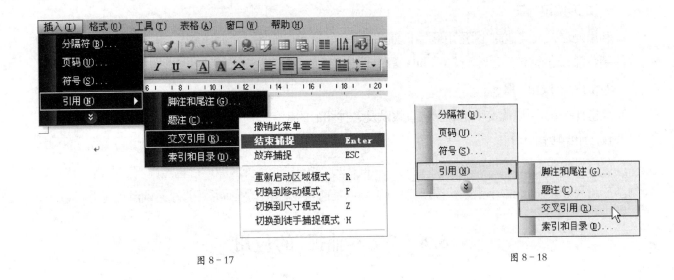

图 8-17　　　　　　　　　　　　　　　　　　　　图 8-18

8.5　绘图工具的使用

HyperSnap 不仅是一个抓图软件,同时它也是一个非常好的图像编辑软件。利用绘图工具可以对截取的图片进行编辑,绘图常用的工具如图 8-19 所示:

图 8-19

1. 仅查看方式按钮""

点击此按钮,可以退出"添加文字"、"选择区域"等后面绘图工具项的编辑状态。

2. 选择区域按钮""

点击此按钮,光标变成细十字形,在已经捕捉的图片上,或者打开的图片上选择一定的区域,进行移动、删除或者复制等操作。

3. 调整大小按钮""

点击此按钮,可以改变图片的长宽尺寸。

4. 文本编辑按钮"**A**"

点击此按钮,可以进入文字的编辑状态。

5. 喷枪按钮""

点击此按钮,可以对图片进行喷涂。

6. 箭头按钮""

点击此按钮,可以在图片中画出各种箭头,按下 Shift 键时,画出的箭头是水平、竖直或者 45°角斜方向的箭头。

7. 橡皮按钮"",点击此按钮,可以擦除图片上的任意部分,可以通过点击工具栏后面的"橡皮擦宽度"项来改变橡皮擦的宽度。

8. 矩形按钮"▢"

利用矩形以及其他的"圆角矩形"和"椭圆"工具按钮,可以在图片上画出矩形、圆角矩形及椭圆,对图片的某一部分进行重点说明。按下 Shift 键时,画出的则分别为正方形、圆角正方形和圆形。

9. 前景色按钮"■▎▾"

点击此按钮,可以改变喷枪、箭头、直线以及各种图形的颜色。

10. 加亮按钮" H ▾"

可以在图片上添加各种颜色的半透明矩形框,以此对图片的某一区域进行重点说明。点击按钮右边的小三角展开按钮,选中小铅笔状按钮,对应的颜色是前景色,选中小圆圈按钮,对应的颜色是背景色。

8.6 "文本捕捉"的应用

常常看到的一些文字,不能够进行复制和粘贴。如 PowerPoint 中的文字不能够直接复制到 Word 文档中,Word 文档加密后也不能复制,在教学中又常常需要这些文字内容,要把这些文字"抠"出来,可以利用"文本捕捉"的功能来完成。

1. 设置"文本捕捉"项目

单击"文字捕捉"→"文本捕捉设置",在"捕捉设置"对话框的"文本捕捉"选项卡的"启用文本捕捉方式"中选中"纯文本捕捉",如果每次捕捉的文本要显示在不同的文档上,则应选中下面的"每次捕捉文本都在 HyperSnap 中新建一个文本窗口",如图 8-20 所示。如果想让每次捕捉的文本内容都在同一个文件中,则应选中"将新的文本追加到 HyperSnap 中的同一窗口"。

2. 文本捕捉热键的设置

点击"文本捕捉"→"文本捕捉热键",得到"文本捕捉热键"设置的对话框,如图 8-21 所示。两个常用的捕捉热键如下:

(1)"区域文本"捕捉热键"Ctrl+Shift+T"。按下此组合键,可以对选定的区域进行捕捉。

(2)"光标处目标的文本"捕捉:Ctrl+Shift+U。按下此组合键,可以对光标所在界面,即显示的窗口的文本进行全部捕捉。

可以在此更改捕捉的热键。

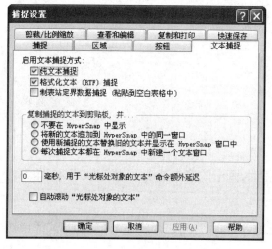

图 8-20

图 8-21

3. 将 PowerPoint 中的文字提取出来

PowerPoint 中的文字如何能够再回到 Word 文档中？如果是利用幻灯片版式的文本框输入的文字，即能够在大纲视图中出现时，可以在大纲视图中全部选中，再复制到 Word 文档中即可，如果是添加的文本框，这些文字不能通过大纲视图显示，也就不能直接复制。可以利用文本捕捉的方法将这些文字提取出来。

(1) 打开 PowerPoint 文档，按下"Ctrl＋Shift＋T"捕捉热键，当出现十字线时，鼠标拉动，选择一定的区域即可将该区域的文字抓捕下来。如图 8‐22 所示。

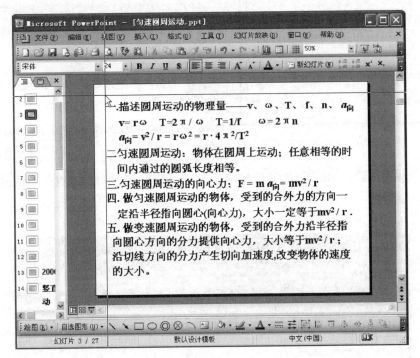

图 8‐22

(2) 在 HyperSnap 中得到的文字如图 8‐23 所示。然后全部选中复制到 Word 文档中即可。

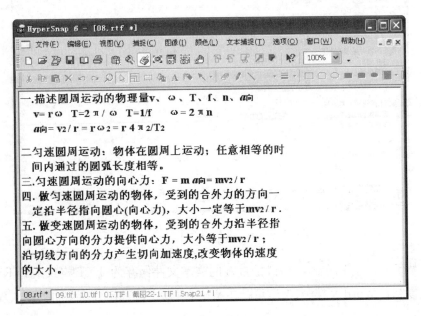

图 8‐23

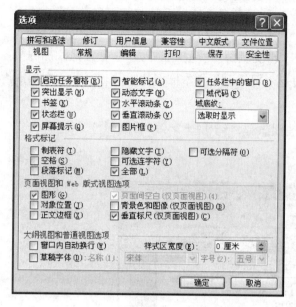

图 8-24

4. 复制活动框中的文字

(1) 常常需要将一些活动框中的文字复制下来,如要复制如图 8-24 所示的活动框中的文字,方法如下:按下"Ctrl+Shift+T"捕捉热键,当出现十字线时,鼠标拉动,选择一定的区域即可将该区域的文字抓捕下来。捕捉的文本出现在如图 8-25 所示的图中。然后可以复制到其他地方供选用。

(2) 在安装软件时常常会出现一些不认识的英文。利用上述方法,将这些文字复制后,利用网络在线翻译,很快就能显示出中文文字。

5. Word 加密文档的文本捕捉

(1) 在如图 8-26 所示中,可以看到文档已经被加密,上面的工具栏中的工具都不可操作,常规的复制和粘贴不能将这些文字复制下来。这时按下"Ctrl+Shift+T"捕捉热键,当出现十字线时,鼠标拉动,选择一定的区域即可将该区域的文字抓捕下来。

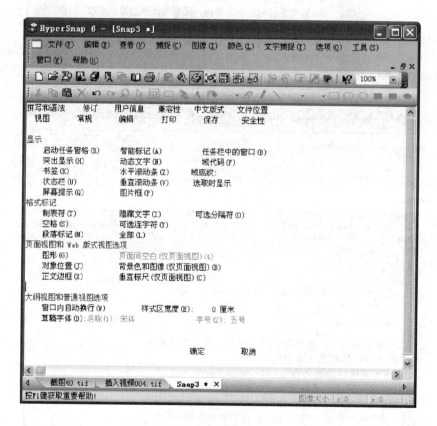

图 8-25

(2) 文件的保存。点击"另存为",可以把捕捉的文本文件保存为 TXT 格式或者 RTF 格式。TXT 格式的文件可以复制在 Word 文档中,然后可以在 Word 中对文件进行编辑和加工。

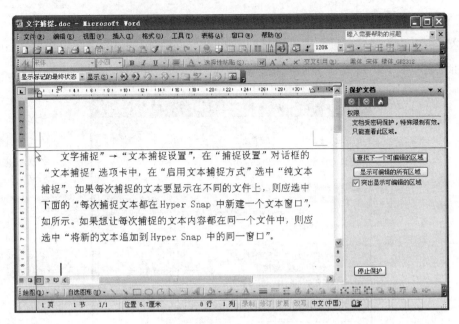

图 8-26

8.7　抓取视频图像

VCD、DVD 及视频播放器播放的一些文件显示的图像很特殊，采用一般捕捉图片的方法是不行的，可以看到抓取后的图片是无法显示的。在该软件中进行一些设置可以捕捉到视频图片。

1. 选中"捕捉"→"启用视频或游戏捕捉"选项，如图 8-27 所示。

2. 在弹出的设置框中选中所有选项，如图 8-28 所示。以后就可以抓取到 VCD、DVD 等视频图像了。

图 8-27　　　　　　　　　　　　　　　　　　　　图 8-28

3. 连续捕捉视频图片

视频文件在播放的过程中，可以设置连续自动的截图。点击"捕捉"→"捕捉设置"，在"捕捉设置"对话框的"快速保存"选项卡中,选中"在 1 和'停止'数之间无限循环",并设置连续捕捉的间隔时间(0 为不连续抓取),这样可以连续捕捉视频图片。如图 8-29 所示。在捕捉的过程中要停止捕捉,可以按下如图 8-12 所示的热键"Ctrl+Q"。

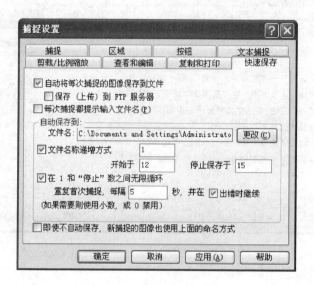

图 8-29

8.8　截取长于窗口的长网页图片

常常需要截取网页大于显示窗口的完整图片,如果分开来截取后再拼起来,显然是不方便的,同时拼出来的图片也会有误差。下面介绍截取完整图片的方法。

1. 滚动屏幕截图

在 HyperSnap 软件界面,选择工具栏上的"捕捉"→"整页滚动"(或直接按下快捷键 Ctrl+Shift+S)

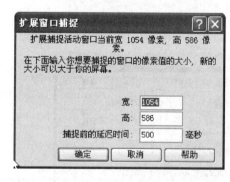

图 8-30

如图 8-27 所示,这时软件会自动隐藏并在网页上出现一个不断跳动的矩形选框,将鼠标指针移动到网页面垂直滚动条最下端,用鼠标点一下向下的箭头,这时该页面就会自动滚动,到底端时截图完毕,且会伴随着一声"咔嚓"的相机声,接着截图就出现在软件中并弹出为当前窗口,保存即可。不同的网页上截取时速度快慢有差别。

2. 扩展窗口截图

打开需要截图的网页,使之成为当前窗口,并将滚动条滑块移动到最顶端。选择工具栏上的"捕捉"→"扩展活动窗口"(或直接按下快捷键 Ctrl+Shift+X)如图 8-27 所示,此时会出现一个对话框,如图 8-30 所示,输入需要截取图片的宽和高数据后即可。有的浏览器不支持这种方法。

8.9　截取图片上的任意部分

大多数截图软件只能抓矩形、圆形、多边形窗口,但这还不够自由,如在网上见到一幅精美的建筑图

片,只想选取其中一部分,可以利用软件的"徒手"捕捉功能,操作方法如下:

单击"捕捉"→"徒手捕捉",将所需要截取的部分一点点圈出来,再右击鼠标,选择"结束捕捉"即可。如所图8-31示。得到的图片如图8-32所示。

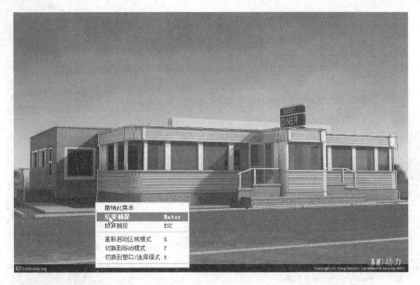

图 8-31

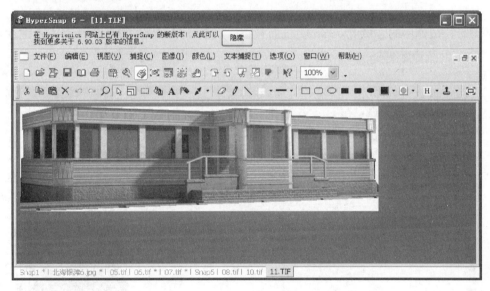

图 8-32

如果点击一下左键后松开左键,拖动鼠标,则会显示直线,按下 Shift 键,可以画出水平或者竖直线。如果按下鼠标左键拖动,则画出的是曲线。直线和曲线可以交替画出。

8.10 对图片进行裁剪和编辑

常常要对截取的图片或者已经有的图片,进行重新编辑,如图片的拼接、擦除、裁剪等操作。

1. 图片的裁剪和部分移动

(1) 打开电脑中已有的图片,调整显示的比例,点击工具栏上的"选择区域"按钮,在图片上画出一个选择的区域,如图8-33所示。

图 8 - 33

（2）用鼠标拉动选中的区域可以移动到任意位置。点击工具栏上的删除键或者 Del 键,可以删除选中的部分。得到的图片如图 8 - 34 所示。

图 8 - 34

（3）粘贴为新图片。在图 8 - 33 中选中某一区域后,点击绘图工具栏中的"复制"按钮,再点击工具栏上的"粘贴新图像"按钮,则得到一张新的图片文件,如图 8 - 35 所示。可以"另存为"将图片保存。

图 8 - 35

（4）先打开 PowerPoint 文档,在图 8 - 33 图中点击复制后,在 PowerPoint 中直接点击粘贴即可,调整图片的大小,得到的文档如图 8 - 36 所示。

图 8 - 36

2. 图片的裁剪和剪除

(1) 图片的裁剪。如果只需要图片的某一部分,可以应用裁剪的方法,点击工具栏上的裁剪按钮后,图片上会出现细十字线,如图 8 - 37 所示,拉动鼠标,然后双击,截取一部分图片。得到图片后点击复制,可以直接粘贴到已经打开的 PowerPoint 文档或者 Word 文档中。

图 8 - 37

(2) 图片的剪除。裁剪是留下选中的区域,剪除是去掉选中的区域。点击"图像"→"剪除区域",选择"水平"或者"竖直"。如图 8 - 38 所示。

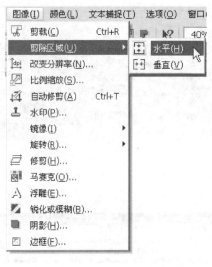

图 8 - 38

(3) 在图片上拉出一个区域,如图 8 - 39 所示,然后双击即可去除选中的区域。如图 8 - 40 所示。

图 8 - 39

图 8 - 40

3. 给图片添加阴影和边框

(1) 单击"图像"→"阴影",在得到的"阴影"窗口中,调整阴影的大小、方向等各项。如图 8–41 所示。

(2) 单击"图像"→"边框",在得到的"边框"窗口中,设置边框的有关选项。如图 8–42 所示。

图 8–41

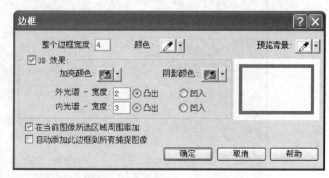

图 8–42

添加阴影和边框,不仅仅只是对图像有效,图像内选定的区域也可以加上阴影和边框。如果希望以后每幅图像都自动添加这些效果,可以在"阴影"窗口中勾选"自动添加此阴影到所有捕捉图像"复选框即可。以后不需要时,再取消此项设置。

8.11 多个图片的拼接

有时需要把几个图片拼接到一起,成为一幅图片。操作方法如下:

1. 打开图片文件

(1) 在工具栏上点击打开按钮,将需要拼接的图片全部打开,打开的图片文件如图 8–43 所示

图 8–43

（2）调整图片的显示比例。打开的图片常常是按 1∶1 比例显示，选择工具栏中间的百分数，将每个图片的显示比例都调整为 50%。如图 8－44 所示。

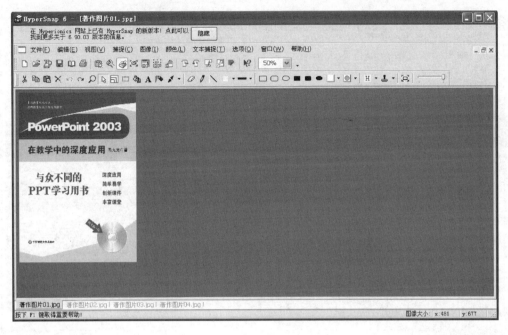

图 8－44

2. 改变画布大小

要将几幅图片并排放置，需要增大第一幅图片画布的尺寸。

（1）点击编辑工具栏上的调整大小按钮"🔲"，得到的是默认的图片尺寸大小。如图 8－45 所示。

（2）如果并排需要拼接四幅图片，则应该将"宽"的"481"扩大四倍为"1924"，在图中输入 1924 后点击"确定"，得到的图片大小如图 8－46 所示。

图 8－45

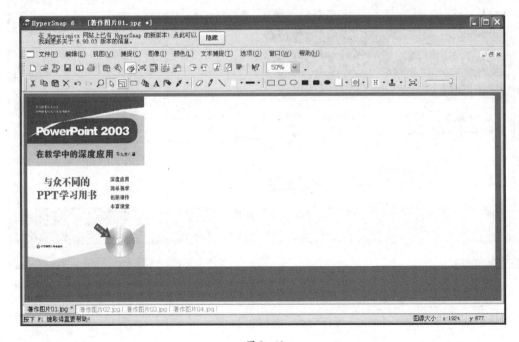

图 8－46

3. 拼接图片

(1) 打开第二幅图片,按下"选择区域"按钮,图片被选中。如图8－47所示。然后点击"复制"。

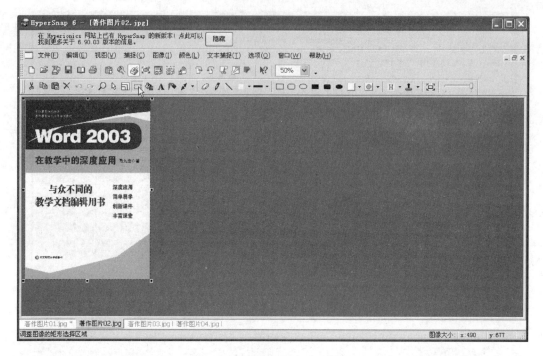

图 8－47

(2) 重新回到第一幅图中,点击"粘贴",然后用鼠标移动粘贴过来的图片到适当位置。如图8－48所示。这时再点击"仅查看方式"按钮" <img> ",回到查看状态。

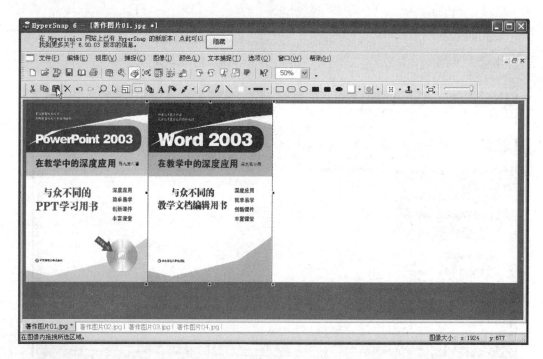

图 8－48

(3) 重复前面的方法,将四幅图片放在一起。得到的新的图片如图8－49所示。在此还可以在图片上进行添加文字、边框等操作。

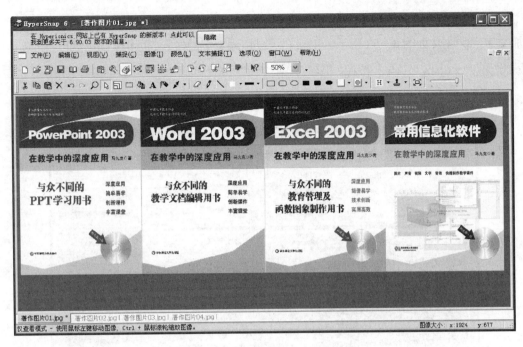

图 8 - 49

8.12 在图像上添加文字

有些时候需要在捕捉的图像上添加一些说明文字,操作方法如下:

1. 设置文字格式

抓取图像后或者打开已有的图片,单击绘图工具栏上的大写字母 A,在图像上拖动鼠标,选择合适的矩形区域,然后释放鼠标,在弹出的"编辑文本"对话框的"文本"选项卡中输入文字。上面的工具栏可以设置字体格式以及对齐方式,工具按钮" "可以设置字体的颜色,点击按钮" ",可以在图片上提取需要的颜色。并且可以插入"日期"、"时间"等项目。如图 8 - 50 所示。

2. 边框的设置

在边框选项卡中,可以设置边框的颜色、宽度,以及背景颜色,如果不需要背景颜色,可以选中"使它透明"。如图 8 - 51 所示。然后点击"确定"。

图 8 - 50

图 8 - 51

3. 添加文字后的图片

添加文字后的图片如图 8-52 所示。用鼠标可以移动文字的位置,也可以利用鼠标键拉动边框的四周,来改变边框的大小区域,点击按钮" ",退出编辑状态,再次双击文字可以重新进入文字的编辑状态。

图 8-52

8.13 给图片盖上印章

有时出于需要,要给自己的图片加上一个标注,比如注上作者姓名、截取日期、版权声明之类的信息。HyperSnap 可以满足我们的需要,操作方法如下:

1. 新建水印

先打开一个图像,然后选择"图像"→"水印"(或单击工具栏上的水印工具),在弹出的窗口中单击"新建水印"命令,如图 8-53 所示。

2. 设置"编辑水印"对话框

(1) 在"图像"选项卡里,选择"来自文件",可以导入自己喜欢的图片,并选中"在水印中使用此图像"。如图 8-54 所示。

(2) 在"文本"选项卡中输入文字,同时也可以设置字体、颜色、排列方式等。另外,"日期"、"时间"、"文件"、"路径"和"用户"等为系统变量,会根据系统的变化而更改。单击"预览"按钮,可以随时查看水印的效果。并勾选"在水印中使用此文本",如图 8-55 所示。

(3) 在"边框"选项卡中可以调整背景、边框颜色及文本图像的位置。如图 8-56 所示。

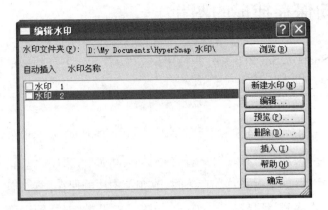

图 8-53

图 8-54

图 8-55

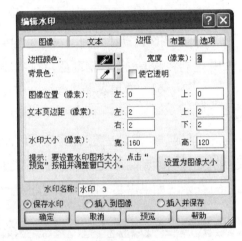

图 8-56

（4）在"布置"选项卡中设置水印在图像中的位置。如图 8-57 所示。

（5）在"选项"选项卡中设置透明度。如果希望把某个水印自动添加到所捕捉的图像上，则可以勾选"自动将此水印添加到所有捕捉的图像"复选框即可。在对话框的下面可以输入文件的名称，可以选择是"保存水印"，还是"插入到图像"，以及"插入并保存"。如图 8-58 所示。

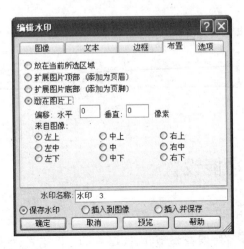

图 8-57

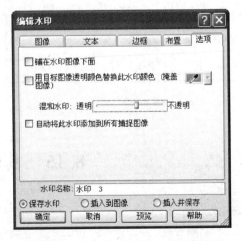

图 8-58

8.14　自动保存捕捉的图片

每次抓图后，都自动把抓到的图片命名为 Snap01、Snap02……，等待用户去"另存为"，要让抓取的图片快速自动保存，可以进行如下的设置：

1. 自动保存的设置

点击"捕捉"→"捕捉设置"，在"捕捉设置"对话框的"快速保存"选项卡中，勾选"自动将每次捕捉的图像保存到文件"中，这样每次的文件都会自动保存，文件将保存在"自动保存到"下面的文件夹中，点击"更改"，可以更改保存文件的位置以及保存的文件类型（如果对图片另存为时，改变了图片的保存位置，以后也可以按照新的位置保存图片）。由于每次启动程序时，都是从 Snap01、Snap02……开始编号，要让下次启动时图片的编辑接续前面的编号，可以在"文件名称递增方式"的"开始于"中设置相应的数值。如图 8-59 所示。

2. 捕捉的图像自动插入到 Word 文档中

如果需要将截取的图片自动插入到 Word 文档中（如写一本需要很多图片的书稿），如果一幅一幅地插入，显然是较慢的，要提高插入的速度，可以将截取的图片自动地插入到选定的 Word 文档的光标处。设置方法如下：

点击"捕捉"→"捕捉设置"，在打开的"捕捉设置"对话框中的"复制和打印"选项卡中，选中"复制每次捕捉到剪贴板"和"粘贴每次捕捉的图像到"复选框。在下面的框中选择需要插入图片的 Word 文档。如图 8-60 所示。如果需要一些插图，捕捉后立刻就将它粘贴到所编辑的 Word 文件中，非常的方便。

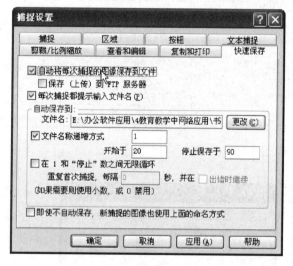

图 8-59　　　　　　　　　　　　　　　　图 8-60

8.15　其他功能设置

1. 转换文件格式

打开一个图像文件，再选择"文件"→"另存为"命令，在"保存类型"中选择一种文件格式，如图 8-61 所示。即可把打开的文件转换为另一种文件格式。

图 8‑61

2. 自定义工具栏

为了使截图时操作起来方便,可以自定义界面上的工具栏。操作方法是:

单击"视图"→"自定义",在"自定义"对话框中的"命令"选项卡中,在"类别"中选择适当的项目,如选择"捕捉",再在右边的"命令"框中选择适当的项目,如选择"徒手捕捉"。如图 8‑62 所示。用鼠标拖到工具栏上的适当位置即可。如果不需要了,再用鼠标选中该工具按钮,从原位置拖回来即可。

图 8‑62

3. 图片全屏显示

只要按下 Ctrl+PageDown(即 PgDn)键可以让图片全屏显示。若要恢复原状,按下任意键即可。

4. 当作一个图像浏览器

HyperSnap 除了可以对浏览的图片进行编辑外,还可以把它当成一个图像浏览器。选择"文件"→"打开"命令,打开一幅图像,然后使用快捷键 PageUp(PgUp)和 PageDown(PgDn),向上和向下浏览该文件夹中的图片。

5. HyperSnap 软件自动启动

如果 HyperSnap 是经常要用到的抓取工具,可以让它随系统自动启动。选择"选项"→"启动和系统栏图标"命令,在打开的"启动和系统栏图标"设置窗口中选中"随 Windows 自动开始"、"总是以最小化方式启动"和"显示系统栏图标,最小化时隐藏任务栏按钮"等选项,同时一并选中"点击'关闭窗口'[X]按钮时,不退出"选项。这样,HyperSnap 就会随系统启动,而且我们最小化或单击窗口的关闭按钮就会使 HyperSnap 最小化到系统托盘上,按下设置的热键即可抓取图片。如图 8 - 63 所示。

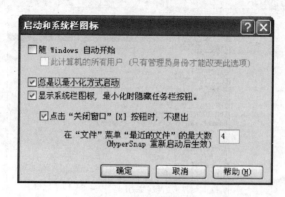

图 8 - 63

8.16　捕捉 HyperSnap 软件自身图片

　　HyperSnap 虽然能捕捉别的软件画面,但不能截取自身,因为它截取的时候,都是把自身隐藏后,去截取别的软件的图片,由于自身隐藏了,也就捕捉不到了自身的图片了。要截取 HyperSnap 自身图片,可以采取如下方法:

　　方法一:使用快捷键"Print Screen Sys Rq"键,能够将窗口截取下来,然后再对图片进行裁剪。

　　方法二:应用第三方软件进行截取。同时打开两个软件,利用一个截图软件对另一个截图软件的图片进行捕捉。

第9章　PDF 文件的阅读和制作

由于 PDF 格式文件能够如实保留原有文档文件的面貌和内容,包括字体和图像等,所以目前越来越多的电子图书、产品说明、公司文告、网络资料都已开始使用 PDF 格式文件。它能通用于各个操作系统。PDF 格式文件主要涉及到阅读 PDF 文档、怎么制作 PDF 文档、怎么把 PDF 文档转换成 Word、怎么管理 PDF 文档、怎么加密解密 PDF 文档等内容。

要阅读 PDF 文件,需要安装 PDF 阅读器。PDF 阅读器软件很多,本书以 Foxit Reader 阅读器(中文名为福昕阅读器)为例,进行讲解。用其他阅读器来处理 PDF 文件的方法也是大同小异。

9.1　复制 PDF 文件文本和图片

1. 复制文字

(1) 要复制文本,点击工具栏上的文本选择工具,或选择"工具"→"文本选择工具"按钮"IT",然后选择文本。

(2) 按下"Ctrl+C",或者右击鼠标,点击"复制到剪切板"。如图 9-1 所示。在其他程序中(如Word)按下"Ctrl+V"中粘贴即可。

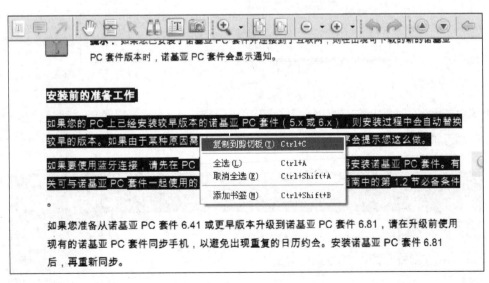

图 9-1

(3) 也可以通过按下"纯文本模式"按钮"⊟",在文本模式下阅读,选中后右击鼠标复制即可。如图 9-2 所示。重新点击该按钮,恢复到原模式状态。

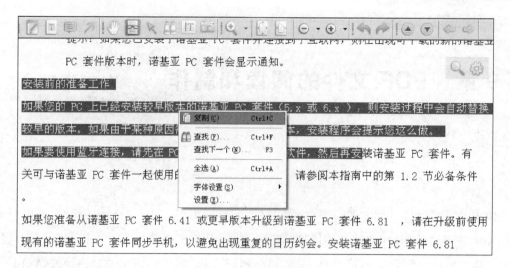

图 9-2

2. 复制 PDF 文件为图片

可以将 PDF 文档以图片格式复制后粘贴到其他应用程序或文件中。操作方法如下：

（1）点击菜单栏中的"工具"→"快照"工具，或单击工具栏上的"快照"按钮" 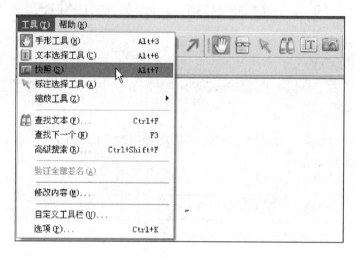 "。如图 9-3 所示。

图 9-3

（2）光标自动变为十字线图标，按住鼠标，在图像周围拖画出一个方框。拖画完毕后，自动弹出对话框提醒您选定区域已被复制到剪贴板。如图 9-4 所示。将选定图像粘贴至 PPT 或者 Word 文档中即可。

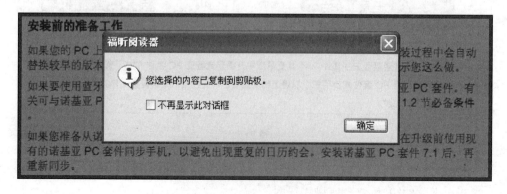

图 9-4

9.2 给 PDF 文件添加注释

利用注释工具可以对文档进行强调说明,常用的注释工具有以下三类,分别是：文本注释工具,图形标注工具,文字添加工具(即打字机工具)。如图 9-5 所示。

文本注释工具　　　　　　图形标注工具　　　文字添加工具

图 9-5

1. 文本注释工具

文本注释工具分为在某处添加附注和对原文字进行标记。

(1) 添加附注。

① 单击工具栏中的"附注"工具按钮"▣",或者选择菜单工具栏中的"注释"→"附注工具"。

② 单击要放置附注的位置,或拖动创建自定义大小的窗口,得到的注释窗口如图 9-6 所示。在注释框中的文字信息区域可以输入注释文字。在注释框上右击鼠标可以有多项操作供选择。

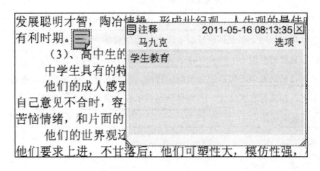

图 9-6

(2) 对原文字进行标记。

使用文本注释工具可以对原文档内容进行标记。在菜单栏中点击"注释",可以看到多个注释工具供选用。常用的文本注释工具有文本高亮工具"▣"、文本下划线工具"▣"、文本波浪线工具"▣"和文本删除线工具"▣"等注释工具。它们的应用效果如图 9-7 所示。

多媒体信息技术在物理教学中的应用

上海市七宝中学　　马九克

随着计算机多媒体信息技术及网络技术在教学中应用的普及,越来越多的学校在课堂教学中应用了多媒体的辅助手段进行课堂教学。它是教师用以运载知识传递教学信息的物质媒介。特别是在表现一些抽象的概念和不易观察的物理现象

图 9-7

(3) 注释的删除。

① 选中某一个注释,然后按下 Del 键。

② 选择某一个注释,右击鼠标,点击"删除",如图9-8所示。点击"打开属性"还可以改变注释的颜色等属性。

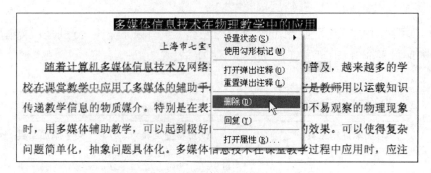

图9-8

2. 图形标注工具

(1) 可以通过图形标注工具在PDF文档中绘制箭头、线条、正方形、矩形、圆形、椭圆形、多边形、折线、等等。图形标注工具标注效果如图9-9所示。

多媒体信息技术在物理教学中的应用

图9-9

(2) 画出了标注以后,要编辑、调整或移动标注,可以通过下面的方法进行操作:

① 按下"手形工具"按钮"🖐"或者"选择标注"按钮"🔺",然后选中相应的图形标注。

② 要编辑或调整标注的大小,可以选中标注并拖动其中一个手柄,将标注调整至满意的大小。

③ 要移动图形标注,应先选中标注,拖动任意一个线段至其他位置。

④ 要添加弹出式注释框,要选中标注,然后双击该标注,或者可以右击标注然后选择"打开弹出注释"。

3. 文字添加工具

通过"打字机工具",可以在PDF文件中手动输入文本信息,操作方法如下:

(1) 选择"注释"菜单"打字机工具"→"打字机工具",或者单击工具栏中的"打字机工具"按钮"🖉",同时激活了文字编辑格式工具。

(2) 将光标置于想要输入文字的位置,然后输入文字即可。按Enter键可以换行。要结束文本输入,直接单击输入文本之外的任何一处。

(3) 要移动文字,在文字编辑状态下,将光标置于编辑框上面,当光标变成✛图案时,如图9-10所示,用鼠标拖动即可。文字编辑结束后,当选

图9-10

择"手形工具"按钮"✋"或者按下"选择标注"工具按钮"✎"时,移动文字编辑框即可。

9.3　利用福昕 PDF 阅读器创建书签

1. 添加书签

要创建书签可按下面任一方法进行操作:

(1) 链接页面的某一部分:把该页面的链接主题内容调整到窗口的中心位置,然后单击书签面板右上角的添加书签按钮"📑"。或鼠标右击已有的书签,在弹出的菜单里选择"添加书签";然后输入书签名称,按回车键。

(2) 利用"文本选择工具"按钮"Ⅱ"创建书签。按下"文本选择工具"按钮"Ⅱ",选择要链接的标题或文本,单击书签面板右上角的添加书签按钮"📑",或者鼠标右击选中的文本,然后选择"添加书签"。所选的文本则自动成为书签的名称。如图 9-11 所示。

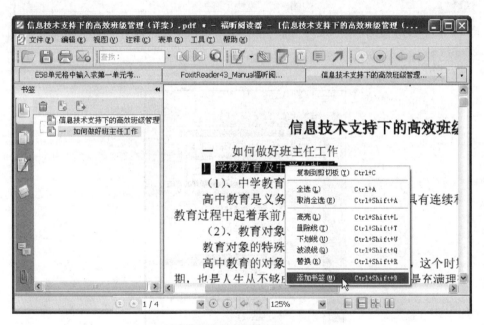

图 9-11

2. 创建书签层次

书签创建以后,利用鼠标拖动的方法可以改变书签层次之间的主次关系。选择您想要移动或嵌套的书签图标"📖",按下鼠标左键不放,直接拖动书签图标放到您想要放置的任何地方。拖动时,会出现一个"▷-----------"虚线图标,拖动虚线图标移动到任意级别的位置放手即可。如图 9-12 所示。移动书签的位置后,书签链接的目的地是不变的。

3. 删除、重命名书签

选择想要删除的书签,单击书签面板上的删除按钮"🗑",或者鼠标右击想要删除的书签,选择"删除"。如图 9-13 所示。也可以对书签重命名。注意,如果删除了某一书签,该书签包含的下级书签也将被删除。

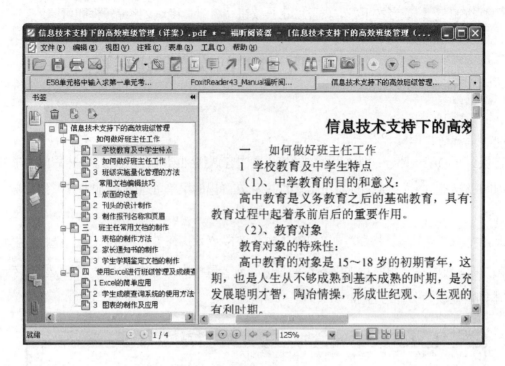

图 9-12

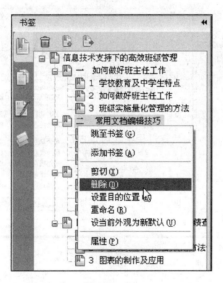

图 9-13

9.4 利用福昕阅读器制作 PDF 文件

福昕 PDF 文件阅读器不仅可以阅读 PDF 文件,添加插件后还可以制作 PDF 文件。

1. 安装插件

(1) 打开福昕阅读器,点击"文件"→"创建 PDF"→"从文件",如果缺少组件,会得到如图 9-14 所示的命令框,显示"缺少组件",单击"是"。实际上是提示你安装福昕 PDF 生成器(Foxit PDF Creator)插件,此插件将在您的系统中安装一台虚拟打印机。使用此打印机可以将任何文档转换成 PDF 格式的文件。

(2) 可以下载试用版本,点击"下载"。如图 9-15 所示。此插件的下载地址是 http://mirrors.

foxitsoftware. com/pub/foxit/creator/desktop/win/2. x/2. 0/enu/FoxitPDFCreator201_enu_Setup. exe。可以直接下载安装使用。

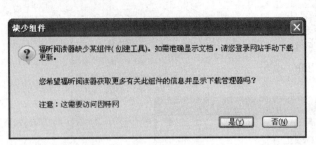

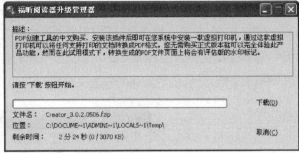

图 9-14   图 9-15

2. 使用虚拟打印机"Foxit PDF Printer"制作 PDF 文件

(1) 下载安装完成后,打开 Word 或者 PPT 等相关程序,点击菜单栏中的"文件"→"打印",选择打印机名称为"Foxit PDF Printer",如图 9-16 所示。点击"确定"即可。

(2) 在出现的保存对话框中,选择保存的位置,则自动保存为 PDF 格式文件。如图 9-17 所示。

(3) 如果打开 Word 文档,左上角会出现如图 9-18 所示的 Converti to PDF 图标,点击该工具按钮,也可将打开的 Word 文档转换成 PDF 文档。

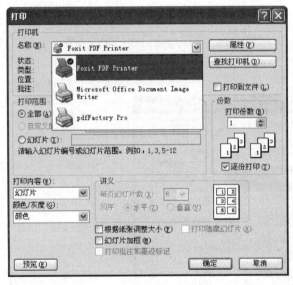

图 9-16   图 9-17

3. 在福昕 PDF 阅读器中创建 PDF 文档

当安装了福昕 PDF 生成器的插件后,打开福昕 PDF 阅读器程序,重新点击"文件"→"创建 PDF"→"从文件",弹出"打开"对话框。选择您想要转换的文档,点击"打开"将被提示输入 PDF 的文件名和保存的位置。键入 PDF 的文件名,选择保存的位置,点击"保存"按钮。转换完成后,福昕 PDF 阅读器将自动打开 PDF 文件。

图 9-18

更多福昕阅读器的问题可以到网站查看:http://www. fuxinsoftware. com. cn。

更多 PDF 文件阅读器下载:http://news. newhua. com/news1/Eval_tools/

2010/87/1087101049404912 7IJED4E738HJE961A97G004JK7164GAH5IIn. html。

9.5　PDF Factory Pro 软件制作 PDF 文件

PDF Factory Pro 软件是制作 PDF 文件方便实用的工具。下载该软件,安装好后,在打印机控制面板中就可以找到一台由 PDF Factory 虚拟出来的打印机(该打印机并不存在)。如图 9-19 所示。下面以 Word 文档为例,说明如何把普通文档"打印"成 PDF 文档。

图 9-19

1. 一般 PDF 文档的制作

(1) 打开一个或新建一个 Word 文档,然后单击"文件"菜单中的"打印"命令进入打印设置窗口。在"打印机名称"下拉菜单中选择由 pdf Factory 虚拟出来的打印机。如图 9-20 所示。

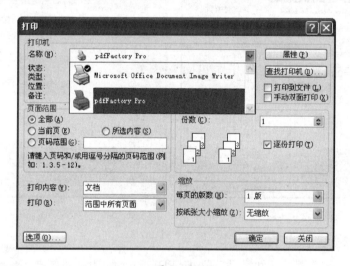

图 9-20

(2) 选择完打印机后,单击"确定"按钮进入 PDF 文档的转换程序。文件较长时,需要等待几秒钟,可以从 Word 文档下面的状态栏中显示出转换的页码进度。如图 9-21 所示。

图 9-21

2. 各选项的设置

转换完毕,在出现的 pdf Factory Pro 界面上,可以进行相关操作。

(1)"预览"选项卡。在"预览"选项卡中,可以对将要"打印"出的 PDF 文档进行预览,单击鼠标右键选择不同的显示比例,可以对文档进行缩放查看。如图 9 - 22 所示。

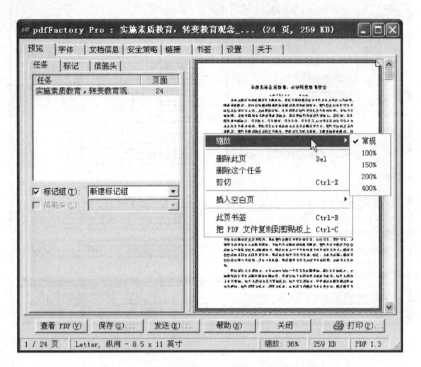

图 9 - 22

① 在"任务"选项中,右击鼠标,可以对任务进行"重命名"或者"删除"操作,如图 9 - 23 所示。当下面的"标记组"被选中时,"标记"选项可以操作。

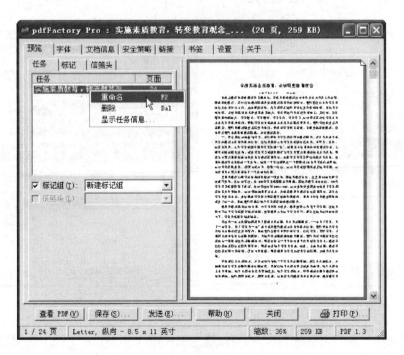

图 9 - 23

② 在"标记"选项中,可以设置文本的"页眉"及"水印"等,并可以设置字体格式及插入有关变量。如图9-24所示。

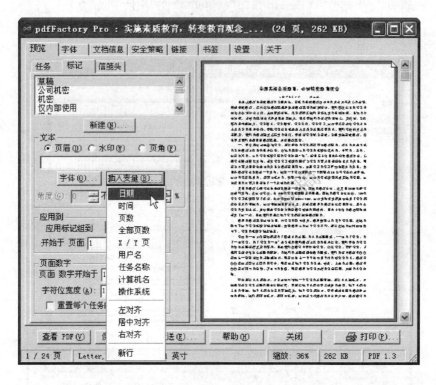

图9-24

③ "信笺头"选项。一般不使用,空白即可。如图9-25所示。如果点击下面的"使用当前任务创建"按钮,则会在安装的"PDF文件"夹中的Forms的文件夹中,出现一个新建信笺头文件,如图9-26所示。以后这个文档就作为信笺头了。一般不需要使用。

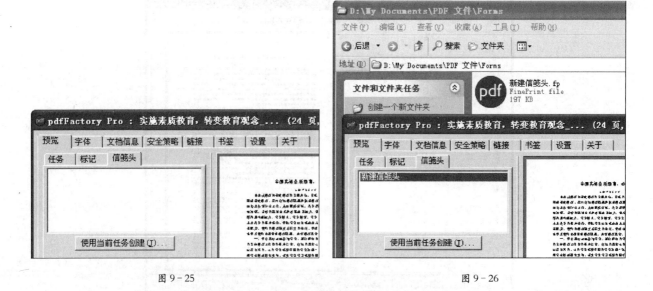

图9-25　　　　　　　　　　　　　　　　　　　　　图9-26

(2) "字体"选项卡。在"字体"选项卡中,可以确定是否把当前Word文档中使用到的所有字体都内嵌到PDF文档中去,或者只内嵌指定的字体。如图9-27所示。

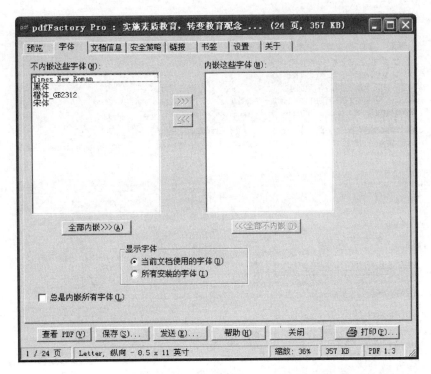

图 9-27

　　(3)"文档信息"选项卡。在"文档信息"选项卡中可以设置 PDF 文档的一些基本信息,如标题、主题、作者、关键字等等。如图 9-28 所示。

　　(4)"安全策略"选项卡。如果选中"使用 PDF 安全策略",则可以设置文档的打开密码。如图 9-29 所示。

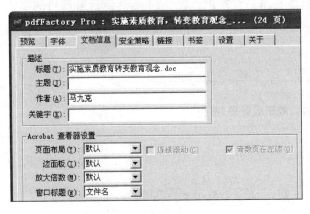

图 9-28

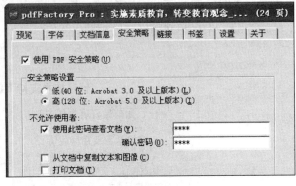

图 9-29

　　(5)"书签"选项卡。默认的是"标题格式"中的"级别 1"为"无"。如图 9-30 所示。这时可以点击下面的"查看 PDF"按钮,可以查看 PDF 文件,没有书签显示。利用"书签"选项卡可以制作书签。

　　3. 文件的保存

　　文件已经被默认保存在 PDF 安装文件中的 AutoSave 文件夹中,也可以点击下方的"保存"按钮,将文件重新保存。

　　在其他的常用程序中,也可以把所需的文档或图片"打印"成 PDF 文档,比如 Excel、PowerPoint 等都可以。

　　4. 制作书签目录

　　利用"书签"可以把 Word 文档制作成有书签目录的 PDF 文件。制作方法如下:

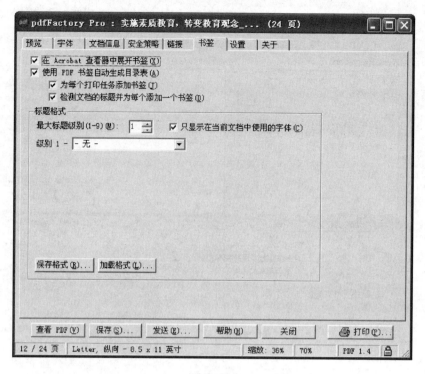

图 9 - 30

（1）把 Word 文件的不同的标题用不同的字体、字号区分开。要先把 Word 文件的不同的标题用不同的字体、字号区分开，如图 9 - 31 所示。标题是一级，黑体小三号字体且加粗；"一、如何做好班主任工作"是二级，宋体四号加粗；"1   学校教育及中学生特点"是三级，宋体四号；"（1）、中学教育的目的和意义"是四级，幼圆小四号。文章的所有标题都按照这样的标准进行规范设置，特别要注意标题编号的字体格式要与本级标题文字的格式相同。也可以利用 Word 中的样式进行各标题级别的设置，但是要保证每个标题的编号和标题文字格式要相同。

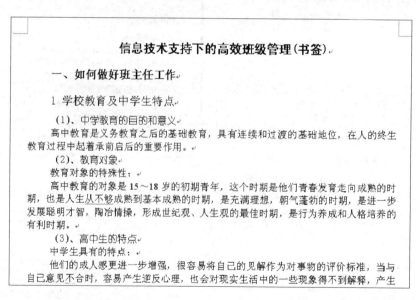

图 9 - 31

（2）在书签中设置级别。在 Word 中点击"文件"→"打印"，选择 pdf Factory 的虚拟打印机。如图 9 - 20 所示。

① 转换后在图 9 - 30 中的"书签"选项卡中,下面的级别 1 中选择最大号字体黑体 15 点(小三号字体)粗体对应,如图 9 - 32 所示。下面列表中显示的是文档中使用的所有字体。

② 在"最大标题级别"中,调整数字为 2,在级别 2 中选择"宋体 14 点粗体"如图 9 - 33 所示。

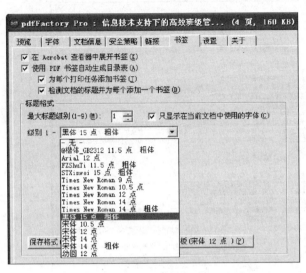

图 9 - 32

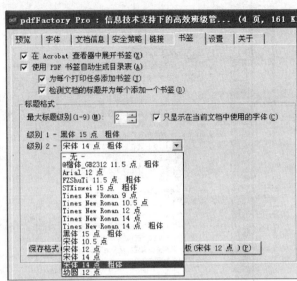

图 9 - 33

③ 同理设置级别 3 和级别 4,如图 9 - 34 所示。当然这个格式可以通过点击下面的"保存格式",将该格式保存,供以后使用。点击下面的"查看 PDF"文档,看到的是如图 9 - 35 所示的有书签的 PDF 文档。

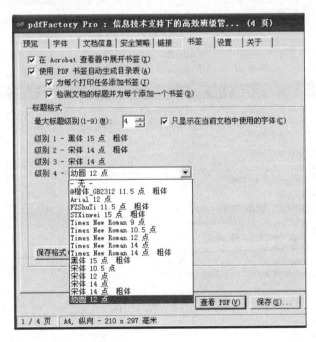

图 9 - 34

5. PDF 文档的加密

如果制作的 PDF 文档不需要别人随便打开,或者打开后不能随便复制,或者不允许打印。设置文档的这些安全问题,在制作时可以通过设置文档的安全策略来实现。

在"安全策略"选项卡中,选中"使用 PDF 安全策略","安全策略设置"默认即可,在"不允许使用

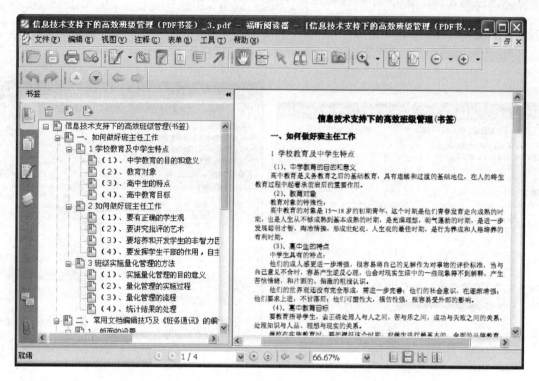

图 9‑35

者"下面根据需要进行设置。选中"使用此密码查看文档",输入密码后,以后要打开查看该文档需要输入密码;选中"从文档中复制文本和图像",则打开该文档时,不能够对文档中的文字和图片进行复制;选中"打印文档",则该文档不能够打印。如图 9‑36 所示。根据需要进行设置,可以有效的保护自己的文档。

图 9‑36

9.6 Excel 和 PPT 及图片制作成 PDF 文件

1. Excel 制作 PDF 文件

(1) Excel 中要设置好页面格式。Excel 要制作成 PDF 文档,首先要设置好页面的格式,然后在 Excel 中的打印预览状态下,看看打印的效果。如图 9-37 所示是 Excel 设置好页面格式后的打印预览效果。点击上面的"打印"按钮,可以在虚拟打印机中进行打印。

(2) 利用虚拟打印机"打印"后的 PDF 文档效果如图 9-38 所示。

2. PowerPoint 文档制作 PDF 文件

(1) PowerPoint 文档在制作成 PDF 文件时,与打印 PowerPoint 文档的方法完全一样,在打印机名称中选择虚拟打印机,在打印范围中可以选择"全部"、"当前幻灯片"或者"幻灯片"编号。在打印内容中如果选择

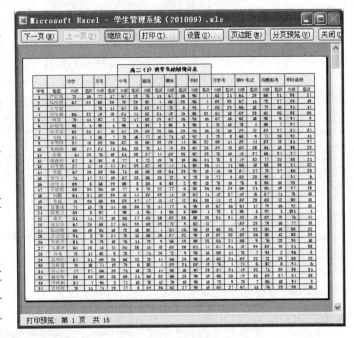

图 9-37

"幻灯片",则每页打印一张幻灯片,若选择"讲义",可以选择打印的"每页幻灯片数",如图 9-39 所示。

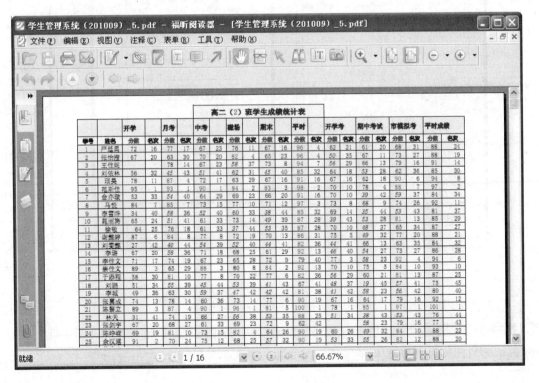

图 9-38

图 9-39

（2）虚拟打印出的效果如图 9-40 所示。在 PDF 文档中的效果如图 9-41 所示。

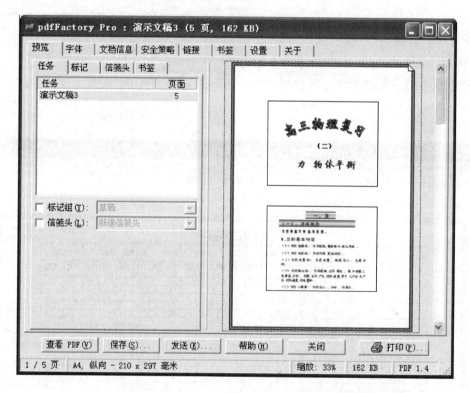

图 9-40

3. 图片制作成 PDF 文件

可以把多张图片批量制作成 PDF 文档，只要能够选中多张图片进行批量打印即可实现。

（1）选中要打印制作 PDF 文件的图片。在文件夹中选中多张图片，右击鼠标，点击"打印"。如图 9-42 所示。

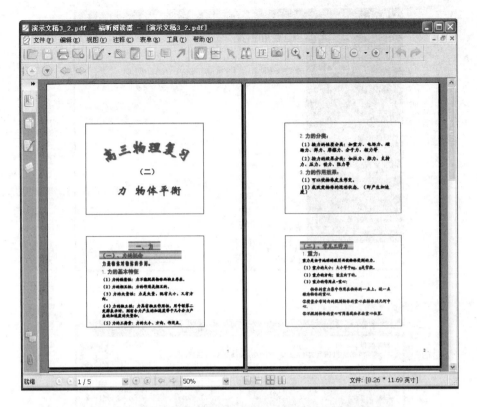

图 9-41

图 9-42

(2) 利用照片打印向导。

① 当出现"欢迎使用照片打印向导"时,点击"下一步"。如图 9-43 所示。

② 可以看到被选中的打印的图片,在此可以调整某个图片是否被打印。如图 9-44 所示。

③ 打印选项。选择虚拟打印机 pdf Factory Pro,如图 9-45 所示。然后点击"下一步"。

④ 在照片布局中,选择一种布局样式。如图 9-46 所示选择纵向的一页两张图片。

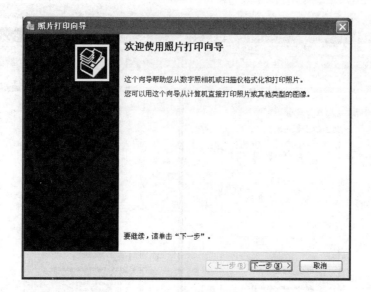

图 9 - 43

图 9 - 44

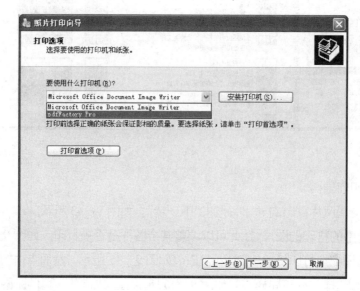

图 9 - 45

图 9-46

⑤ 在如图 9-47 所示中可以看到,制成的 PDF 文件。

图 9-47

⑥ 点击"查看 PDF"文件,可以看到如图 9-48 所示的 PDF 的图片文档。

(3) 利用 ACDsee 图片管理器制作 PDF 文件。

① 打印的设置。在 ACDsee 图片管理器中打开图片所在的文件夹,选中需要转换的图片,点击工具菜单中的"文件"→"打印",在得到的如图 9-49 所示的对话框中,在打印机上选择虚拟打印机 pdf Factory Pro,还可以进行多项选择,在"打印布局"中可以选择"整页"、"联系表"及"布局",打印方向可以选择"横向"。然后点击"打印"。

图 9-48

图 9-49

② 在上图中点击"打印"后,得到的 PDF 文件的预览效果如图 9-50 所示。在 PDF 文件阅读器中的效果如图 9-51 所示。一页横向显示一张图片。

图 9-50

图 9-51

9.7 提取 PDF 文件中的文字

PDF 文件中的文字可以通过多种方法提取出来。

1. 直接复制文字

如果在制作 PDF 文档时没有进行禁止复制的设置,可以采用直接复制的方法把文档中的文字复制出来。文字直接复制的方法参见 9.1"复制 PDF 文件文本和图片"中的内容。

2. 利用虚拟打印机

如果在制作 PDF 文档时设置了该文档禁止复制,但是可以打印(文档的加密参见 9.5(5)"PDF 文档的加密"),可以采用打印的方法,利用虚拟打印机进行打印。可以利用 Office 2003 中的 Microsoft Office Document Imaging 组件来实现虚拟打印。方法如下:

(1) 设置虚拟打印机。用 PDF 文件阅读器打开想转换的 PDF 文件,然后选择"文件"→"打印"菜单,在打开的"打印"窗口中将"打印机"栏中的名称设置为"Microsoft Office Document Image Writer",如图 9-52 所示。还可以选取打印的范围。确认后将该 PDF 文件输出为 mdi 格式的虚拟打印文件。

注:如果没有找到"Microsoft Office Document Image Writer"项,使用 Office 2003 安装光盘中的"添加/删除组件"更新安装该组件,选中"Office 工具 Microsoft DRAW 转换器"进行安装。

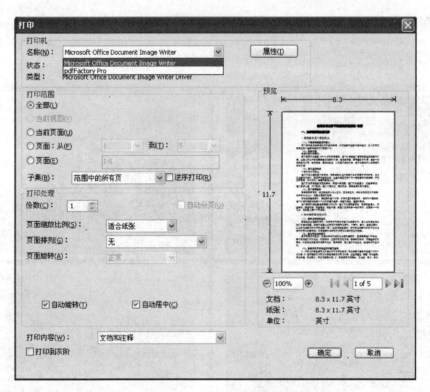

图 9-52

(2) 找出文件的保存路径。打印出的虚拟文件保存为 mdi 格式文件。如图 9-53 所示。

(3) 转换文件。

① 显示 mdi 格式文件。

图 9-53

在上图中点击"保存"后,自动在程序"Microsoft Office Document Imaging"中打开了刚才保存的 mdi 文件。如图 9-54 所示。

② 转换文件。

选择"工具"→"将文本发送到 Word"菜单,在弹出的窗口中选中"在输出时保持图片版式不变",点击 "浏览"可以改变文件的存放位置。如图 9-55 所示。确认后系统会提示"必须在执行此操作前重新运行 OCR。这可能需要一些时间",不管它,确认即可。

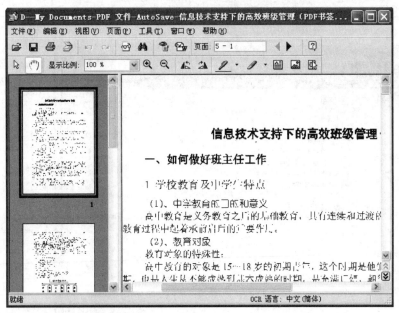

图 9-54

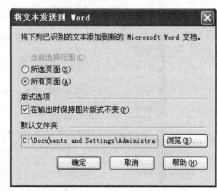

图 9-55

3. 转换成图片提取文字

如果在制作 PDF 文档时设置了该文档禁止复制,禁止打印,这样就不能用简单的方法提取文字了。 可以把 PDF 文档截取成 TIFF 格式的图片后,利用图 9-54 中的方法进行转换。

(1) 截取图片。打开 PDF 文件,利用 8.3(5)"捕捉所选区域"工具按钮中介绍的方法,进行截图。如 图 9-56 所示。

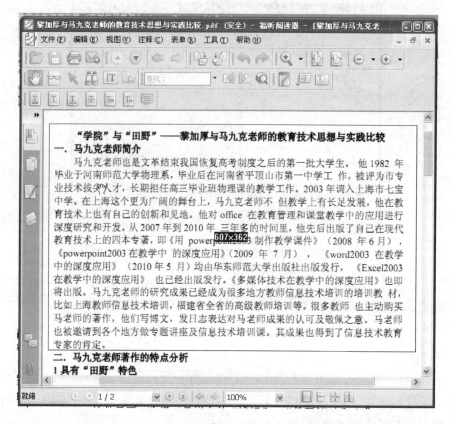

图 9 - 56

（2）保存图片为 TIFF 格式。利用截图软件截取图片后，另存为 TIFF 格式。如图 9 - 57 所示。

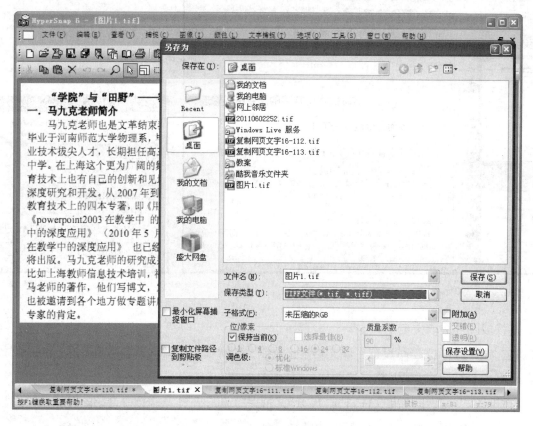

图 9 - 57

(3) 打开"Microsoft Office Document Imaging"程序。在"开始"中的"所有程序"中,选择"Microsoft Office"→"Microsoft Office 工具",再选择"Microsoft Office Document Imaging"程序。如图9-58所示。点击打开。

图9-58

(4) 转换为 Word 文档。在 Document Imaging 程序中打开保存的那个 tiff 格式的图片文件。再点击"工具"→"将文本发送到 Word"中。如图9-59所示。即可将文字图片转换成 Word 中的文字。

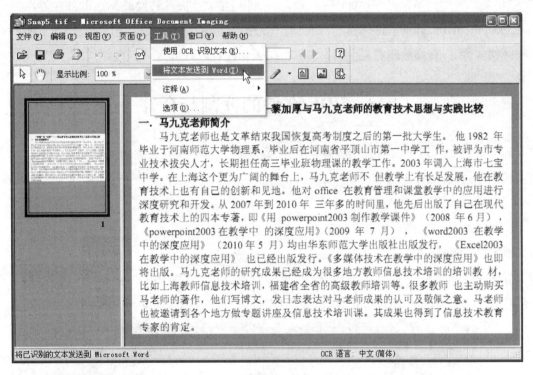

图9-59

(5) 多页文档截图。如果文档较长,若将多页文档截取成一张图片,文字太小,识别率会很低,一般一次截取一页较好。截取的方法是:

① 在福昕阅读器中,选中下面的"单页显示"。如图9-60所示。

② 再利用8.8"截取长于窗口的长网页图片"的方法进行截图。即在 HyperSnap 软件界面,选择工具栏上的"捕捉"→"整页滚动"(或直接按下快捷键 Ctrl+Shift+S),这时会在需要截取的界面上出现一个不断跳动的矩形选框,且鼠标指针变成" "时鼠标略向下移动,这时该页面就会自动滚动,到底端时截图完毕,且会伴随着一声"咔嚓"的相机声,接着截图就出现在软件中,保存为 TIFF 格式的图片即可。

如果在图9-60中的下面选中"连续滚动文档"按钮,截图时可以将整个文档生成一个图片。

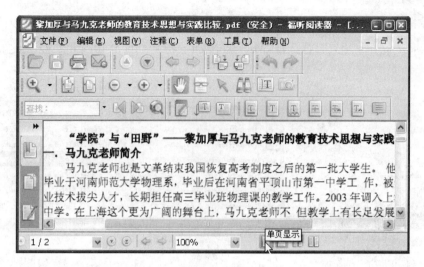

图 9-60

③ 转换为 Word 文档。在 Document Imaging 程序中打开保存的那个 tiff 格式的图片文件。再点击"工具"→"将文本发送到 Word"中。如图 9-59 所示,即可将文字图片转换成 Word 中的文字。

利用 Document Imaging 程序转换时,识别率不是很高,特别是有表格和图片的文档,转换后会丢失原来的排版格式,所以转换后还需要手工对其进行排版和校对。对于纯文字的文档效果较好。

9.8　PDF 文件的分割与合并

有时需要把已知的 PDF 文件分割成多个文件,或把多个 PDF 文件合并为一个 PDF 文件。文件的分割与合并可以通过软件 Ap PDF Split/Merge(PDF 文件分割/合并)来实现。软件操作十分简单,使用操作方法介绍如下:

1. PDF 文件的分割

(1) 添加被分割的文件。

打开界面,可以看到有三个选项,分别是"PDF 分割"、"PDF 合并"和"选项"。在"PDF 分割"选项卡中,直接点击左下角的"添加文件"按钮,找到准备分割的 PDF 文件,如图 9-61 所示。

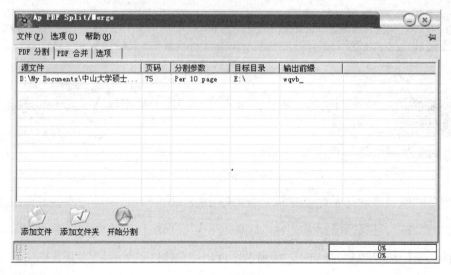

图 9-61

(2) 分割设置。

在添加的文件名上双击鼠标,得到"分割编辑"对话框,"源文件"显示了文件的位置,"按页分割"有三项供选择。

① 选择"为单页",则每页分割成一个新文件。

② 若选择"每5页",则每5页为一个新文档。

③ 在"页码"中,输入"1,3;5—10;2,4,6,8—10",表示的意思是,第1页和第3页合为一个新文档,第5页到第10页为另一个新文档,第2页、第4页、第6页和第8页到第10页为另一个新文档,且逗号和分号要在英文状态下输入。

目标目录指输出文件的位置,输出前缀指输出文件的名称前面的文字。如图9-62所示。点击"确定"后。再点击左下角的"开始分割"即可。

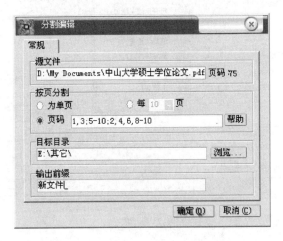

图 9-62

(3) 其他操作。

在添加的文档上右击鼠标,可以进行相关项目的操作,如"删除项目",移动该项目位置。如图9-63所示。

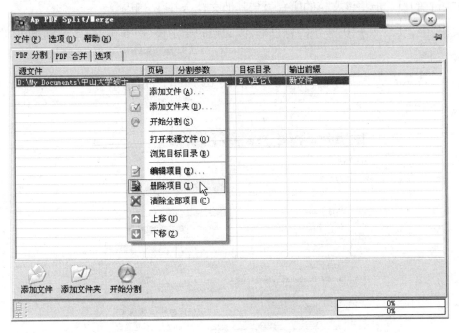

图 9-63

2. PDF 文件的合并

利用 Ap PDF Split/Merge 文件可以把几个文件合并到一起。

（1）添加文件。

在软件界面上点击"PDF 合并"选项卡，然后点击左下角的"添加文件"，可以向其中添加若干个被合并的文件。右击某一文件，可以进行相关操作，如移动文档的顺序，如图 9 - 64 所示。

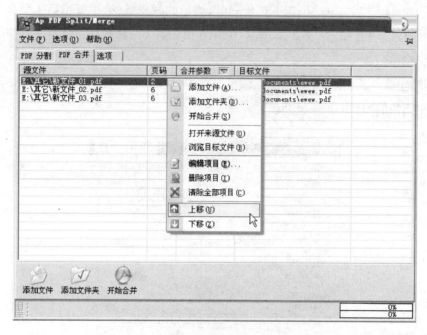

图 9 - 64

（2）合并设置。

双击某一个文件名，在得到的"合并编辑"对话框中，"源文件"中显示了该文件的位置，"按页合并"有两项供选择。

① 选择"所有的页"，指将该文档的所有页与其他文档合并在一起。

② 在"页码"中，"1,3,5—10"表示的意思是，该文档的第 1 页、第 3 页、第 5 页到第 10 页与其他文档合并为一个新文档。

"目标文件"，显示的是文件的保存位置。如图19 - 65 所示。注意，所有合并的文档的目标文件一定要是相同的地址和相同的文件名。

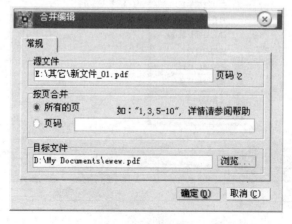

图 9 - 65

(3)"选项"设置。

在软件界面上点击"选项"选项卡,在此可以对分割与合并进行设置。如图9-66所示。但是使用前面的设置方法较好。可以直接对分割或者合并进行单独设置。

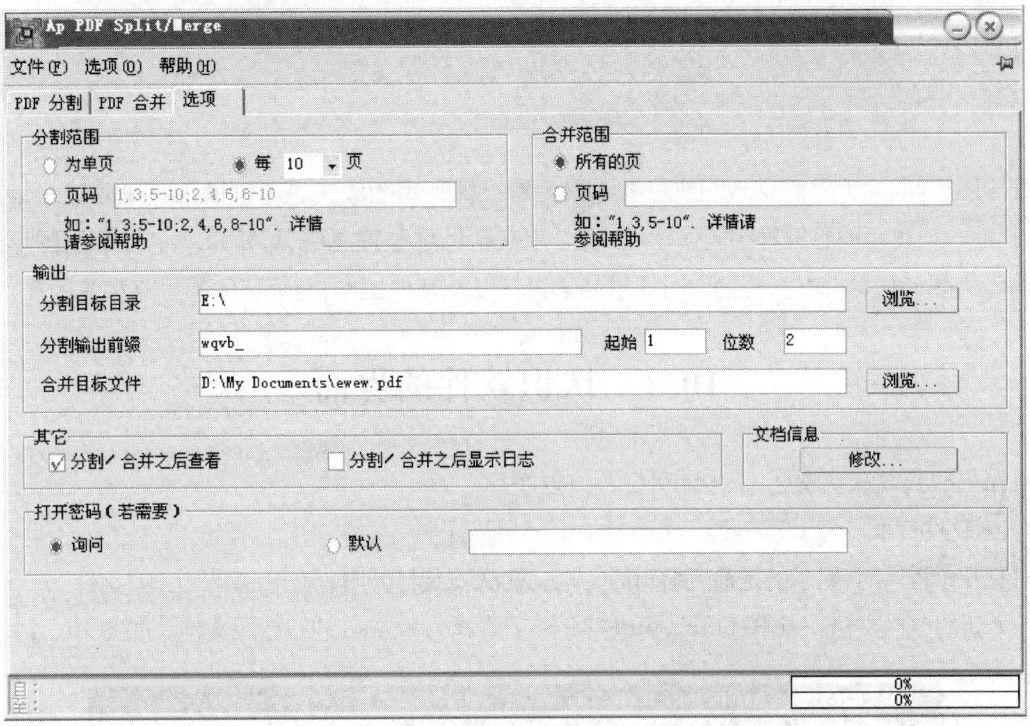

图 9-66

第 10 章　绘制思维导图——FreeMind 软件的应用

思维导图也叫心智图、概念地图或思维地图。是一种利用图像式思考辅助工具来表达思维的工具。FreeMind 是一款实用的思维导图制作软件,可以用来帮助你整理思绪,可将每一个环节用图形表示,通过将你的思路图形化、结构化,帮助你对课堂教学设计以及其他工作,有个整体的思路和流程。

10.1　认识软件的界面

在桌面上找到蝴蝶状图标,双击即可打开该程序。

1. 认识软件界面

平时打开该程序时,显示的是最近编辑的文档。初次安装打开时,点击工具栏上的"文件"→"新建",可以打开一个新的空白文档。点击"打开",可以打开一个格式为 * . mm 的心智图文档。如图 10 - 1 所示。

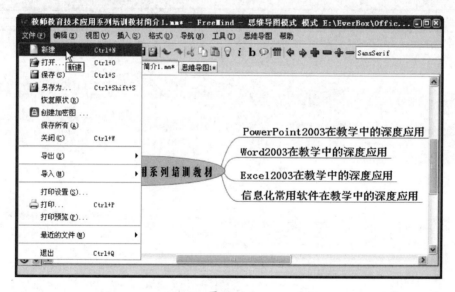

图 10 - 1

2. 认识菜单栏

(1) 文件菜单。

① "新建"按钮,是新建一个格式为 * . mm 的心智图文档。

② "打开"、"保存"、"另存为"等与 Word 中的功能类同。

③ "导出",可以把该文件导出为格式为 JPEG 的图片,或 PDF 文件以及其他格式的文件。如图 10 - 2 所示。

(2) 编辑菜单。

① "撤销"、"剪切"、"复制"、"粘贴"等功能与 Word 中的功能类同。

② "选择所有可见项",相当于全部选中。

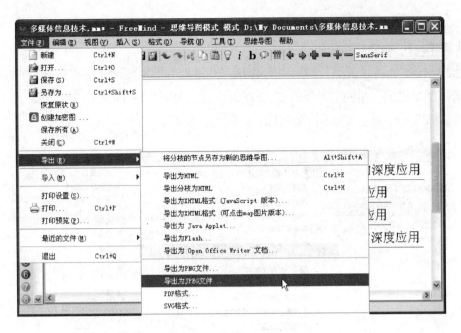

图 10-2

③ "选择可见分枝",当选中某一父节点时,点击此功能按钮时,可以选中该节点下的所有子节点。

④ "格式复制",可以复制该节点的格式,如图 10-3 所示。

⑤ "格式粘贴",可以把复制的格式粘贴在某一节点处。

(3)"视图"菜单。

① "工具栏",点此功能,可以打开和隐藏上面的工具栏。

② "左侧工具栏",点此功能,可以打开和隐藏左侧的工具栏,如图 10-4 所示。

图 10-3

图 10-4

③ "矩形选择",默认情况下,当鼠标移动到某一节点时,被选中的节点呈灰色,选中"矩形选择"时,再选中某一节点时,被选中的节点呈矩形状。

④ "放大"和"缩小",可以改变文档的显示比例。

(4) 插入菜单。

① 可以插入一个"新的子节点",利用快捷键 Insert(键盘右上角),可以在某节点的下方插入"新的平行节点"(也可打回车键插入新的平行节点)以及在该节点插入一个"新的父节点"。

② 点击"图标",可以插入各种不同的图标。如图 10-5 所示。

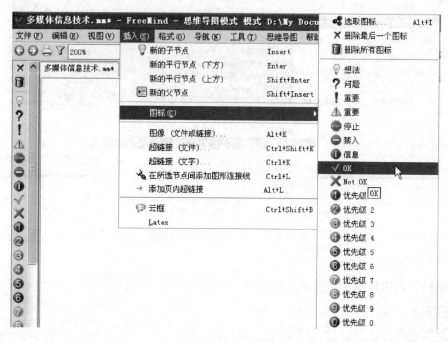

图 10-5

图 10-6

(5) 格式菜单。

在格式菜单中,可以设置节点的各种格式,常用的有:

① "节点颜色",选中某些节点,可以在此改变节点字体的颜色,如图 10-6 所示。

② "节点背景颜色",选中某些节点,可以在此改变节点的背景颜色。

③ 通过下面的"连线颜色"、"连线样式"和"连线宽度"等,可以设置线条的格式。

④ "加大节点字体"和"缩小节点字体",可以改变被选中字体的大小。

(6) 工具菜单。

① "合并节点",可以把被选中的若干节点的内容进行合并,如图 10-7所示。

② "拆分节点",可以把被选中的若干节点的内容进行拆分。

③ 下面的"首选项",可以在此进行一些操作的设置。

3. 认识工具栏

工具栏可以通过点击菜单"视图"中的"工具栏",显示和隐藏上面的工具栏,工具栏中的工具一般在菜单栏中都有,只是把常用工具在工具栏中显示出来,方便使用。

（1）界面左边的百分数下拉框中可以设置文档的显示比例,如图10-8所示。也可以通过按下"Ctrl"键,滚动鼠轮,来改变文档的显示比例。

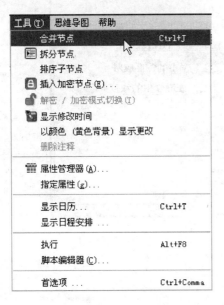

图 10-7

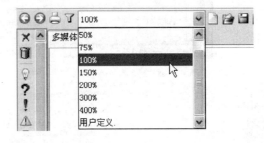

图 10-8

（2）右边的下拉框可以改变选中节点的字体和字号,如图10-9所示。

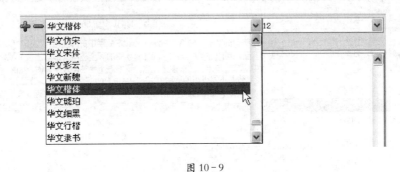

图 10-9

10.2　节 点 的 编 辑

在文件中点击"新建",新建一个"思维导图",右击椭圆形的图标,点击"编辑节点",可以进行文字的编辑,如图10-10所示。点击其他项目可以进行相应的操作。

1. 节点文字的编辑

在图10-10中,选中"编辑长节点",在"编辑长节点"对话框中,可以对节点的文字格式进行设置。

（1）在"编辑"菜单栏中,可以进行"复制"、"粘贴"等操作。

（2）在"格式"菜单栏中,可以设置字体的"粗体"、"下划线"、"文本颜色"等各种格式,如图10-11所示;还可以设置文本的对齐格式。

（3）在"表格"菜单中,可以在节点中插入表格。

（4）当光标置于某一位置时,点击"拆分",可以将该节点的文字内容拆分为两个节点。上面工具栏中的工具可以进行一些"字体"、"字号"、"加粗"等常规的操作。

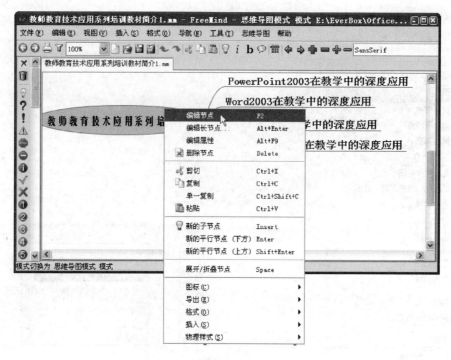

图 10 - 10

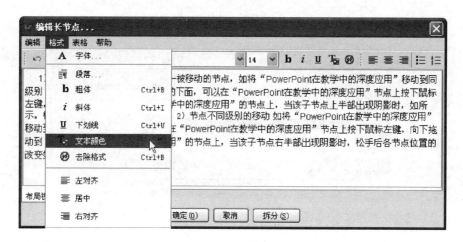

图 10 - 11

2. 节点的移动

在图 10 - 10 中点击"新的子节点",可以在父节点下面插入子节点,并可编辑节点文字。光标放在某一节点的左边,当出现小椭圆图形时,按下鼠标左键可以移动该节点的位置。如图 10 - 12 所示。

3. 节点的选取

要对某一节点或某几个节点进行操作,应该先选中该节点,或选中某几个节点。

(1) 选中某一节点。

要选中某一节点,把鼠标放在该节点上即可。也可以通过按下方向键选择不同的节点。

(2) 选中某几个节点。

① 不连续的多个节点的选中。要选中不连续的多个节点,可以先按下"Ctrl"键,再用鼠标分别点击选中的节点即可。

② 选中多个连续的子节点。选中某一父节点,然后点击菜单栏中的"编辑"→"选择可见分枝",如图

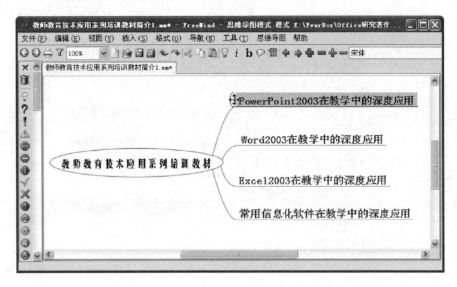

图 10 - 12

10 - 3 所示,可以选中包括父节点在内的所有子节点。

4. 节点位置的移动

可以将某一节点移到任意位置。

(1) 某一节点的同级移动。

选中某一被移动的节点,如将"PowerPoint 2003 在教学中的深度应用"移动到同级别"Excel 2003 在教学中的深度应用"的下面,可以在"PowerPoint 2003 在教学中的深度应用"节点上按下鼠标左键,向下拖动到"常用信息化软件在教学中的深度应用"的节点上,当该子节点上半部出现阴影时,如图 10 - 13 所示。松手后各节点位置的改变如图 10 - 14 所示。

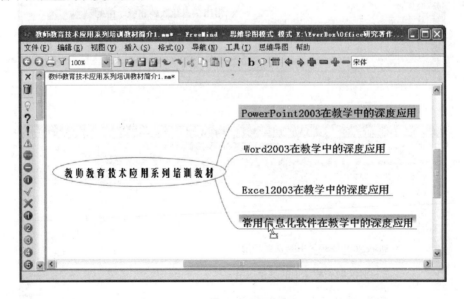

图 10 - 13

(2) 节点不同级别的移动。

如将"PowerPoint 2003 在教学中的深度应用"移动到某一节点的下一子节点,可以在"PowerPoint 2003 在教学中的深度应用"节点上按下鼠标左键,向下拖动到"常用信息化软件在教学中的深度应用"的节点上,当该子节点右半部出现阴影时,如图 10 - 15 所示。松手后各节点位置的改变如图 10 - 16 所示。

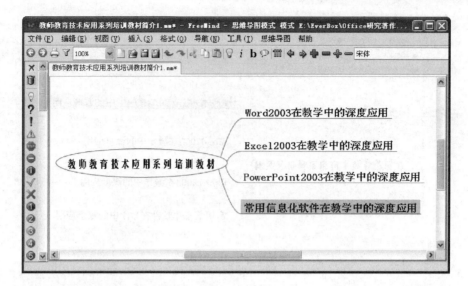

图 10 - 14

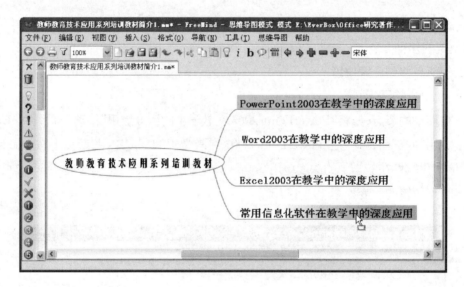

图 10 - 15

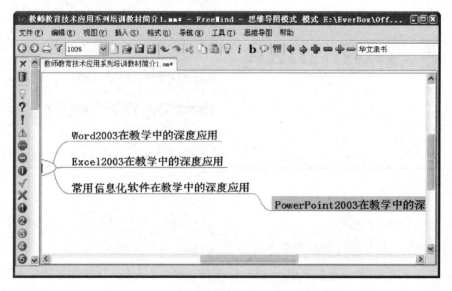

图 10 - 16

10.3 编辑技巧

1. 文字及线条的格式设置

(1) 文字格式的设置。

① 设置文字颜色。选中某几个单元格,点击"格式"→"节点颜色",如图 10-17 所示。在"选择节点颜色"框中选择某一种颜色。如图 10-18 所示。点击确定即可。

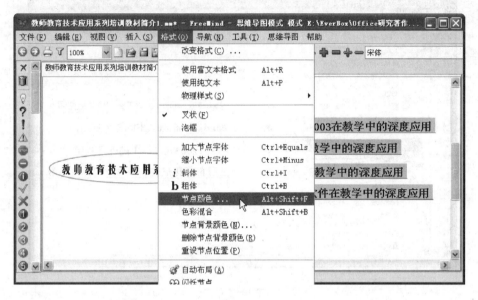

图 10-17

② 文字的字体和字号可以通过右边工具栏上的工具进行设置。也可以通过图 10-24 中的"编辑长节点"对话框进行文字的格式设置。

(2) 线条格式的设置。

要改变线条的颜色、粗细等格式,在选中节点时,点击菜单栏上的"格式",如图 10-6 所示。在下面点击"连线颜色",可以设置连线的颜色,点击"连线样式",可以设置连线的样式,如图 10-19 所示。点击"连线宽度",可以设置连线的宽度。

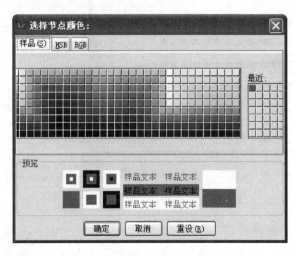

图 10-18

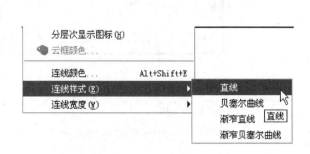

图 10-19

2. 节点内容的复制

选中某一节点或几个节点,点击"编辑"→"复制"(或按下 Ctrl+C),再将光标置于某一节点(即选中该节点),点击"编辑"→"粘贴"(或按下 Ctrl+V),即可将复制的内容粘贴在该节点下面。

3. 格式的复制和粘贴

(1) 可以将某一节点的格式复制到其他节点中,选中某一设置了格式的节点,在菜单栏中点击"编辑"→"格式复制"(或按下快捷键 Alt+C)。如图 10-20 所示。

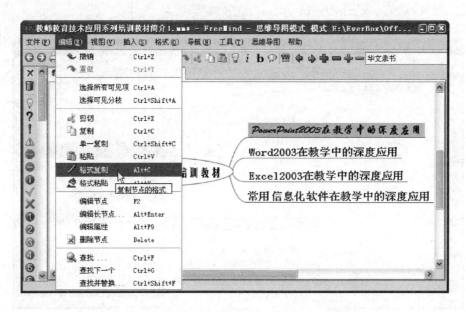

图 10-20

(2) 再选中需要改变格式的节点,在菜单栏中点击"编辑"→"格式粘贴"(或按下快捷键 Alt+V)。粘贴格式后的节点格式如图 10-21 所示。

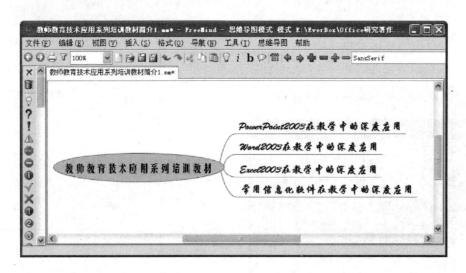

图 10-21

4. 节点的拆分与合并

有时需要把某一节点的内容分隔成若干个节点,或者将几个节点合并为一个节点。操作方法如下:

(1) 节点的拆分。

① 各段落自动拆分。将节点中的文字分成段落,选中该节点,点击"工具"→"拆分节点",如图 10 - 22 所示。各段落自动拆分成多个节点,如图 10 - 23 所示。

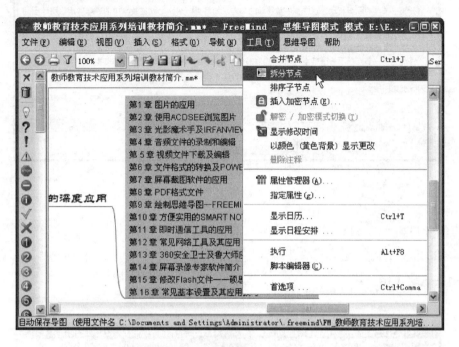

图 10 - 22

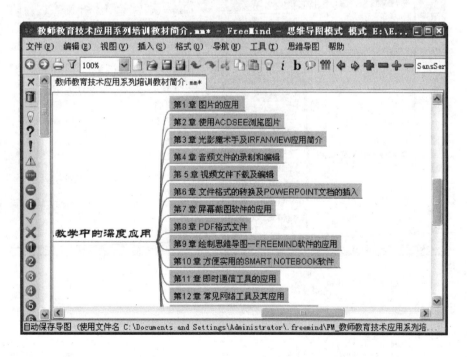

图 10 - 23

② 在编辑对话框中拆分。点击某一节点,在出现的编辑节点对话框中,光标置于将要拆分的文字内容的位置,然后点击"拆分"即可。如图 10 - 24 所示。

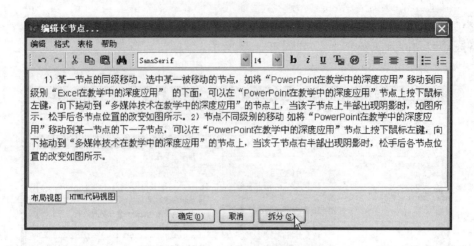

图 10－24

（2）节点的合并。

选中要合并的节点，点击"工具"→"合并节点"，如图 10－25 所示。即可将被选中的节点文字合并在一起。也可用快捷键"Ctrl＋J"。

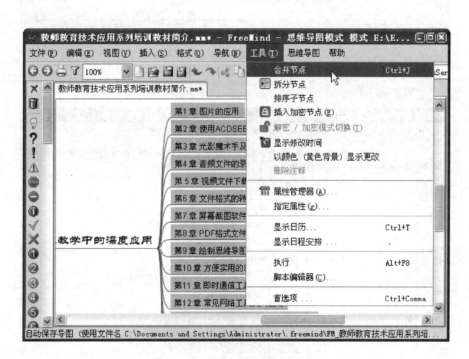

图 10－25

5．左侧工具栏的应用

（1）左侧工具栏中有很多图片，可以插入在节点中。选中某一节点，点击左侧工具栏中的图片即可，一个节点中可以插入多个图片，要删除节点中的某一图片，在选中节点后，点击左侧工具栏上方的" ✖ "按钮，可以删除插入的多个图标中的最后一个图标，点击左侧工具栏上方的" 🗑 "按钮，可以删除插入某一节点中的所有图标。如图 10－26 所示。

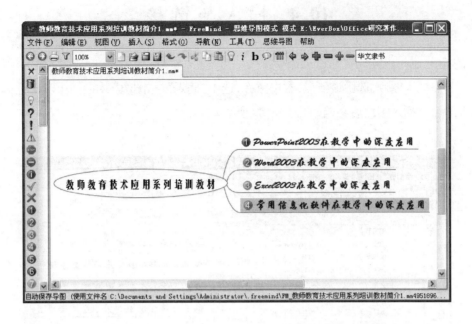

图 10 - 26

（2）插入图标也可以通过右击某一节点，选中"图标"，可以选中各种图标插入在节点中。如图 10 - 27 所示。

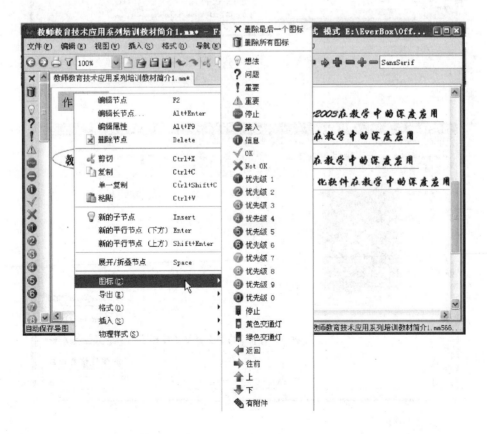

图 10 - 27

10.4　插入与链接

1. 图片的插入

　　要在某一节点插入图片,选中该节点,右击鼠标,选中"插入"→"图像",如图 10 - 28 所示。找到电脑中的图片插入即可。插入图片后文档如图 10 - 29 所示。

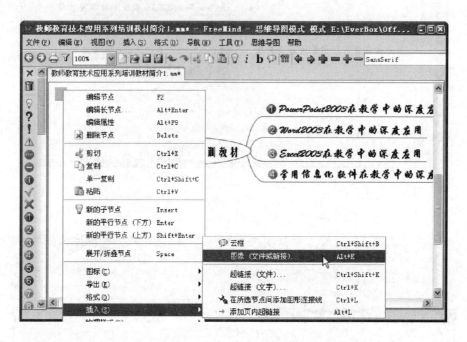

图 10 - 28

图 10 - 29

2. 超链接的应用

（1）文件的链接。

要在某一节点插入链接,选中该节点,右击鼠标,选中"插入"→"超链接（文件）",如图10-28所示。在"打开"的对话框中下面文件类型中选择"所有文件",如图10-30所示。选中某一文件,然后点击"打开"即可。

（2）网址的链接。

要在某一节点插入网址的超链接,选中该节点,右击鼠标,选中"插入"→"超链接（文字）",如图10-28所示。在该框中输入网址即可,如图10-31所示。插入链接后的节点的左边会出现个小红箭头。点击该节点,可以直接打开链接的文件或网页。

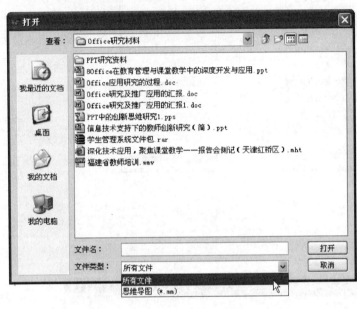

图 10-30

图 10-31

（3）页内各节点间的链接。

选中两个节点,右击鼠标,选中"插入"→"添加页内超链接",如图10-28所示。可以建立页内两个节点间的链接。

10.5 常用的设置

为了操作方便,可以自定义操作的设置,点击菜单栏上的"工具→"首选项",可以进行有关设置。

1. 设置"默认"项目

"默认颜色"的设置。在此可以设置各项的默认颜色。

①"标准节点颜色"指字体颜色;"标准连线颜色"指父、子节点间的链接线颜色;"标准背景颜色"是指页面的背景颜色。

② 在"默认字体"中可以设置默认的字体及字号的大小。如图10-32所示。

2. 设置"按键"项目

在"按键"选项中,可以设置各项操作的快捷键。如图10-33所示。

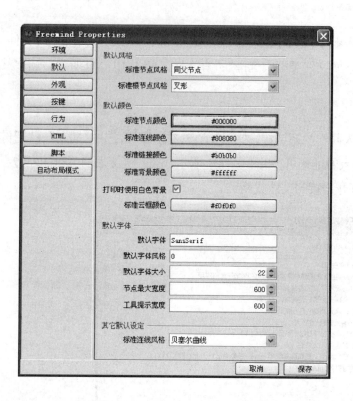

图 10-32

图 10-33

3. 设置"行为"项目

在"行为"项目中,可以选择节点的选中方式,是鼠标置于节点上时"直接"选中,还是"单击"节点时再选中。如图 10 - 34 所示。

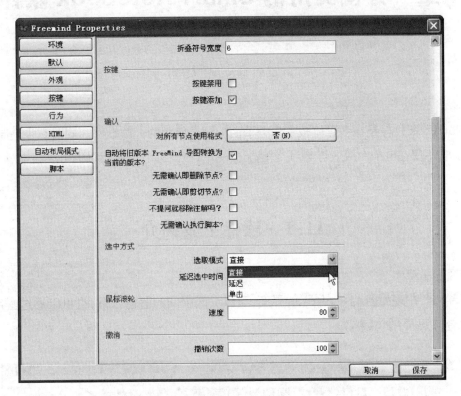

图 10 - 34

第 11 章　方便实用的 Smart Notebook 软件

Smart Notebook 软件是在多媒体教室与电子白板配合使用的一款软件。同时它也是制作课件比较理想的软件。它不仅在电子白板上与 PPT 文档配合使用,在没有电子白板时也可以在电脑上使用,然后投影在屏幕上。

11.1　软件工具简介

1. 运行 Smart 程序

当打开程序时,出现如图 11-1 所示的界面,可以关闭中间的蓝色方框,也可以通过蓝色方框,新建一个文档,或者打开原有的文档。

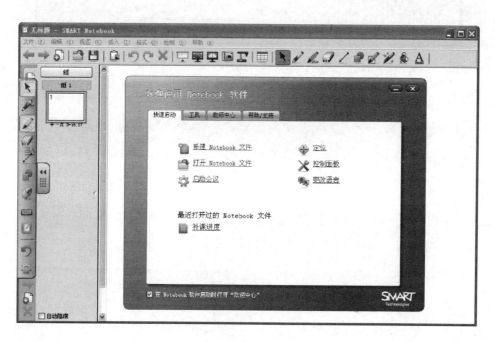

图 11-1

2. 工具栏中工具按钮使用简介

上面菜单栏中很多实用的工具都可以在外面工具栏中进行操作,因此要搞清楚工具栏中各工具的使用方法。工具栏如图 11-2 所示。工具栏中各工具的使用方法简介如下:

图 11-2

(1) ⬅➡：页面前一页及后一页的翻页操作。

(2) ：可以添加新的一页。

(3) ：可以打开之前使用 Smart 软件做的课件。

(4) ：保存制作的课件。Smart 软件保存后的后缀名为.notebook。

(5) ：粘贴功能。可以把图片或者文字素材从其他软件中通过复制,粘贴在 Smart 的文档中。

(6) ：撤消及前进。

(7) ：删除键。选中需要删除的对象,按此工具,或者按键盘上的 Delete 键,可以删除选中的内容。

(8) ：显示或隐藏屏幕。可以把您暂时不需要显示的内容先隐藏起来,需要时再按此键打开显示。

(9) ：全屏显示你的课件。同时出现如图 11 - 3 所示的工具栏,再按此按钮恢复窗口模式。

图 11 - 3

(10) ：分页显示,如您需要同时显示 2 张页面,可以使用此功能,再按此功能按钮恢复单页显示。

(11) ：屏幕捕捉。使用此功能把"经典"页面捕捉下来,方便以后查阅。

(12) ：插入表格。需要插入表格时,请按此功能键操作,选择几行几列,表格即可生成。

(13) ：选择工具按钮。利用该功能键选中页面中的对象,可以进行相关操作。此键还可作为使用其他工具时还原鼠标指针功能的作用。此功能键是最常用的工具键之一。

(14) ：笔工具(可擦掉),可用此工具进行批注。点击笔工具后得到可供选择的线形工具条。如图 11 - 4 所示。

图 11 - 4

(15) ：创作笔工具(可擦掉):可以画出艺术型线条,或写字、批注等,也可单点作为笑脸、五角星表扬等。点击创作笔工具后得到可供选择的线形工具条。如图 11 - 5 所示。画出的图线如图 11 - 6 所示。

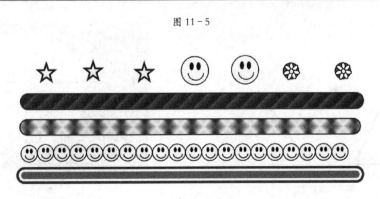

图 11 - 5

图 11 - 6

图 11-7

（16）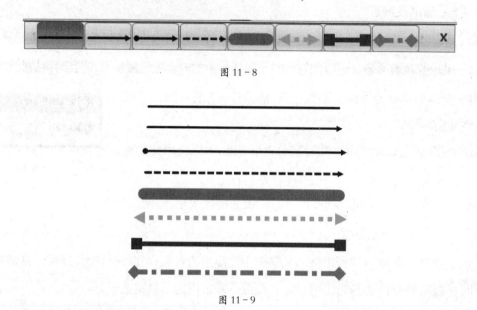：橡皮擦工具，只可擦掉"笔工具"及"创作笔工具"所画的内容，用在教师批注后擦除，其他工具所做出的图形或文字可以使用"删除"功能或键盘上"Del"键删除。点击橡皮擦工具后得到可供选择的橡皮擦的大小。如图 11-7 所示。

（17）：画线工具，能绘制出直线，或使用直线组成图形。点击画线工具后得到可供选择的线形按钮。如图 11-8 所示。画出的线条样式如图 11-9 所示。

图 11-8

图 11-9

（18）：图形工具。可绘制出常用多边形图形。选择图形工具后得到的图形工具条如图 11-10 所示。

图 11-10

（19）：图形识别笔。可自己画一个图形，电脑会自动识别您所画的图形并优化图形质量。如随笔画出一个三角形，可以自动变成规整的三角形。如图 11-11 所示。

（20）：魔术笔工具。此工具不能随意画图形。此工具很神奇，在重点词上画圆圈能让圆圈以外的地方变暗，着重强调圆圈内的词。如图 11-12 所示。在重点词上画方形能让方形内的重点词放大，着重强调方形内的词。

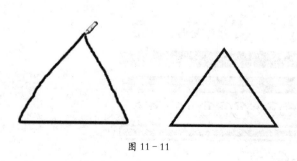

图 11-11

图 11-12

魔术笔工具。此工具不能随意画图形。此工具很神奇，在重点词上画圆圈能让圆圈以外的地方变暗，着重强调圆圈内的词。如所示。在重点词上画方形能让方形内的重点词放大，着重强调方形内的词。

（21）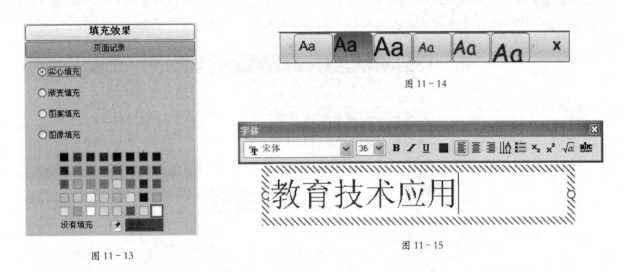：填充工具。当点击此按钮时,在左边会出现如图 11－13 所示的填充效果选项,可以在此选择不同的填充效果。此填充工具既可以填充背景颜色和图案,也可以填充图形内部的颜色和图案。当光标变成小桶"　"时,选中适当的颜色和图案,点击某一图形,即可实现图形内部的填充。当点击了选择工具按钮时,而同时没有选中画出的图形,当点击某种颜色或图案时,则填充的是背景颜色和背景图案。

（22）**A**：文本工具,利用此工具可以在页面中添加文字。选择此工具,会出现如图 11－14 所示的工具条,选择任一样式后,在页面中画一个框,此框叫文本框,如图 11－15 所示,文本框内有光标,在光标处可输入文字。

图 11－13

图 11－14

图 11－15

（23）**🄰**：属性工具,利用此工具可以选择实心、渐变、图案、图像进行填充。右击鼠标,可以得到"自定义工具栏",如图 11－16 所示。在这里可以用鼠标拖动某一工具按钮,放在上面工具栏处,也可以将不需要的工具拖动到这里。

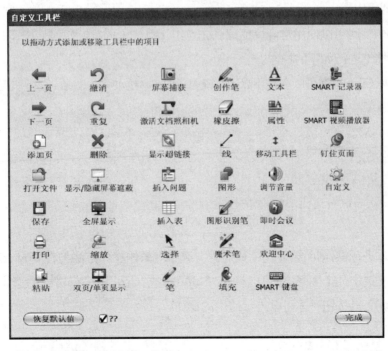

图 11－16

(24) ：移动工具栏工具，使用此工具可调整工具栏的上下位置。

11.2 软件的一般使用方法

Smart 软件主要是在做课件过程中方便作图，下面简介使用方法。

1. 插入页面

当打开该程序时，默认的是一个组，且该组只有一个页面，可以通过上面工具栏插入新的页面，也可以在该页面上右击鼠标(或者点击该页面右上角的小三角形按钮"")，在得到的命令选项中，可以插入空白页面，如图 11-17 所示。可以对页面重新命名。"删除页"是删除该页，"清除页"是清除该页面的内容。

图 11-17

2. 常规操作

(1) 快捷键的使用。

在使用 Smart 软件时可以使用常规快捷键。先点击工具栏上的"选择工具"按钮，再选中需要操作的对象。可以利用快捷键进行如下的操作。

① 复制："Ctrl+C"。常常可以在按下"Ctrl"键时，用鼠标拉动某一对象，进行快速复制。

② 粘贴："Ctrl+V"。

③ 全选："Ctrl+A"。

④ 保存："Ctrl+S"。

⑤ 撤消操作："Ctrl+Z"。

⑥ 复制粘贴一次完成："Ctrl+D"。

(2) 对象的选中。

对图形或者文本进行操作时，要先选中该对象。选中对象的操作方法与在 PowerPoint 中基本相同，既可以用鼠标拉动来选中几个图形，也可以通过"Shift"键或"Ctrl"键进行对象的选中。当然，只有在按下工具栏上的"选择"工具按钮时才可以进行选中的操作。

3. 图片的操作

在制作课件时，需要各种图片，在画图时，按下"Shift"键，可以画出圆、正方形及一切等比例的图形。

并且可以对图片进行填充和旋转等有关操作。

(1) 图片的填充。

图形画好以后,点击工具栏上的填充按钮,光标变成小桶"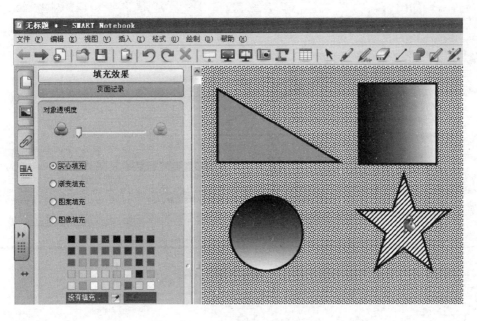"的形状,并且在左边自动出现填充效果的选项卡,在此可以选择"实心填充""渐变填充""图案填充"等,选中某种颜色或图案后,在某个图形上点击一下,即填充上该种颜色和图案。如果点击了工具栏上的"选择"工具按钮,点击某种颜色时,则填充的是页面的背景颜色和背景图案。如图11-18所示。

图 11-18

(2) 图片的其他操作。

选中某一图片,拉动上面的绿色圆圈,可以转动图片。右击该图片(或者点击小三角下拉按钮"▼"),可以进行克隆(即复制和粘贴同时完成)、剪切、复制、粘贴、删除以及翻转等操作。如图11-19所示。点击"无限克隆程序",可以无限地从此图形中拖出相同形状的图片。

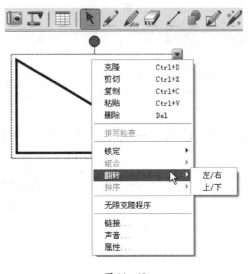

图 11-19

4. 图片的组合

几个图片可以组合在一起,作为一个整体,如图 11 - 20 所示。组合后的图片可以整体进行缩放,拉动右下角的小圆圈可以放大和缩小图片,拖动图片上方的小绿色圆圈,可以转动图片。如图 11 - 21 所示。

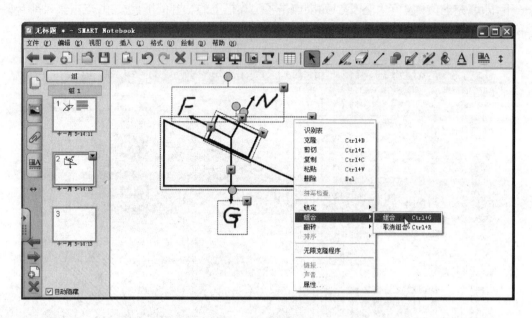

图 11 - 20

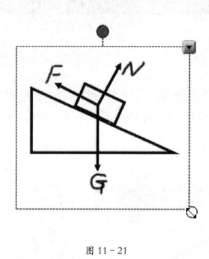

图 11 - 21

11.3　与 PowerPoint 文档配合使用

在放映 PowerPoint 文档时,如果同时应用 Smart 软件,可以在放映过程中,随时加入图线和加入批注。

1. 放映过程中插入图线

在 PowerPoint 放映过程中,点击左边浮动工具栏中的某一按钮,如点击线条按钮,可以画出任意线段,如图 11 - 22 所示。

2. 设置图线的格式

（1）点击线条工具栏右边的格式设置按钮"⚙"，可以得到线条格式设置对话框，在此可以设置线条的颜色，如图 11 – 23 所示。

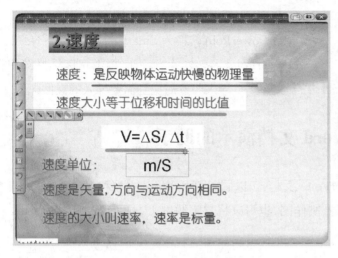

图 11 – 22

图 11 – 23

（2）点击右边的小三角形按钮，可以设置线条的宽度。如图 11 – 24 所示。

（3）继续点击右边的小三角形按钮，可以设置线条的样式。如图 11 – 25 所示。还可以设置开始的样式和结束的样式。注意所有的设置，最后都要点击"保存工具属性"进行保存。

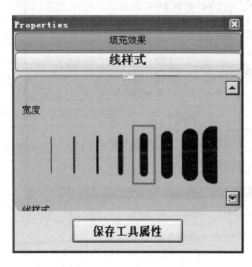

图 11 – 24

图 11 – 25

3. 擦除标注及拍照

利用左边的橡皮擦，可以擦除添加的标注。点击图 11 – 22 右上角的按钮"⬜"，可以全部去掉添加的标注。点击按钮"📷"可以当前的画面拍照到 Smart 界面中。

4. 退出标注状态

在利用笔工具进行标注时，通过点击鼠标不能够实现 PPT 的翻页功能。这时右击鼠标，点击"关闭墨水层"，如图 11 – 26 所示。再利用方向键或鼠轮进行换页。

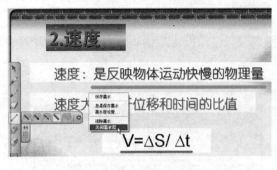

图 11－26

5. Smart 文件与 PowerPoint 文件的相互转换

（1）Smart 转换为 PowerPoin。

Smart 文档也可以转换为 PowerPoint，可以选择菜单栏中的"文件"→"导出"→"PowerPoint"。在 PowerPoint 文档中可以继续进行编辑。

（2）PowerPoin 转换为 Smart。

PowerPoint 要转换为 Smart 文档，可以选择菜单栏中的"文件"→"导入"，然后找到需要导入的文件即可。

11.4　作 Word 文档演示的助手

有时来不及将 Word 的内容制作成 PowerPoint 文档，可以同时打开 Word 文档和 Smart 软件，直接将 Word 中的图片拖放在 Smart 文档中，进行补充作图，也可以将文字通过文本工具复制到 Smart 文档中。如图 11－27 所示。

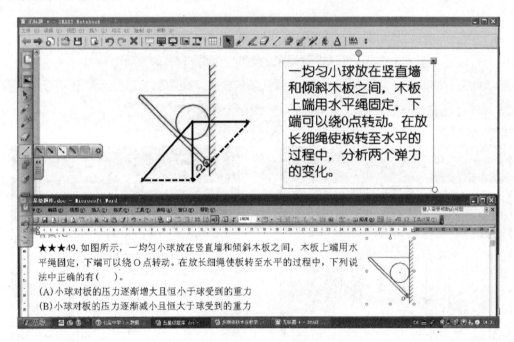

图 11－27

第12章 常见网络工具及其应用

12.1 百度搜索工具的一般使用方法

百度搜索引擎是最流行的中文搜索引擎之一。可查询数十亿中文网页,可以搜到最新、最全的中文信息。

1. 网页搜索

网页搜索是最基本的搜索,只需要在搜索框内输入需要查询的内容,打回车键;或者用鼠标点击搜索框右侧的"百度一下"搜索按钮,就可以得到最符合查询需求的网页内容。如在搜索框中输入"电磁感应现象 ppt",可以搜索到很多电磁感应现象的 PPT 课件。如图 12-1 所示。

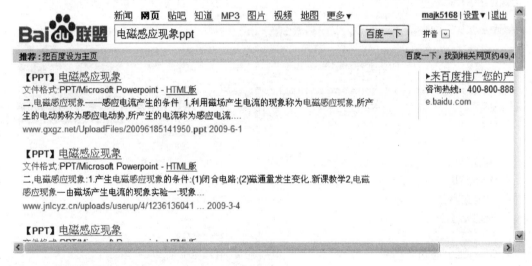

图 12-1

2. 图片搜索

教学中常常需要各种教学图片。点击首页正上方"图片"标签,再输入要查询的关键词即可进行图片内容的搜索,如要搜索"爱因斯坦"的图片,可以在搜索框中直接输入"爱因斯坦",点击"百度一下"即可。如图 12-2 所示。

3. 课件的搜索

可以直接在一些教学网站上下载课件,也可以通过百度的 MP3 搜索项,一般百度的 MP3 项是搜索音乐的,但是可以在此搜索到很多教学课件,如图 12-3 所示,在搜索框中输入"电磁感应现象",可以搜索到很多视频文件和 Flash 动画。下面介绍一下课件的下载方法:

(1) 在图 12-3 中点击某一个文件,如点击第一个"asf"格式的视频课件,得到如图 12-4 所示的多

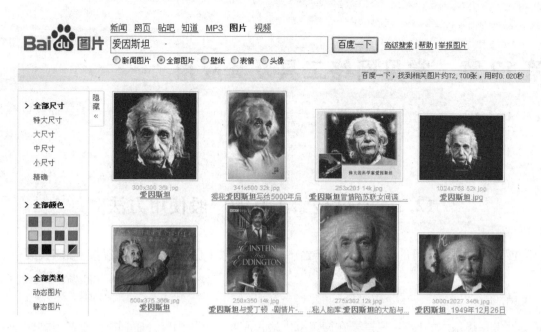

图 12-2

图 12-3

个文件的链接地址,右击上面第一个,选中"目标另存为",选择文件存放的位置下载即可。也可以右击下面各项,选择不同文件的链接地址,然后"目标另存为",选择文件的存放位置下载即可。

(2) 也可以在图 12-3 中选择其他 Flash 动画课件,点击后,进行与上述方法相同的下载即可。

4. 直接输入查询

很多查询可以直接在百度中进行搜索。如天气预报、数学运算、列车时刻表及航班等,可以直接查询。

(1) 天气预报。

直接在搜索框中输入"上海天气预报",就可以直接得到近几天的上海天气预报,如图 12-5 所示。

图 12 - 4

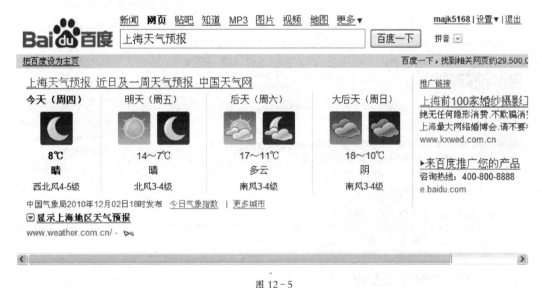

图 12 - 5

(2) 数学运算。

直接在搜索框中输入需要计算的公式,如输入公式:"((2 + 1)∧3 - 2)∧(1/2) + pi","百度一下"就可以显示计算的结果,如图 12 - 6 所示。点击"展开科学计算器",可以用计算器进行计算。

联盟　新闻 **网页** 贴吧　知道　MP3　图片　视频　地图　更多▼

| ((2+1)^3-2)^(1/2)+pi | 百度一下 |

计算器

((2+1)^3-2)^(1/2)+pi = 8.1415926535898

可进行"加（+）、减（-）、乘（*）、除（/）、百分数（%）"等算术计算

▽ **展开科学计算器**

图 12 - 6

（3）火车时刻。

直接在搜索框中输入"上海到杭州"，就可以显示出上海到杭州的火车班次。如图 12-7 所示。若输入"K282"，则可以直接搜索出该次列车是上海到成都的空调快车。如图 12-8 所示。

图 12-7

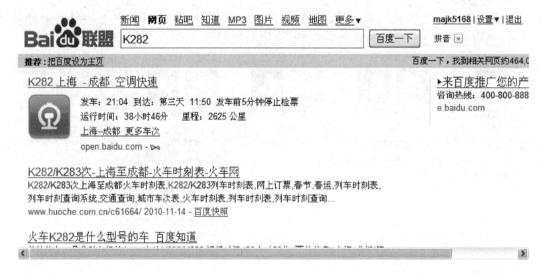

图 12-8

（4）航班查询。

直接在搜索框中输入"FM9131"，点击"百度一下"，就可以显示出 FM9131 是上海航空公司由上海虹桥国际机场飞往天津滨海国际机场的飞机航班。如图 12-9 所示。

（5）长度换算。

直接在搜索框中输入"1 英寸多少厘米"，点击"百度一下"，就可以显示出"1 英寸 = 2.54 厘米"。如图 12-10 所示。

5. 使用百度快照

由于网速较慢，在浏览网页时常常会出现"该页无法显示"的现象。这时点击下面的"百度快照"，如图 12-11 所示，可以快速打开网页。在快照中，您的关键词均已用不同颜色在网页中标明，一目了然。

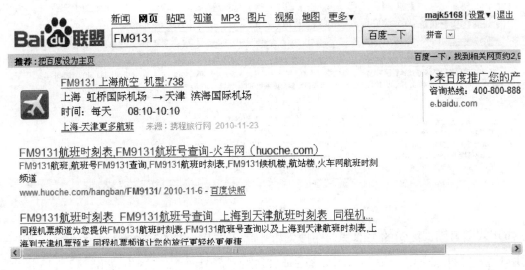

图 12-9

图 12-10

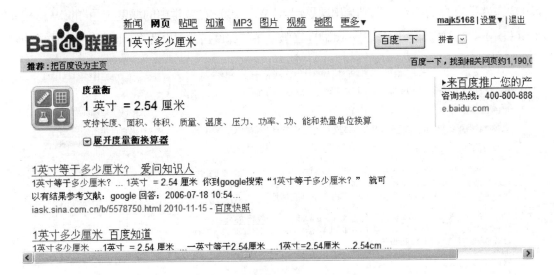

图 12-11

点击快照中的关键词,还可以直接跳到它在文中首次出现的位置,使您浏览网页更方便。但是百度快照只显示文本内容,所以那些图片、音乐等非文本信息一般是不显示的。

6. 搜索中要精确匹配

如果输入的查询词很长,百度在经过分析后,给出的搜索结果中的查询词,常常是拆分的。如果不想拆分查询词,可以给查询词加上双引号或书名号。

(1) 在搜索框中输入"Word 2003 在教学中的深度应用马九克","百度一下"后,可以看到搜索到了100 多万相关网页,如图 12-12 所示。只要包含搜索框中各搜索词的网页几乎都被搜索出来了,显然不是我们需要的。

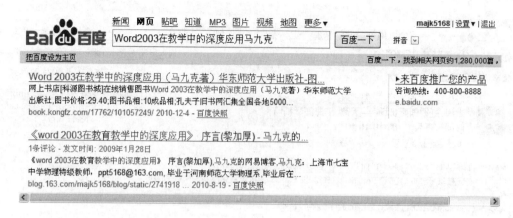

图 12 - 12

(2) 应用双引号固定搜索的关键词。在搜索框中输入""Word2003 在教学中的深度应用"马九克"（或者运用书名号《》），"百度一下"后，可以看到只搜索到了 31 个相关网页，如图 12 - 13 所示。因为"Word2003 在教学中的深度应用"作为整体出现，不被拆分，同时显示了"马九克"。如果输入框中只有""Word2003 在教学中的深度应用""，则会出现只包含"Word2003 在教学中的深度应用"的 79 篇相关网页。如图 12 - 14 所示。当然你输入的是""Word2003 在教学中的深度应用马九克""，则搜索不到这样的网页。

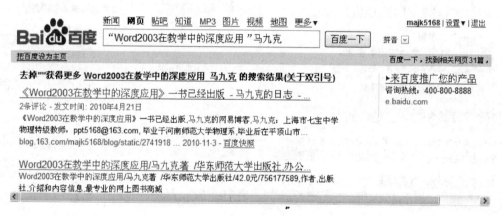

图 12 - 13

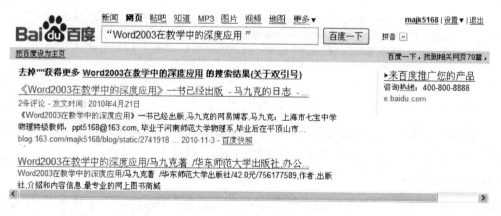

图 12 - 14

7. 利用减号去掉不需要的搜索词

在搜索框中输入"《Word2003 在教学中的深度应用》 -马九克"（打一个空格后再打减号），"百度一下"后，可以看到网页中不包含"马九克"三个字的 85 个相关网页，如图 12 - 15 所示。

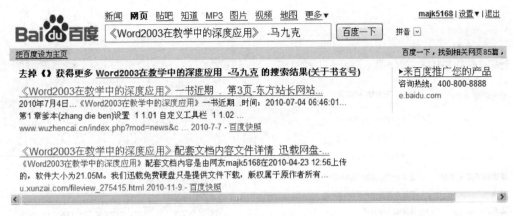

图 12 - 15

8. 查询特定格式的文档

有时需要搜索一些 Word 格式的教案和 PPT 课件等特定格式的文档,可以利用高级搜索进行简单的设置即可,以搜索"电磁感应现象"为例。

(1) 在搜索框中输入"电磁感应现象","百度一下"后,可以看到搜索到了 100 多万个与电磁感应现象相关的网页,如图 12 - 16 所示。

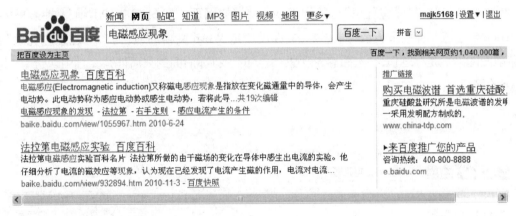

图 12 - 16

(2) 拉动垂直滚动条,在网页下面点击"高级搜索",如图 12 - 17 所示。然后在高级搜索界面中的文档格式中选择需要的格式,如图 12 - 18 所示,选择"微软 Word(.doc)"。然后再点击"百度一下"按钮。

1,了解电磁感应现象的概念2,掌握感应电流的产生条件,理解和应用磁通量3,了解电磁感应现象
中的能量转化问题(二)能力目标借助网络工具,利用动画模拟实验自主学习探究,...
sshd.yangzheng.com.cn/UploadFiles/7/20071 ... 2007-1-19

1 [2] [3] [4] [5] [6] [7] [8] 下一页

相关搜索　电磁感应现象ppt　　　电磁感应现象习题　　　电磁感应现象的发现　　　电磁感应现象课件　　　电磁
　　　　　　电磁感应现象说课　　　教案电磁感应现象　　　电磁感应现象的原理　　　电磁感应　　　　　电磁

电磁感应现象　　　　　　　　　　　　百度一下　结果中找　帮助　高级搜索

©2010 Baidu 此内容系百度根据您的指令自动搜索的结果,不代表百度赞成被搜索网站的内容或立场

图 12 - 17

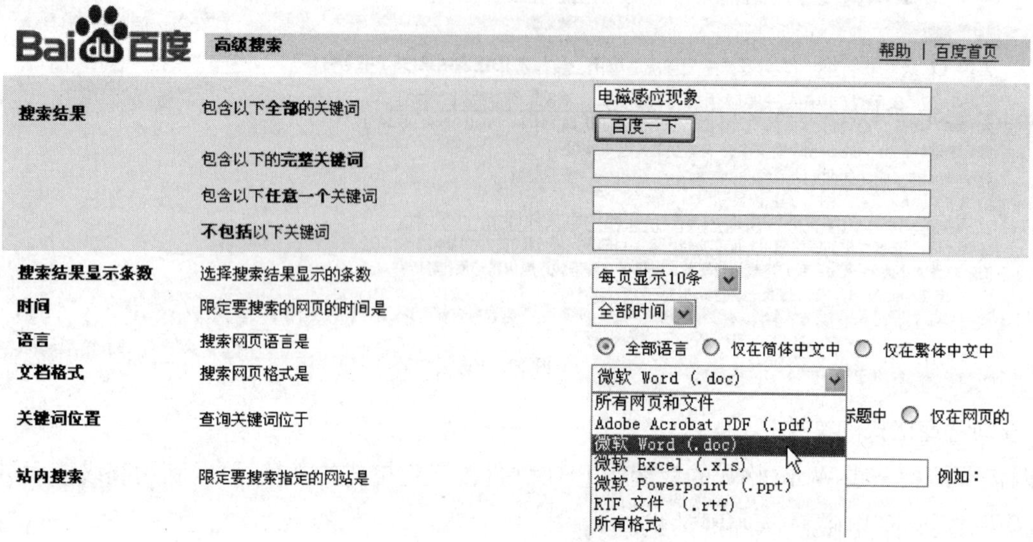

图 12 - 18

(3) 得到的是与"电磁感应现象"有关的 Word 文档的网页。如图 12 - 19 所示。搜索框中显示的"filetype:doc 电磁感应现象",表示的意思是,文件类型是 Word 文档的包含有"电磁感应现象"的网页,一般排在前面的网页是标题包含"电磁感应现象"文字的。排在后面的只可能是文档中包含有"电磁感应现象"文字的网页。

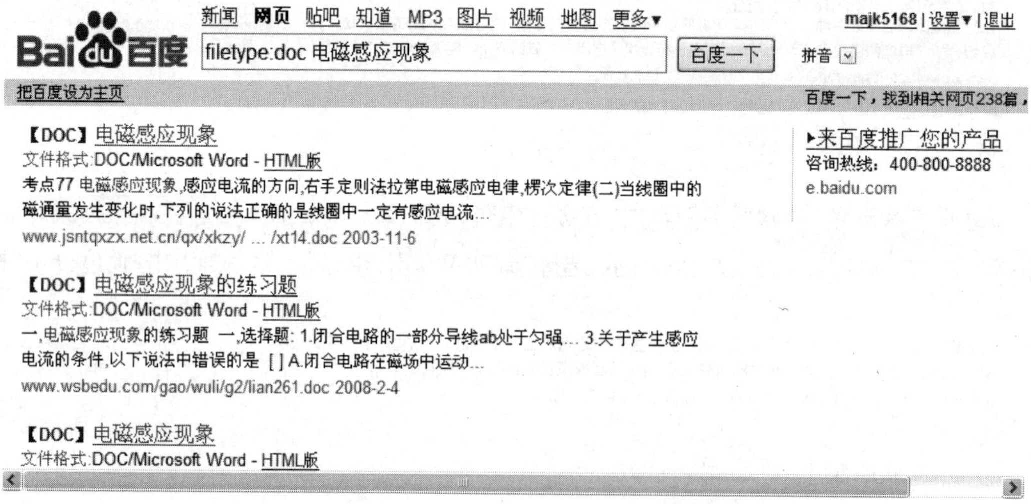

图 12 - 19

(4) 如果在图 12 - 18 中选择"微软 PowerPoint(. ppt)","百度一下"后搜索框中显示的"filetype:ppt 电磁感应现象",表示的意思是,文件类型是 PPT 文档的包含有"电磁感应现象"的网页,如图 12 - 20 所示。

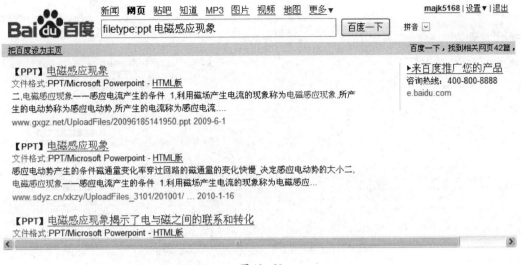

图 12 - 20

12.2　百度地图的应用

多功能的百度地图,可以在你的生活中起到很好的帮助作用。如图 12 - 21 所示,在左上角,点击"更换城市"可以更换为你所在的城市,右面还有多个功能按钮供选用。

图 12 - 21

1. 公交查询

上面可以选择"搜索"、"公交"和"驾车",点击上面"公交"按钮,在搜索框中输入两个地址,"百度一下"后,在右边可以看到几条可供选择的线路,选中某一条参考线路,在图中能够看到路线图。如图 12 - 22 所示。还可以把乘车路线发送到手机或者打印出来。点击上面的"公交线路查询",然后输入线路名称,即可看到该线路的路线图以及换乘车站。

2. 测距和截图

右上部有很多功能按钮。如图 12 - 23 所示。点击"测距",可以测量两点间的距离,点击"截图",用鼠标画出一个适当的区域,然后将图片"另存为"即可保存该图片。如图 12 - 24 所示。

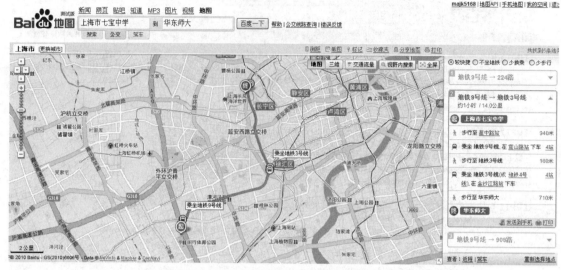

图 12－22

图 12－23

图 12－24

3. 应用好工具按钮

默认的是平面地图,点击"三维",可以看到某个区域的立体图,点击"交通流量",可以查看实时交通路况。点击"视野内搜索",可以在视野内搜索你想要的信息。如图 12-25 所示。如选择"快捷酒店",则可以搜索到视野内的酒店信息。

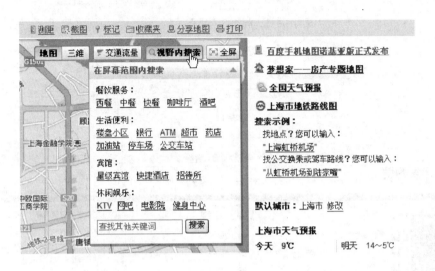

图 12-25

4. 地铁线路查询

在图 12-25 中,点击右边的"上海市地铁线路图",可以看到上海市的所有地铁线路,如图 12-26 所示。点击任意两个站点,再点击"搜索"按钮,可以搜索线路的换乘及票价。鼠标放在右上角的线路标识按钮上,可以突出显示该线路。

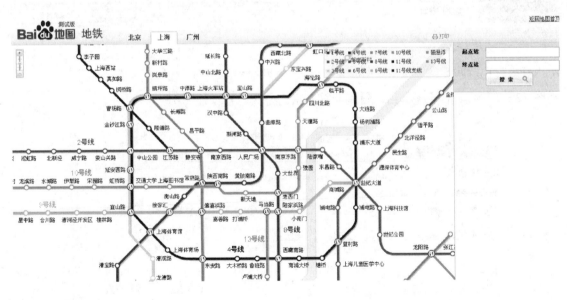

图 12-26

5. 搜索风云榜

要想了解近期的网络大事及热门搜索,可以点击百度搜索框下面的"搜索风云榜",如图 12-27 所示,即可看到目前网络上的热门话题。如图 12-28 所示。

新闻 **网页** 贴吧 知道 MP3 图片 视频 地图

百度一下 　输入法 ☑

空间　百科　hao123 | 更多>>

把百度设为主页

加入百度推广 | 搜索风云榜 | 关于百度 | About Baidu

©2011 Baidu 使用百度前必读 京ICP证030173号 ✆

图 12 - 27

图 12 - 28

6. "更多"百度搜索

在图 12 - 27 中点击"更多",可以看到非常丰富的分类内容。如图 12 - 29 所示。

图 12 - 29

208 ┃ 常用信息化软件在教学中的深度应用

12.3　电子邮箱的使用技巧

我们经常要使用邮箱收发电子邮件,用好电子邮箱会给我们的邮件收发带来很多的方便,下面以目前国内用户最多的网易邮箱为例,说明一下使用邮箱的方法和技巧。

1. 写信格式自定义

在写信时信的内容是默认的白底、黑字、宋体、五号,采用下述方法可以自定义信纸及文字的格式。

(1) 设置信纸样式。当点击"写信"时,界面右边默认的选项是"通讯录",选择"信纸"选项,在此选择不同的"分类",找出一个自己喜爱的信纸。

(2) 设置文字格式。点击邮件主题下面靠右边的"显示图文编辑"按钮(点击后变为"隐藏图文编辑"按钮),再点击下面的"切换到全部功能"按钮"⚡",可以看到文档编辑的常用工具栏,如字体、字号、加粗等格式。如图 12 – 30 所示。

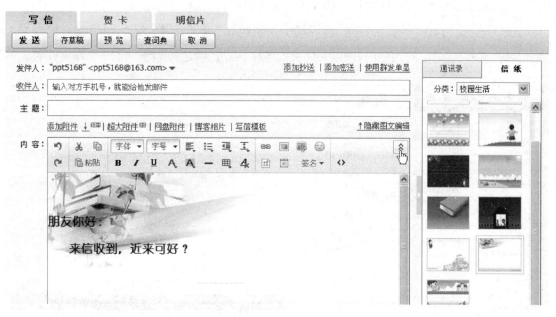

图 12 – 30

2. 发送超大邮件

现在不少邮箱都可以发送大邮件,不过大邮件都不能长期保存,要在短时间内下载。网易邮箱可以发送 50M 以下的邮件,超过 50M 的大邮件可以使用"超大附件"功能发送。

(1) 安装邮箱助手。首次使用时,当点击主题下面的"超大附件"按钮时,会出现如图 12 – 31 所示的安装提示,可以按照安装向导进行安装,安装后不仅可以发送 2G 的大邮件,还具有截图、直接在写信时插入图片等功能。

(2) 添加超大附件。安装好"网易邮箱助手"后,再在图片中点击"超大附件"按钮时,会出现如图 12 – 32所示的选择框,点击"添加文件"按钮,可以把电脑中的文件添加上去,如果选择"从已上传中选择",则可以在已经上传的文件中选择要发送的文件。上传的文件保存期为 15 天,即要在 15 天的保存期内下载。

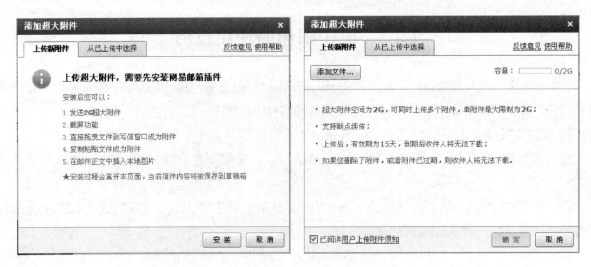

图 12 - 31   图 12 - 32

3. 管理邮件

邮件多了,为了管理的方便,可以自己建立多个文件夹,分类进行管理。

(1) 添加文件夹。点击"其他文件夹"右边的小十字按钮"![plus]",如图 12 - 33 所示。在得到的如图 12 - 34所示的"文件夹添加"对话框中,输入文件夹的名称,点击"确定",即建立了一个新文件夹。

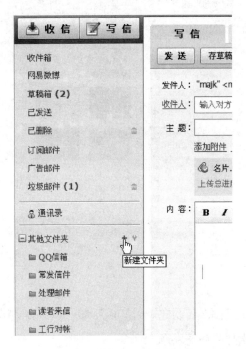

图 12 - 33

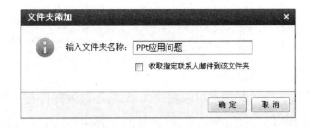

图 12 - 34

(2) 邮件管理。要对已经添加的文件夹进行重命名或者删除等管理,可以点击"其他文件夹"右边的按钮"![wrench]",点击后就可以对所有的文件夹进行管理了,可以进行"清空"、"改名"或"删除"等操作。如图 12 - 35 所示。

4. 使用网易网盘

这是一个网上文件管理工具,您可以将文档、照片、音乐、软件等存储在网易邮箱的网络服务器中,从而可以在任何时候、任何地点通过网络获取这些文件数据,使数据的存取不受时间、地点限制。

图 12-35

（1）网盘的常规使用。在左下角的"文件中心"栏目中点击"网盘"，如图 12-36 所示。即得到如图 12-37 所示的邮箱界面，在此可以新建文件夹，进行上传文件、删除文件等操作。根据邮箱积分的增多可以增大网盘的使用空间。

图 12-36   图 12-37

（2）另类使用网盘。网易免费网盘空间不大，想通过网易积分增大网盘容量是很难的，特别是新申请邮箱的用户。其实有一个很简单的方法。普通的网易邮箱可以发送 50M 附件，把想保存的资料添加到附件，然后发送给自己一封邮件，收到邮件后专门建立一个文件夹储存起来，想用这些材料时打开邮件下载附件即可。

5. 使用生活百宝箱

在图 12-36 中点击下面的"百宝箱"选项，在得到的如图 12-38 所示的页面上有许多实用的小程序。比如万年历、城市地图、公交查询、机票订购、计算器等。可以点击进入，方便实用。

图 12 – 38

6. 群发邮件单独显示

在群发邮件时往往是在对方某一收件人的信箱中显示了所有群发人的邮箱。常希望对方看到收件人里只有自己的邮件地址。在图 12 – 39 中点击右上角的"群发单显"按钮。则"收件人"按钮就变为"群发单显"了,点击此按钮,可以选择收件人,进行邮件的群发。这样每个收件人就只能看到自己的邮箱地址。特别是在发送贺卡或明信片时使用此功能非常实用。

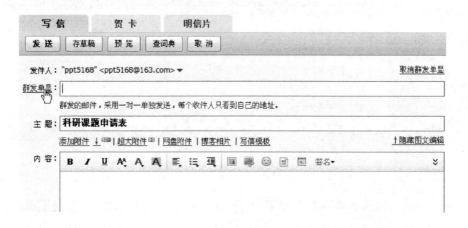

图 12 – 39

7. 常规设置

要让邮箱更好地为你服务,还要对邮箱进行必要的设置,方便自己的使用。在邮箱界面上点击右边的"设置"按钮,即打开了邮箱的设置中心,在此可以进行多项设置。如图 12 – 40 所示。

（1）签名的设置。每次发邮件,可以自动在信件的后面带上自己的名片。点击图 12 – 40 上的"常规"

图 12-40

类中的"签名设置"选项,在此可以创建自己的名片,可以创建多个名片,并可以随时对签名进行编辑,可以选择一个作为默认的签名,那么每次发信时自动把该名片发送出去。如图 12-41 所示。

图 12-41

(2) 设置"多标签窗口"。可以在界面上面显示多个标签,如图 12-42 所示。当开启了"多标签窗口设置"后,在界面上面可以显示多个标签。方便使用。

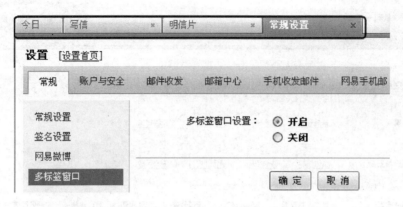

图 12 - 42

8. 修改账户密码

(1) 更改邮箱的密码。可以在"账户与安全"选项中,选中"修改密码",在此可以更改邮箱的密码。如图 12 - 43 所示。

图 12 - 43

(2) 文件夹加密。在"账户与安全"选项中点击"安全锁",如图 12 - 44 所示。在此可以对邮箱内的"记事本"、"网易网盘"、"理财易"、"其他文件夹"(包括自己新建的文件夹)、"邮箱中心"等项目进行加锁保护,让您的邮件信息资料更加安全。

9. 邮件收发的设置

在"邮件收发"选项中,可以进行多项设置。

(1) 邮件自动分类存放。对于一些特定的邮件,可以让这些邮件自动到指定的文件夹中。在"邮件收发"选项中点击"来信分类"项目,在此建立邮件分类的规则。如收到邮件的"邮件主题"中包含有"购书"字样的邮件,都自动转移到"读者来信"文件夹中。该分类命名为"读者购书"。如图 12 - 45 所示。点击"确定"后,进入邮件"分类规则列表"中。如图 12 - 46 所示。在此可以对分类规则进行编辑。

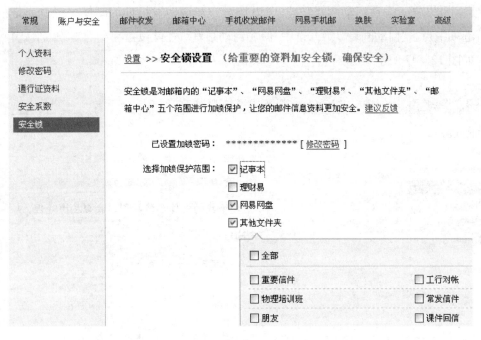

图 12 - 44

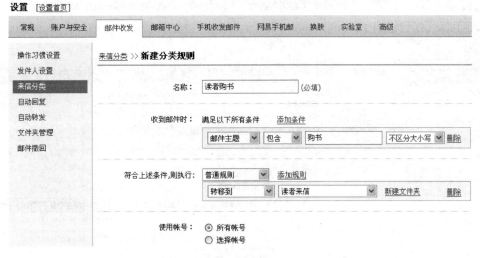

图 12 - 45

图 12 - 46

(2) 设置自动回复。设置自动回复功能，可以让对方知道他发给你的邮件已经到了你的邮箱。在"邮件收发"选项中点击"自动回复"项目，选中"使用自动回复"，在此设置自动回复的内容，并可以设置文字的格式。如图 12-47 所示。

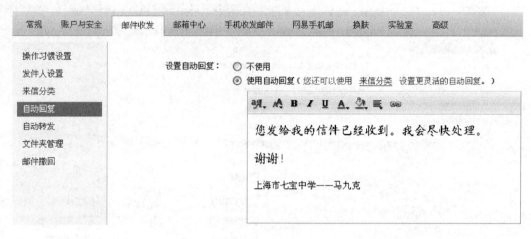

图 12-47

(3) 自动转发。自动转发功能可以将此邮箱中收到的所有来信自动转发到指定邮箱。让您登录其他邮箱也可管理此邮箱的邮件。在"邮件收发"选项中点击"自动转发"项目，选中"使用自动转发"，然后填写转发到的邮箱名称，如图 12-48 所示。

图 12-48

(4) 邮件撤回。邮件发出去了，突然发现发错了，没有关系还可以撤回来，即可以将发出去的邮件重新撤回。在图 12-48 中"邮件收发"选项中，点击左下角的"邮件撤回"项目，选中"开启"，这样在 15 天内如果对方没有打开该邮件，发向网易 163、126、Yeah. net、vip163、vip126、188 或 139 邮箱的邮件，都可以全部撤回。如图 12-49 所示。这样设置好后，再打开"已发送"邮件时，可以看到上面的工具栏上多了一项"撤回邮件"功能按钮。如图 12-50 所示。邮件撤回后，对方将会收到一封带有标题的提示邮件，撤回的结果将会以邮件的形式通知您。

10. 收取其他邮箱中的邮件

(1) 收取其他邮箱中的邮件。利用邮箱中心可以收取其他邮箱中的邮件。点击"邮箱中心"，再点击"新建其他邮箱"按钮，输入"其他邮箱账号"以及"对应的邮箱密码"，这样就可以接收到其他邮箱的邮件了。如图 12-51 所示。

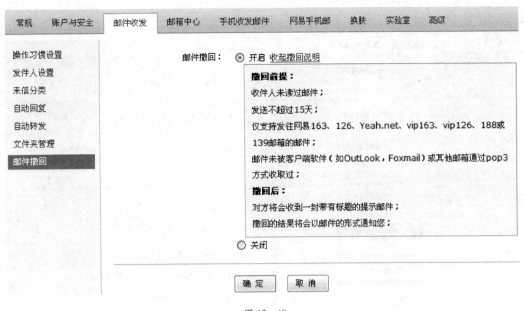

图 12 - 49

图 12 - 50

图 12 - 51

(2) 多个邮件相互关联。如果您有多个网易邮箱(包括 163、126、Yeah 邮箱),只需将它们关联起来,关联后无需重新登录,即可在已关联的邮箱之间一键切换。关联的方法是:在"邮箱中心"的"多帐户关联"中进行设置,如图 12 - 52 所示。关联后使用时,只需在任意关联邮箱中点击上面的倒三角形按钮即可进入任意关联的邮箱,如图 12 - 53 所示。数值"(4)"表示关联邮箱中共有 4 封未读邮件。

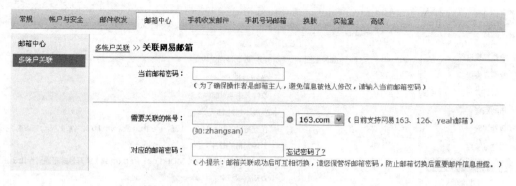

图 12－52

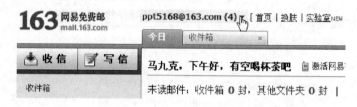

图 12－53

11. 手机号作为邮箱名称

有的用户邮箱名称很长,不便于朋友记忆,可以设置自己的手机号作为邮箱的名称。

(1) 点击"网易手机邮",再点击"激活网易手机邮"按钮,如图 12－54 所示。

图 12－54

　　(2) 然后输入自己的手机号码,如图 12－55 所示。点击"下一步",对手机进行验证。验证后手机邮箱即被激活。如图 12－56 所示。

图 12－55

(3) 以后发送邮件时可以选择邮箱名称或自己的手机号作为发件人,如图 12–57 所示。朋友给你来信,可以直接把你的的手机号作为邮箱名称发送邮件即可。

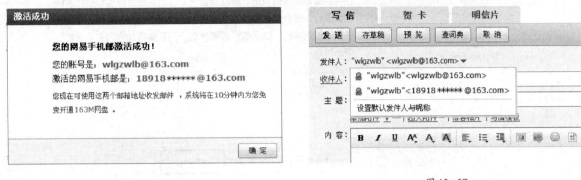

图 12–56   图 12–57

12. 邮箱的其他设置

(1) 邮箱服务的设置。

在图 12–36 中的左下角,显示了邮箱的邮箱服务内容,显示的项目可以通过在设置中的“高级”选项中进行设置。在“高级”选项中选中“邮箱自定义”,在此选择自己喜欢的项目,打造属于自己的邮箱。如图 12–58 所示。

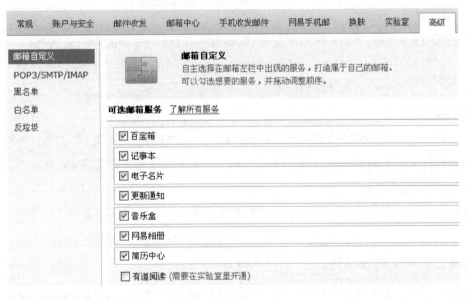

图 12–58

(2) 邮件加密。

在发送重要邮件时加上一个密码,就可以给这封重要邮件加上一把“安全锁”。只有输入正确密码解密后才能查看邮件。设置方法如下:

① 在上图的右上角点击“实验室”(目前是实验阶段),然后在“邮件加密”项目中,点击“马上开通”按钮。如图 12–59 所示。

② 这样在写邮件时,可以看到界面的下面多了个“邮件加密”选项,选中该选项,下面会出现密码输入框,在此输入密码即可。如图 12–60 所示。对方收到邮件需要输入密码方可打开,如果对方没有注册网易邮箱,可以下载该封加密邮件的附件,然后上传到专门的邮件解密页面进行解密操作。邮件解密页面地址:http://jiemi.mail.163.com。

邮件加密　　　　　　　　　　　　　　　**意见反馈**

邮件加密功能是为了邮件更安全而开发的全新功能。开通功能后，在网易邮箱写信时勾选"邮件加密"，发出的邮件内容和附件系统将会进行加密处理，收件方需通过密码解锁才能读取邮件。让重要资料、图纸报价、隐私信息等邮件受到网易邮箱加密的多重保护。
帮助信息

图 12－59

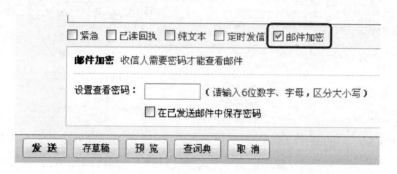

图 12－60

（3）定时发送邮件。

有时出差或不在办公室，不能按时给朋友贺喜、祝寿，可以使用邮箱的定时发送邮件功能，预先写好邮件，然后选中屏幕下方的"定时发信"，这时会显示发送时间的设置选项。如图 12－61 所示。设置好后点击"发送"即可，到了设定时间邮件就自动发出了。

（4）锁定邮箱屏幕。

正在处理邮件时临时需要离开，怕被别人看到邮件又不想把邮箱页面关掉，怎么办？使用邮箱锁屏功能，可以把正在打开的邮箱页面窗口自动隐藏起来。回来只需要输入邮箱密码，则会自动恢复锁屏前打开邮箱的状态。操作方法如下：

① 在网易邮箱的右上角，点击"帮助"→"快捷键帮助"按钮，如图 12－62 所示。

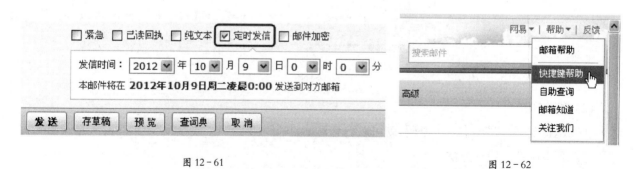

图 12－61　　　　　　　　　　　　　　　　　　图 12－62

② 在得到的"快捷键帮助"命令框中，点击"启用快捷键"，则快捷键被启用。锁屏的快捷键为"Shift＋S"。如图 12－63 所示。然后关闭"快捷键帮助"命令框。

③ 当按下快捷键"Shift＋S"（若在写信的编辑状态时，鼠标要在编辑框外点击一下时），弹出锁屏提示框，点击"确定"即可锁定邮箱屏幕。如图 12－64 所示。

④ 重新进入邮箱时，只需要输入您的邮箱密码即可。如图 12－65 所示。

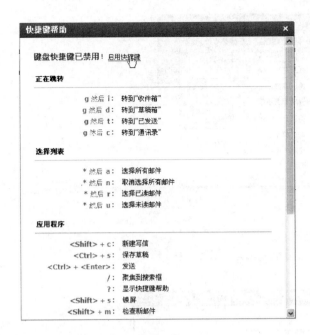

图 12 - 63

图 12 - 64

图 12 - 65

(5) 英文邮件直接翻译。

到达的英文邮件可以利用邮件自带的翻译工具直接翻译为中文。打开该邮件,点击工具栏上的"翻译"选项,选择"全文翻译",如图 12 - 66 所示。可以直接把英文邮件翻译出来。

图 12 - 66

12.4　在 Microsoft Outlook 中设置电子邮箱

Microsoft Outlook 版本很多,邮箱的设置大同小异。以 Microsoft Outlook2003 版本为例,说明电子邮箱的设置。设置了您的邮箱账户后,即可在这个软件上进行邮件的收发了。设置方法如下:

1. 利用设置向导设置邮箱账户

(1) 在 Microsoft OutLook 2003 中选择"工具"→"电子邮件账户"。如图 12 - 67 所示。

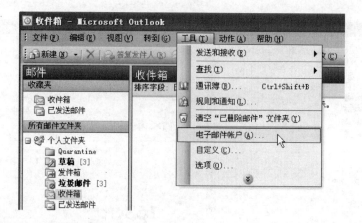

图 12 - 67

(2) 选择"添加新电子邮件账户",然后点击"下一步"。如图 12 - 68 所示。

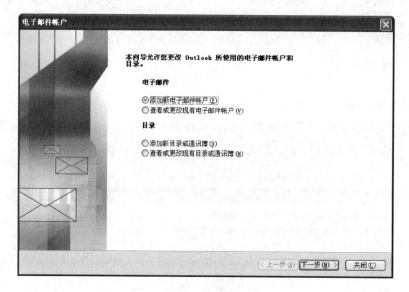

图 12 - 68

(3) 选择服务器类型为"POP3",然后点击"下一步",如图 12 - 69 所示。

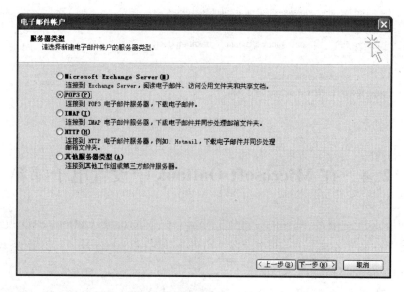

图 12 - 69

(4) 填写信息。

① 用户信息和登录信息。在用户信息中的"您的姓名"中输入自己的名字(如 majk),"电子邮件地址"中输入需要用该软件接收的电子邮箱地址(如 PPT5168@163.com),登录信息中的用户名会自动显示出@前面的用户名(如 PPT5168),然后输入电子邮箱登录密码。

② 服务器信息。接收邮件服务器填写"pop.163.com";发送邮件服务器填写"smtp.163.com"。如图 12-70 所示。

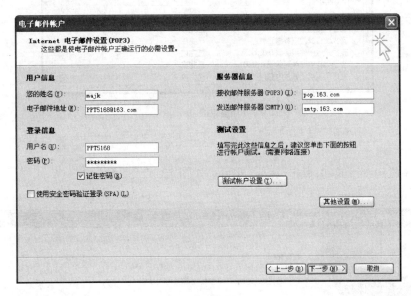

图 12-70

(5) 其他设置。

① 点击图 12-70 中的"其他设置",在发送服务器选项中,选中"我的发送服务器(SMTP)要求验证(O)"。如图 12-71 所示。

② 在"高级"选项中,选择"在服务器上保留邮件的副本",这样邮件仍然能在网上打开邮箱时看到,否则,当接收了该邮箱中的所有邮件后,网上再打开时邮件将全部被删除。如图 12-72 所示。然后点击"确定"。

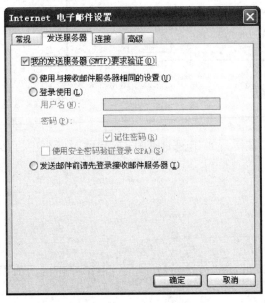

图 12-71

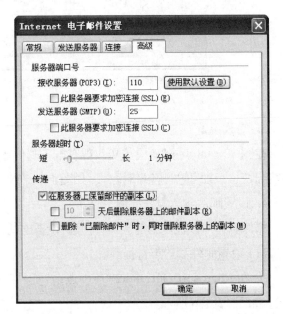

图 12-72

（6）测试账户设置。如果设置正确,在图12-70中点击"测试账户设置"按钮,会出现如图12-73所示的信息框,若全部测试正确,关闭即可。

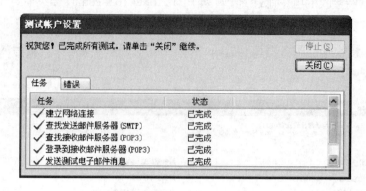

图 12-73

2. 设置成功

最后电子邮件账户设置成功,点击"完成"即可。如图12-74所示。

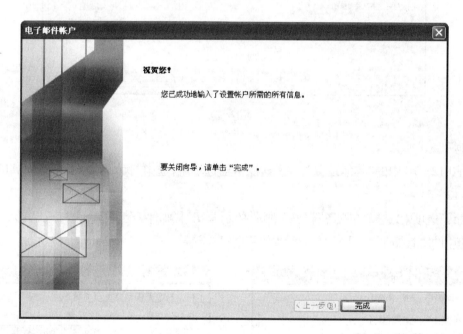

图 12-74

3. 修改设置

在图12-68点击"查看或更改现有电子邮件账户",在得到的"电子邮件账户"更改对话框中,可以选择"更改"、"添加"或"删除"等操作。如图12-75所示。

4. 设置邮件到达声音提醒

邮件到达可以让电脑播放声音提醒,设置方法如下:

（1）设置邮件到达声音提醒。

① 在 Microsoft OutLook2003 中点击"工具"→"选项",在"首选参数"选项卡中,点击"电子邮件选项"。如图12-76所示。

② 在"电子邮件选项"中,点击"高级电子邮件选项"。如图12-77所示。

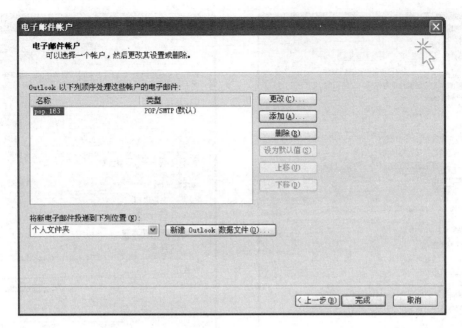

图 12-75

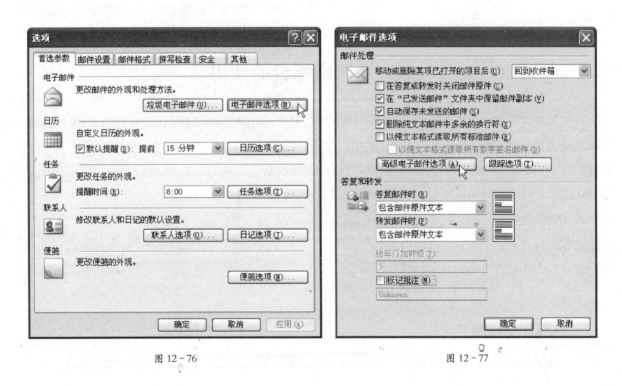

图 12-76   图 12-77

③ 在"高级电子邮件选项"对话框中,在"新邮件到达我的收件箱时"选择"播放声音"即可。如图 12-78所示。

(2) 改变声音文件。

可以自定义声音文件,方法如下:点击"开始"→"控制面板"→"声音和音频设备",在"声音和音频设备属性"对话框的"声音"选项卡中的"程序事件"下面选择"新邮件通知",并在下面的"声音"选项框中,选择一种声音,点击按钮" ▶ ",可以试听声音,点击"浏览",可以选择其他声音。如图 12-79所示。

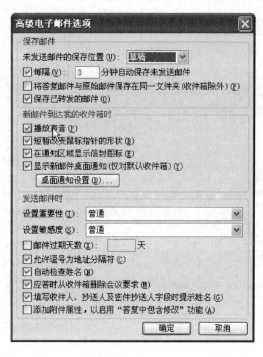

图 12 - 78

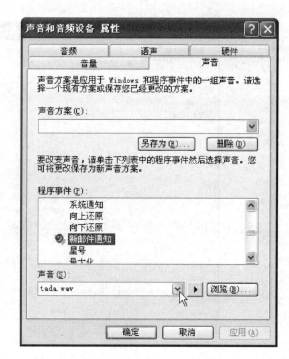

图 12 - 79

12.5　网络邮盘的使用

我们需要把一些文件上传到网上,进行异地存取,通常邮箱中的网络邮盘(简称网盘)由于要通过密码才能进入自己的邮箱,因此只能供自己使用。如果要把自己的文件共享给好友、家人和网友,上传的文件能够让他们下载,就要用网上的一些网络邮盘,目前网络邮盘的网站很多,做得较好的可以首推迅载网盘(http://u.xunzai.com)。

1. 迅载网盘

迅载网盘具有以下特点:普通用户永不收费;永久保存文件;超大容量存储空间;超大附件。进入该网站主页如图 12 - 80 所示。在此可以注册。

图 12 - 80

2. 迅载网盘的使用

(1) 注册后登录,进入自己的网盘,如图 12 - 81 所示。右边可以显示自己网盘的空间,在"我的文件"选项中,可以创建新的文件夹。

(2) 上传文件。在"上传文件"选项中,选择"设置目录"和"设置分类",点击"添加文件"按钮。如图 12 - 82 所示。找到电脑中的文件进行上传。

图 12-81

图 12-82

12.6　EverBox 网盘——15GB 的存储空间

硬盘损坏？无法访问？笔记本电脑被盗？重要的数据丢失了。不用担心,有了网络邮盘,这一切都不会再是问题。EverBox 会自动地、实时地备份文件数据到 EverBox 安全服务器,因此,当您的电脑坏损或丢失时,不必担心由于数据丢失造成的损失,恢复数据易如反掌。EverBox 网盘(http://www.everbox.com)是由盛大创新院推出的一款网盘产品,可以提供达 15GB 超大的免费存储空间,支持文件同步、文件分享、在线浏览照片、在线听音乐等功能。特别是文件的同步功能,当您在一台电脑上把一个文件放入自己电脑 EverBox 的文件夹中时,只要电脑联网,这个文件会自动传到网上,您可以随时随地登录 EverBox 网站,对文件进行管理和下载,并可以在所有安装了 EverBox 的电脑上访问这个文件。也就是说,可以在两个以上的电脑上分别对同一个文件进行编辑,并且自动上传到网上,即在单位编辑的文档,回家还可以接着编辑,不再需要用 U 盘或移动硬盘进行拷贝了,真正实现了在线工作。

1. 用户注册

(1) 登录 EverBox 网盘网站：http://www.everbox.com,在右下角"点击这里注册",如图 12-83 所示。

(2) 可以利用手机号进行注册,设置密码,输入手机获得的验证码,最后点击"注册盛大通行证"。如图 12-84 所示。

图 12 - 83

图 12 - 84

(3) 选择自己喜欢的注册方式。点击右边的切换按钮,可以用邮箱注册或者用"个性账号"注册。如图 12 - 85 所示。

图 12 - 85

2. 下载软件并登录

（1）登录该网站，在"下载"选项中，点击"立即下载"。如图 12–86 所示。将该软件下载后安装。

图 12–86

（2）软件安装后，在得到的如图 12–87 所示的对话框中，填写用户名和登录密码。点击"下一步"。

（3）然后设置电脑中文件存放的目录位置，该文件夹中的所有文件都会自动与网络服务器同步，也可以点击"更改"，更换同步文件夹的位置。如图 12–88 所示。

图 12–87

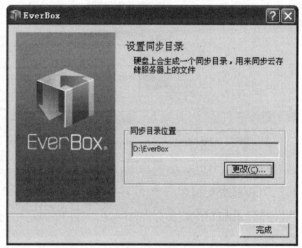

图 12–88

（4）在上图中点击"完成"后，即自动出现 EverBox 网盘文件夹，默认有四个文件夹。如图 12–89 所

图 12–89

示。可以在此添加文件或文件夹,可以把电脑中其他地方的文件或文件夹复制到此处,或者采用拖动的方法直接把文件或文件夹拖曳到此处。在"我的电脑"中可以看到增加的一个 EverBox 网盘新图标。如图 12-90 所示。双击可以进入网盘文件夹中。在此文件夹中直接编辑文件,在电脑联网的情况下,会自动上传到服务器上。文件夹的左下角出现" "时,表示该文件夹内的文件已经全部同步完毕。如果文件夹的左下角出现" "时,表示文件正在同步的过程中。如果文件夹的左下角出现" "时,表示文件同步失败。

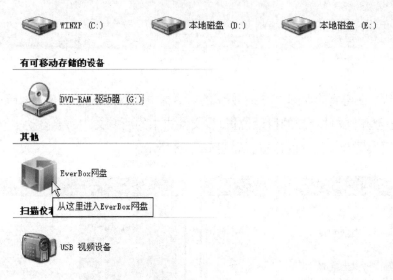

图 12-90

3. 网络上操作

(1) 点击"开始"选项,可以看到已经获得的空间,以及增大空间的方法。如图 12-91 所示。基础空间是 7G,首次安装客户端(即在电脑上安装软件)和首次上传文件各奖励 500M,在另一台电脑上安装该软件并登录和首次邀请好友加入各奖励 1G,直到存储空间达到 15G。

图 12-91

(2) 点击"文件"选项,在此可以看到与网络同步的所有文件和文件夹,所有的这些文件都已经被保存到网络服务器上,永远不会丢失和损坏。选中某一个文件或文件夹,利用上面的工具按钮(或者鼠标右击文件或者文件夹,也可以得到该工具按钮)可以对该文件或文件夹进行"删除"、"移动"、"复制"和"重命名",也可以在此上传文件或添加文件夹。在此进行的一切修改很快在电脑中的文件夹里显示出来。即不论在电脑中或者网络上修改文件或添加文件夹,都可以在网络上或者电脑中显示出来,以最后的操作为标准。如图12-92所示。

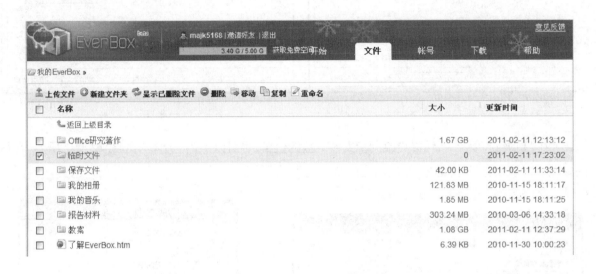

图 12-92

(3) 点击"账号"选项,可以看到空间使用情况及个人资料等信息。如图12-93所示。

图 12-93

4. 客户端(指自己电脑)的有关操作

在桌面点击该软件图标时,在电脑的右下角出现该软件的图标
""。在该图标上右击鼠标,在得到的如图12-94所示的命令框中可以进行有关操作,若选择"设置",可以进行有关的设置。

(1) 在"设置"对话框中,在"一般"选项卡中,可以选择是否"开机自动启动"该软件。如图12-95所示。

(2) 在"账户"选项卡中,点击"断开关联账户",如图12-96所示,可以更换其他用户登录使用。在得到的如图12-87所示的对话框中,重新登录。利用此法,可以设置多个账户。

图 12-94

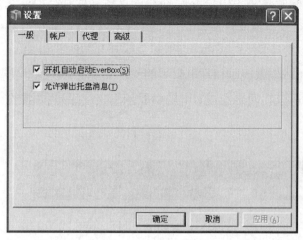

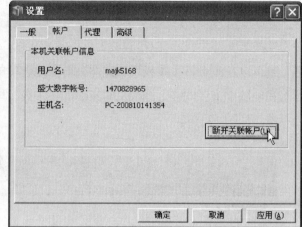

图 12－95   图 12－96

（3）在"高级"选项卡中，可以更改同步文件存放的位置，也可以点击"选择"，如图 12－97 所示，在得到的如图 12－98 所示的对话框中，自由选择哪些文件可以同步。

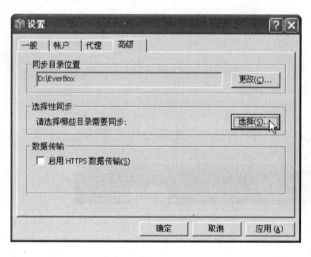

图 12－97   图 12－98

5. 密码的修改和重置

在图 12－83 中点击"忘记密码"，在得到的如图 12－99 所示密码找回向导中，输入通行证及验证码。然后点击"下一步"。通过手机发送短信后重置密码。如图 12－100 所示。直到修改成功。

图 12－99

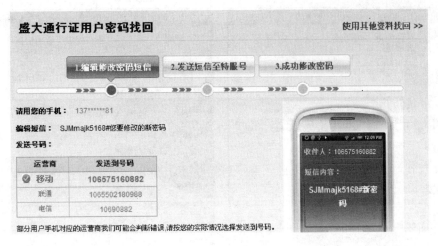

图 12-100

12.7　金　山　快　盘

除了上面介绍的盛大网盘以外,还有一个不错的网盘——金山快盘。金山快盘的官网是:http://www.kuaipan.cn。

1. 下载、安装和注册

(1) 进入快盘的官网,点击上面的"立即免费下载",即可下载快盘软件。如图 12-101 所示。

图 12-101

(2) 下载软件进行安装。

① 双击安装的文件。出现如图 12-102 所示的安装向导对话框。

② 安装结束,点击"完成"。如图 12-103 所示。

(3) 注册金山快盘账号。

① 在桌面上双击金山快盘图标。得到如图 12-104 所示的注册界面。然后点击"下一步"按钮。

② 打开注册网页,输入自己常用的邮箱地址和密码。如图 12-105 所示。注册成功后即可使用。

2. 快盘文件夹

安装好软件后,在"我的电脑"界面上会出现金山快盘的图标。如图 12-106 所示。双击即可对快盘文件夹或文件进行编辑整理。

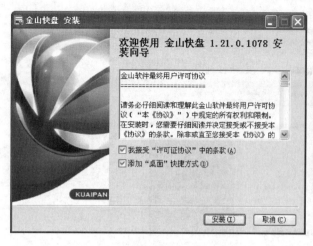

图 12 - 102

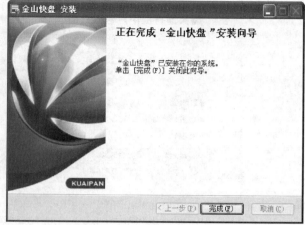

图 12 - 103

图 12 - 104

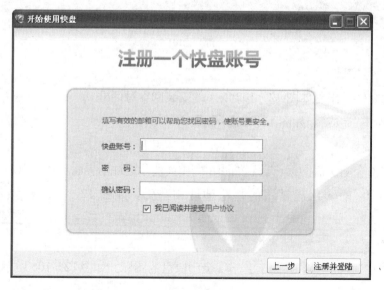

图 12 - 105

3. 快盘主界面

(1) 当双击桌面图标打开软件时,电脑右下角会出现一个小图标"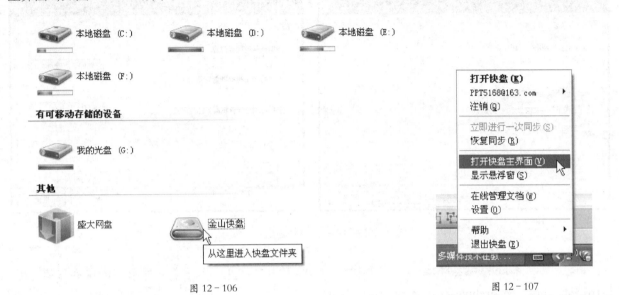",右击小图标,点击"打开快盘主界面",如图 12 - 107 所示。

图 12 - 106   图 12 - 107

(2) 在打开的"金山快盘"主界面上,可以进行有关操作。如图 12 - 108 所示。既可以查看"历史记录",又可以在此"打开快盘"。

图 12 - 108

4. 快盘的设置

(1)"常规"设置。在图 12 - 107 中点击设置,在得到的"设置"对话框的"常规"选项卡中,可以看到登录的账号,可以设置"开机后自动启动快盘"。如图 12 - 109 所示。

（2）"同步"设置。在"同步"选项卡中，点击"迁移同步位置"，可以改变快盘文件夹的位置。点击"选择性同步"，可以选择性地对文件进行同步。如图 12 - 110 所示。

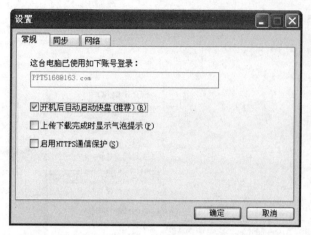

图 12 - 109

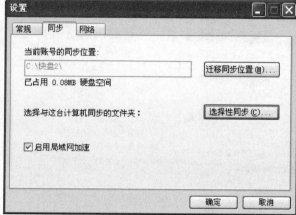

图 12 - 110

除了上面介绍的网盘以外，还有易盘 http://www. 163pan. com。更多网络邮盘可供登录网站选用：http://boyhost. cn/archives/category/freewebdisk。

12.8   网络电视——PPSTV 的应用

PPSTV 网络电视是一款全球安装量最大的网络电视软件。可在线观看高清电影、电视剧、动漫、综艺、体育直播、游戏竞技、财经资讯等丰富的视频娱乐节目，并且完全免费，是网友推崇的装机必备软件。网络电视——PPSTV 的官网：http://dl. pps. tv。在此可以下载该软件。如图 12 - 111 所示。

图 12 - 111

1. 安装软件

双击下载的软件，进行安装。

（1）接受协议，点击"我接受"。如图 12 - 112 所示。

（2）进入"安装"向导页面，如图 12 - 113 所示。点击"浏览"可以选择安装的路径，下面根据需要进行选取。然后点击"安装"。

图 12-112

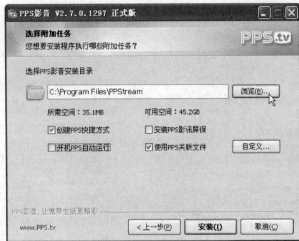

图 12-113

(3) 完成安装。点击"完成",运行 PPS 影音。如图 12-114 所示。也可以打开 PPS 帮助网页:http://www.pps.tv/product.htm。了解更多内容。

图 12-114

2. PPS 的使用

打开 PPS,软件界面如图 12-115 所示。

(1) 当点击右上角的"▣"时,可以隐藏两边的部分,只显示中间部分的最小播放界面。再次点击可以还原。也可以点击"≪"或"≫"部分隐藏或者显示两边的内容。当鼠标置于左上角时,会出现一个小工具栏,点击可以显示不同的画面大小,利用"截图"工具可以截图,利用"置顶"按钮,可以让播放的窗口总是在最前面。如图 12-116 所示。

(2) 海量视频播放。

① 在左边的列表中可以看到如图 12-117 所示分类的海量视频,要看电视直播,可以点击"正在直播",找到某一电视台,点击播放即可。如图 12-118 所示。

图 12-115

图 12-116

图 12-117

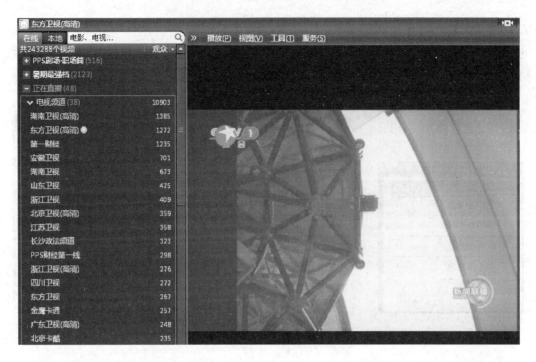

图 12 - 118

② 在图 12 - 115 中的左边输入要查找的视频内容, 点击搜索按钮"Q", 可以搜索到需要的内容。如果注册登录后, 没有播放完的连续剧, 下次还可以接着播放。

(3) 应用收藏功能。

① 收藏功能可以把 PPS 影音中的视频内容收藏起来, 在任何想看的时候都可以在收藏中找到。直接点击右边的"我的收藏"中的某一条收藏记录, 即可开始播放此条视频。如图 12 - 119 所示。

② 收藏视频文件。在左边文件列表中, 选中某一个欲收藏的文件右击鼠标, 点击"收藏"。如图 12 - 120 所示。则该文件就会出现在右边的"我的收藏"项目中。

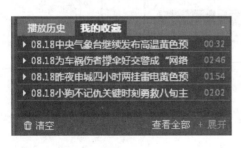

图 12 - 119

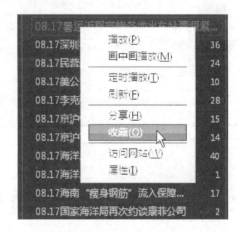

图 12 - 120

3. 菜单工具的使用

(1) 播放电脑中的视频文件。点击界面上的菜单工具"播放"→"播放文件", 如图 12 - 121 所示。找到电脑中的影音文件即可播放。

(2) 各种"视图"模式。点击"视图", 可以设置"全屏幕"播放, "窗口置顶"等功能。如图 12 - 122 所示。

（3）选项的设置。在"工具"菜单栏中，可以进行"截图"、"画面比例"等项目的设置。点击"选项"，如图12－123所示，在得到的"项目"对话框中进行有关的设置。如在"其他设置"中，可以选择开机时是否"启动迷你首页"。如图12－124所示。

图12－121

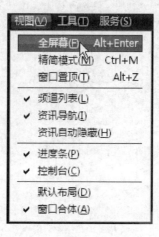

图12－122

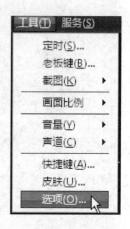

图12－123

（4）进入PPS官网首页。在"服务"选项中，可以在此注册和登录以及升级，点击"PPS．tv"，可以进入PPS官网首页。如图12－125所示。

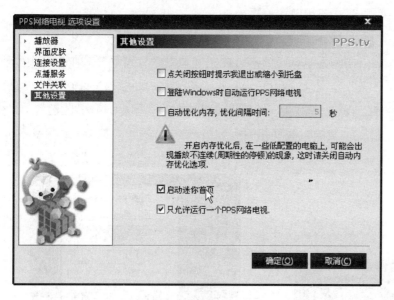

图12－124

图12－125

12.9　音乐的欣赏与下载——酷我音乐盒

课件制作中常常需要一些音乐，休闲时也可以听听音乐，如何查找下载音乐文件呢？目前流行的音乐播放软件很多，下面以"酷我音乐盒"为例，介绍该软件的功能及使用方法。

酷我音乐盒是目前较好的集音乐的搜索、获取、欣赏和下载于一体的综合性音乐服务平台。它为用户提供了实时更新的海量曲库、一点即播的速度、完美音质的服务，是一款功能全面、应用功能强大的网络音乐平台。

1. 酷我音乐盒界面介绍

软件安装后,进入"酷我音乐盒"的界面,如图 12 - 126 所示。

图 12 - 126

(1) 上面有五个标签选项,分别是"正在播出"、"今日推荐"、"网络曲库"、"本地曲库"、"应用宝库",点击任意一项,可以进入该项目中。

(2) 在右上角区域,可以改变主题皮肤,进入菜单进行设置,或进行最大化、最小化及关闭界面的操作。

(3) 右边为歌曲列表区域,有"默认"、"列表"、"收藏"三个选项。

(4) 右下角显示的是播放进度。

(5) 左下角为播放操作,可以播放或暂停,以及音量的调节等。

2. "正在播放"标签

(1) 在"正在播放"标签页面中,可以查看正在播放音乐的歌词,还可以对正在播放页面的背景进行选择,如图 12 - 127 所示。

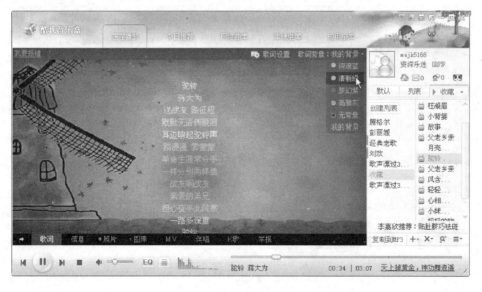

图 12 - 127

(2) 在播放某一歌手的某首歌时,点击下面的"信息",可以查看该歌手的其他歌曲。如在播放蒋大为的歌时,点击"信息",可以看到蒋大为的很多其他歌曲。如图12-128所示。

图 12-128

图 12-129

(3) 改变播放的形式。在右下角点击按钮" ≡▾ ",可以更改播放的形式,对于多个被播放文件,可以选择"顺序播放"、"循环播放"、"随机播放"等不同的播放形式。如图12-129所示。

(4) 在播放过程中,在"歌词"的页面单击鼠标左键可以看到已经播放的时间,右击鼠标通过点击"复制歌词",可以直接把歌词粘贴在Word文档中。点击"图库",可以看到该歌手的图片以及正在播放的歌词。

3. "今日推荐"标签

(1) 在"今日推荐"标签里,可以看到很多项目,根据自己的喜好进行选择。如图12-130所示。

图 12-130

(2) 在听音乐时点击"今日推荐"中的"视频",可以边听音乐,边看最新的视频。如图 12–131 所示。

图 12–131

4. "网络曲库"标签

(1) 搜索歌曲。在"网路曲库"的搜索框中,输入歌曲名或歌手名,点击"搜索",可以搜索到很多与搜索框中文字相同的内容。如果想播放全部歌曲,点击"播放全部歌曲"按钮。如图 12–132 所示。这些歌曲将被添加到"默认"列表中,并开始播放。

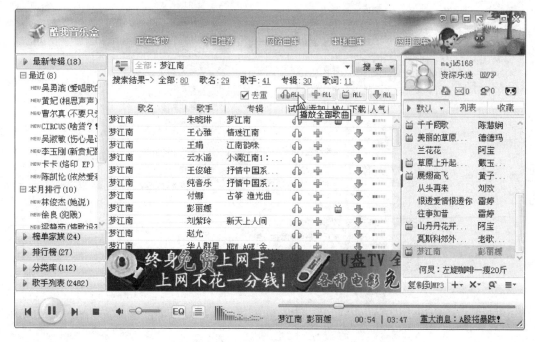

图 12–132

(2) 添加歌曲到列表。右击某一歌曲,在此可以选择"添加到播放列表"或"添加到收藏列表",如图 12–133 所示。也可以点击"添加全部歌曲"按钮开关" ",将所有歌曲添加到"默认"的列表中。

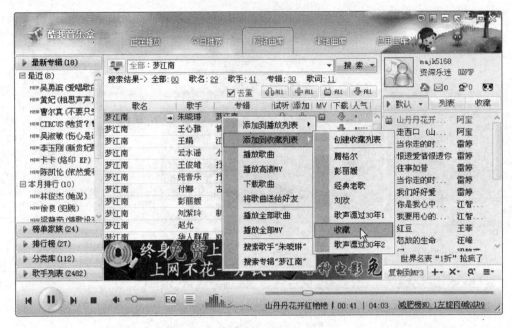

图 12 - 133

（3）"默认"列表中歌曲的移动。在"列表"和"收藏"中，可以创建自己的列表，便于对歌曲进行管理。在"默认"列表中选中某些歌曲，右击鼠标，可以将选中的歌曲移动或添加到播放"列表"或"收藏"列表中，如图 12 - 134 所示。

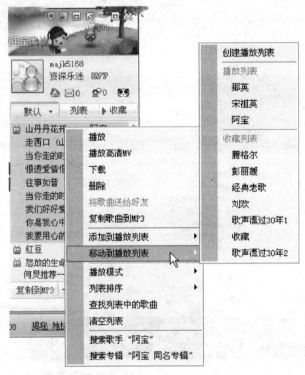

图 12 - 134

（4）歌曲的下载。选中需要下载的歌曲，再点击下载按钮" 📥 "，可以将该歌曲下载到自己的电脑中，在出现的"下载提示"框中，点击"浏览"，可以改变声音文件的保存路径。如图 12 - 135 所示。

（5）播放列表的使用。在右边的"列表"或"收藏"两个播放列表项中，点击"创建列表"，可以增加新的列表，如图 12 - 136 所示。可以输入该列表的名称，还可以右击某一列表，改变列表的名称或删除该列表。在列表中的歌曲都可以在线播放。

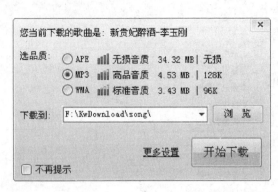

图 12 - 135   图 12 - 136

5. "本地曲库"标签

在"本地曲库"中可以对下载的歌曲或自己电脑中的歌曲进行管理。

(1) 下载管理。在此可以看到"正在下载的歌曲"或者"已下载的歌曲"。如图 12 - 137 所示。如果在左边"已下载歌曲"上右击鼠标,点击"下载设置"后,在得到的"选项设置"对话框中,可以对下载或其他项目进行设置。如图 12 - 138 所示。"选项设置"对话框也可以通过点击主界面右上角的"▣"按钮,再点击"选项设置"而得到。如图 12 - 139 所示。在此通过点击"帮助"进入"酷我音乐盒"网站主页。

图 12 - 137

图 12 - 138

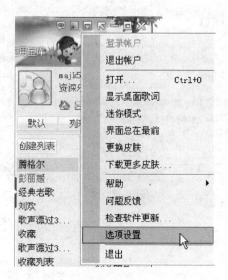

图 12-139

(2) 在"本地曲库"中,可以对自己电脑中的音乐进行管理,点击"更新曲库所有歌曲"按钮"↵",可以看到自己电脑中的所有歌曲都显示在左边,既可以"按目录"查询,也可以"按歌手"查询,还可以"按专辑"查询。在上面的搜索框中输入歌曲的某个关键字,点击"搜索本地"按钮,可以搜索出相关的歌曲。如图 12-140 所示。输入"江"字,电脑中所有含有"江"字的歌曲全部显示出来。

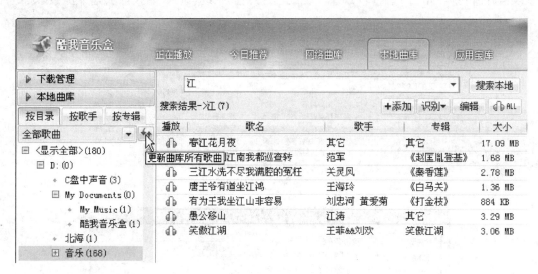

图 12-140

第 13 章　屏幕录像专家软件简介

"屏幕录像专家"是一款非常优秀的专业屏幕录像软件(官网: http://www.tlxsoft.com),它可以将电脑屏幕中的图像、视频及屏幕上的操作过程录制成多种形式的文件,方便大家交流学习,提高自己的信息素养。下面以"屏幕录像专家 V2011"版本为例说明使用方法。

13.1　认识软件界面

打开软件,界面的最上面是菜单栏,下面是工具栏,在工具栏中,有"基本设置"、"录制目标"、"声音"及"快捷键"等按钮,当点击"基本设置"(打开软件默认的选项)时,在"文件名"输入框中,可以输入文件的名称(第一次文件名默认是"录像 1"),点击"选择"按钮,可以改变录像文件的存放位置,右边可以设置生成文件的格式,默认的是"直接录制生成"的"LXE"格式,左边的"同时录制声音"、"同时录制光标"、"录制视频"可以根据需要选用,一般可以按默认选项,中间的"录制频率"可以按默认值"5",一般不超过"8"。左下的区域是显示已经录制的文件的,下面较大的区域为预览区。如图 13-1 所示。

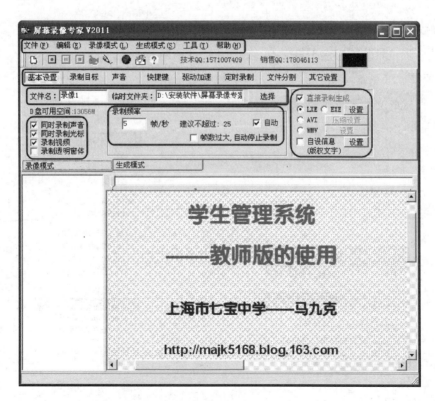

图 13-1

13.2 菜单栏中的内容简介

常见菜单栏介绍如下：

1. "文件"菜单

在此可以对选中的文件"另存为"、"重命名"、"转移到"其他文件夹中，通过"浏览临时文件夹"，可以找到录制的文件所处的位置。如图 13－2 所示。

2. "编辑"菜单

在此可以对选中的 EXE 或 LXE 文件进行后期配音、格式的转换、加密等操作。如图 13－3 所示。

图 13－2

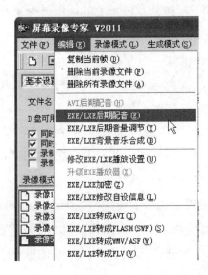

图 13－3

3. "录像模式"菜单

此菜单中的各项工具基本都在工具栏中。如图 13－4 所示。

4. "工具"菜单

可以对各种格式的文件进行转换、截取、合成等多种操作。如图 13－5 所示。

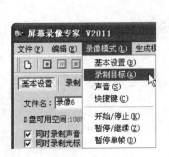

图 13－4

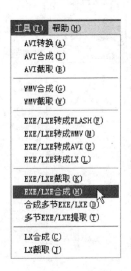

图 13－5

13.3　工具栏应用简介

1. 基本设置

"基本设置"是系统默认的,打开软件在此可以直接进入录像阶段。各项的基本设置如图 13-6 所示。

图 13-6

(1) 在"文件名"输入框中,可以输入文件的任意名称(第一次文件名默认是"录像1")。

(2) 临时文件夹的输入框中显示的是录像文件的位置,点击"选择"按钮,可以改变录像文件的存放位置。

(3) 右边区域,可以选择默认的"直接录制生成",即不需要二次转换,直接生成所需文件。默认的文件格式是"lxe"。

(4) 左边的"同时录制声音"、"同时录制光标"、"录制视频"可以根据需要选用,一般可以按默认选项。

(5) 中间是"录制频率"选项,频率的意思是每秒录多少个画面,频率越高动画越连续,文件也将越大,占用系统资源也越多。录制软件操作的动画、网上教程等,一般录制频率设置成 5 左右就有很好的效果了。录制电影、聊天视频等一般设置到 15 左右会有比较好的效果。

2. 录制目标

点击"录制目标"按钮,各选项如图 13-7 所示。

图 13-7

(1) 默认的是录制"全屏",根据需要,有时可以选择"窗口",当选择"窗口"时,"选择窗口"按钮被激活,点击"选择窗口"按钮,屏幕上出现一些红色四角边框,选中需要的区域,用鼠标左键点击一下,红色四角边框变成绿色四角边框,按下 F2 键,即可录制文件(在点击的过程中常出现一些提示框,点击"是"或者"确定"即可)。

(2) 若需要录制某一范围,则应选中"范围","选择范围"按钮被激活,点击"选择范围"按钮,此时软件屏幕窗口消失,再用鼠标在屏幕上画出一个区域,双击退出时软件屏幕窗口重新出现,并出现四个绿色四角边框。然后按下 F2 即可录制该区域的内容。

（3）右边的各项按默认选择即可。

3. 声音

在"声音"选项中，左边基本按默认选项，在右边点击"试录"，可以试录声音。如图 13 - 8 所示。

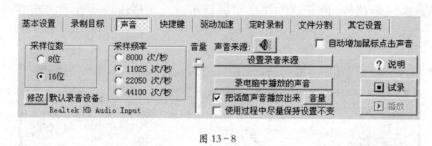

图 13 - 8

4. 快捷键

点击"快捷键"按钮，可以设置常用的快捷键，一般按默认选项即可。常用的是"开始"录制时按下"F2"键，录制结束时，再按下"F2"键，录制过程中按下"F3"键可以暂停或者重新开始录制，如图 13 - 9 所示。

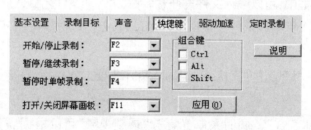

图 13 - 9

13.4　录制文件格式的选取

1. EXE 格式文件，适合于制作软件教程

在图 13 - 6 中"LXE"和"EXE"两种文件格式基本相同，"EXE"格式文件可以在其他任意电脑上播放，而不需要安装播放器，但是常会被电脑中的病毒文件感染而不能播放，播放"LXE"文件需要安装播放器，可以选择这种默认的格式录制。

2. AVI 和 WMV 格式文件，适合于录制电影、电视等视频内容

（1）对于 AVI 格式。如果要录制屏幕上的视频内容(比如电影、聊天视频、网络电视)等，要先打开屏幕录像专家，再打开要录制的软件(两个顺序不能变)。在图 13 - 6 中的左下角选择"录制视频"，在右边选中"直接录制生成"，下面选择"AVI"，再点击被激活了的"压缩设置"按键，在得到的"视频压缩"对话框中，"压缩程序"选择默认的"Microsoft Video 1"即可。如图 13 - 10 所示。

（2）对于 WMV 格式文件，在图 13 - 6 中的左下角选择"录制视频"，在右边选中"直接录制生成"，下面选择"WMV"时，会出现如图 13 - 11 所示的对话框，各选项按默认选项即可。点击"确定"即可录像。

一般录制软件教程时，常用 EXE 格式，如果需要(制作软件教学 DVD 或制作上传到视频网站的软件教程)用 WMV 格式，可以在录好 EXE 格式文件后，通过在图 13 - 3 中点击"EXE/LXE 转成 WMV/ASF"来得到 WMV。

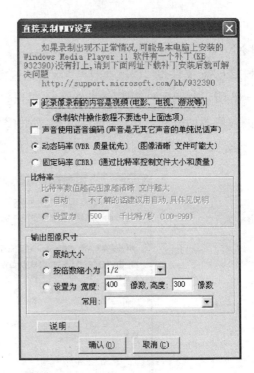

图 13 - 10   图 13 - 11

13.5 不同格式文件的转换

录制成的文件常常要根据需要对文件的格式进行转换,下面介绍常见的格式转换的方法。

1. LXE 和 EXE 文件的格式转换

选中需要转换格式的文件,右击鼠标,然后点击"LXE→EXE",如图 13 - 12 所示,可以在此实现

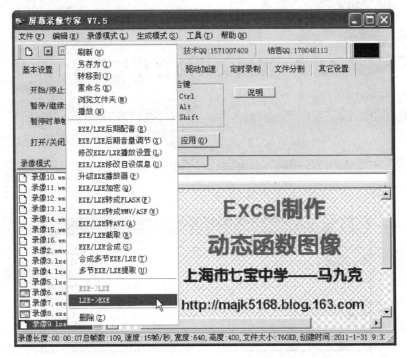

图 13 - 12

"LXE"和"EXE"格式文件的转换。

2. LXE 或 EXE 转换成 WMV

LXE 或 EXE 文件也可以转换成 WMV。通过点击图 13 - 5 中的"EXE/LXE 转成 WMV",在得到的如图 13 - 13 所示对话框中,根据转换文件的需要选择右边的不同选项,如按下"用于在电脑上直接播放"按钮,这时左侧各项设置会设置到最优位置,然后按"确认"按钮就可以生成 WMV 文件了。按"用于刻录成 DVD 光盘"或"用于上传到视屏分享网站"按钮,左侧各项都有最佳的设置。

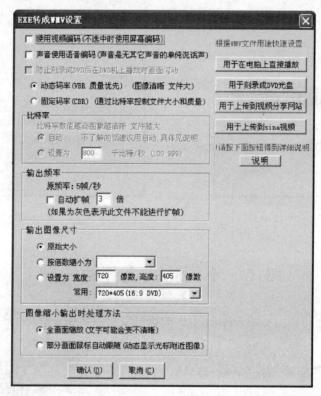

图 13 - 13

13.6 视频文件的合并与截取

在图 13 - 5 中,利用"工具"菜单可以得到各种格式文件的"截取"和"合并"等工具。

1. 文件的合并

(1) 点击"工具"→"EXE/LXE 合成",在得到的对话框中,多次点击"加入",选取需要合并的文件,然后点击"合成"。如图 13 - 14 所示。

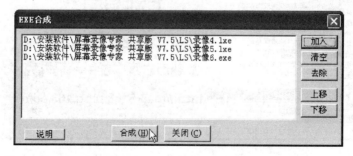

图 13 - 14

(2) 点击"合成"后,出现如图 13 - 15 所示的对话框,可以改变文件的保存位置,并要对新的文件重命名。然后点击"保存",回到图 13 - 14 中时点击"关闭"即可。

2. 文件的截取

点击"工具"→"EXE/LXE 合成",然后选取一个需要截取的文件,在得到的图 13 - 16 的对话框中,点击"播放",或者拉动进度条上的红竖线到适当位置,然后点击"定义头",再点击"播放",或者拉动进度条上的红竖线到适当位置,然后点击"定义尾",再点击"试放",可以看看截取的部分是否符合要求,如果合适,点击"截取"后给文件重命名即可。

图 13 - 15

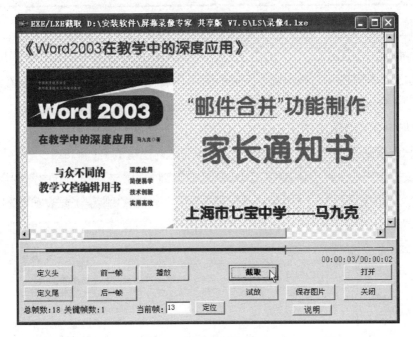

图 13 - 16

13.7　设置画面的录制信息

录制的视频文件有时需要自己添加一些文字和图片信息。既可以在录制文件前设置好需要添加的图片和文字信息,也可以在录制后对 LXE 或 EXE 文件添加或更改文字信息。

1. 录制前设置录制信息

(1) 添加文字信息。

① 在图 13 - 6 中选中"自设信息"后,点击"设置"按钮,在得到的"设置自设信息"对话框中,在左边选择添加文字的"显示位置",如"右下角",可以在下面的"文字框距离角落偏移 X"和"文字框距离角落偏移 Y"中输入相应的数值,在"显示内容"框中,输入需要显示的文字,然后点击"改变字体"。如图 13 - 17 所示。

② 点击"改变字体"后,在得到的"字体"格式设置对话框中,设置文字的字体、字号等格式。如图 13 - 18所示。点击"确定"即可。

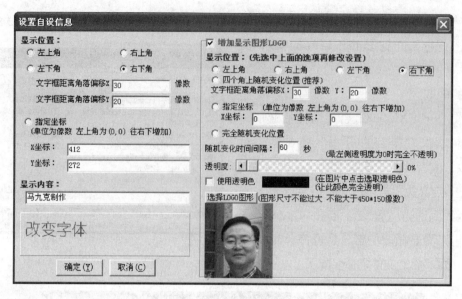

图 13 - 17

　　(2) 添加图片信息。在图 13 - 17 中的右上边选中"增加显示图形 LOGO",选中图片的"显示位置"。再点击下面的"选择 LOGO 图形",找出需要添加的图片。添加的图片不能过大,并且在此添加的图片信息以后不可以更改。

　　2. 录制后添加上文字信息

　　既可以对本软件录制的所有文件添加文字信息,也可以对已有的 lxe 或 exe 文件添加文字信息(当然应该把需要添加文字信息的文件放置在图 13 - 6 所示的"临时文件夹"中)。选中需要添加文字的文件,然后右击鼠标,在得到的如图 13 - 19 所示的选择项中(可以先点击"刷新")选择"EXE/LXE 修改自设信息",在得到的如图 13 - 17 所示的"设置自设信息"对话框中,进行文字信息的设置即可。

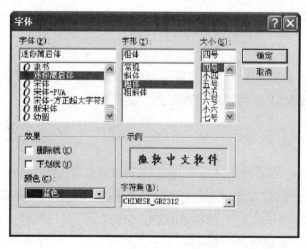

图 13 - 18

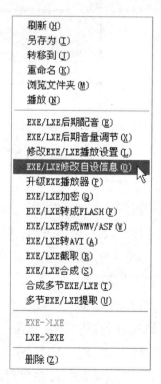

图 13 - 19

13.8 录制后文件的后期配音

如果文件在录制的时候没有同时录音,或录制的声音不能使你满意,那么可以采用后期配音的方法给文件配音。

1. 进行配音

在图 13-19 中点击"EXE/LXE 后期配音",在得到的"EXE 配音"对话框中,如果选择"后期配音",那么按"现在配音"键,则软件会在播放录制的视频文件的时候同时录音。如果选择使用"导入声音",则按"导入文件"键,选择相应的声音文件即可。如图 13-20 所示。

2. 试放配音

重新配音后,点击"试放配音后文件",可以试听配音的文件,确认配音成功后,点击"确认配音"按钮后,配音便被保存了,点击"关闭"将文件保存即可。

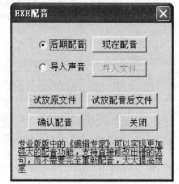

图 13-20

有时候录制的文件没有声音,可能是由于没有打开录音机。打开录音机的方法参见第 4 章 4.1 录音机的使用一节。

第14章　修改 Flash 文件——硕思闪客精灵

我们常常需要对制作好了的 Flash 文件的个别地方进行修改,硕思闪客精灵软件是一款目前较为领先的 Flash 反编译工具。它能将后缀名为 swf 的 Flash 动画文件,轻松转换为可以在相应的 Micromedia Flash 编辑软件中进行编辑的 fla 文件(fla 是 Flash 的源文件),可以导出 Flash 文件中的所有元素,可以更改文件中的图片、声音、文字等内容。

14.1　认识闪客精灵

1. 软件安装

打开硕思闪客精灵官网:http://www.shankejingling.com,下载软件。双击该软件进行安装。

(1) 在出现的如图 14-1 所示的界面上,点击"下一步"。按照安装向导进行安装。

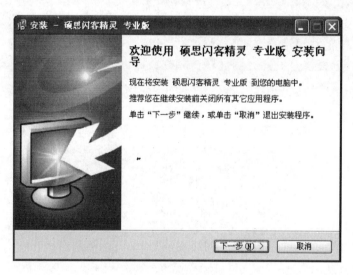

图 14-1

(2) 更改安装目录。可以默认安装目录,也可以点击"浏览",更改安装目录。如图 14-2 所示。最后完成安装。

2. 认识界面

双击打开软件,可以看到界面有六个区域,如图 14-3 所示。各区域功能简介如下。

(1) 菜单栏工具区域"A"。是菜单栏及工具区域,一般操作都通过这个区域的相应按钮完成。

(2) 资源管理器区域"B"。在此选中 Flash 文件所在的文件夹。

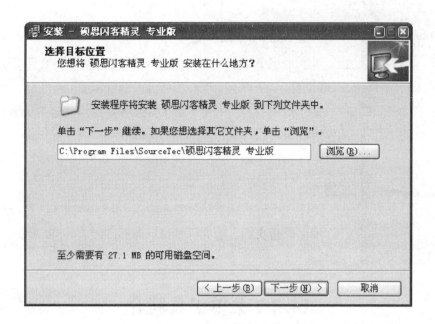

图 14 - 2

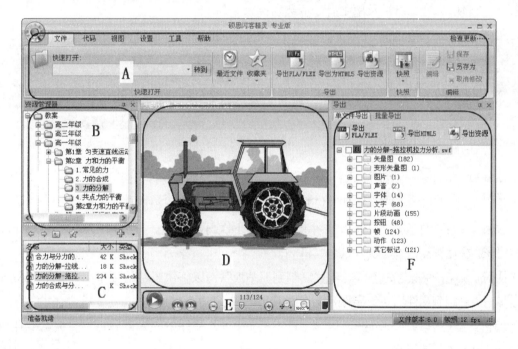

图 14 - 3

(3) 区域"C"显示的是区域"B"文件夹中的 Flash 文件。

(4) 区域"D"是 Flash 文件播放区域。

(5) 区域"E"是 Flash 文件播放的控制按钮。在下面的播放控制区域的右边点击按钮"![icon]"或

"![icon]",可以改变文件的显示比例。点击按钮"![icon]",可以选择预览窗口的背景颜色。

(6) 区域"F"是文件导出的操作区域,以及在修改 Flash 文件中的某些元素时,要在此对某些元素进

行选中。

图 14 - 4

3. 主菜单

点击左上角的按钮"",在得到如图 14 - 4 所示的菜单中,有如下选项:

(1) 导出 FLA/FLEX。将 Flash 制作的 SWF 文件导出成可以编辑的 FLA 文件。

(2) 导出资源。选中 Flash 文件中的图片声音等元素后,可以将其导出到本地机上。

(3) 帮助主题。可以找到帮助文件,更好地了解硕思闪客精灵的使用方法。

(4) 关于硕思闪客精灵专业版。可以了解版本信息,进入官网主页。

(5) 检查更新。检查闪客精灵最新的版本,不断地将产品更新到新的版本。

14.2   菜单工具简介

1. "文件"菜单

如图 14 - 5 所示,在"文件"菜单中有如下选项:

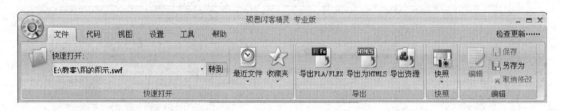

图 14 - 5

(1) 快速打开:在此区域输入 swf 文件的路径可以快速打开该文件。

(2) 最近文件:列出所有近期打开的 Flash 文件,选择后可以快速打开。

(3) 收藏夹:保存你喜欢的 Flash 文件地址,方便下次再次使用。方法是:当打开某一 Flash 文件时,点击"收藏夹"后再点击"添加到收藏夹"即可。

(4) 快照。点击"快照"按钮后再点击"复制到剪贴板",可以将快照粘贴到 Word 或者 PowerPoint 等程序中。点击"复制到文件",可以将图片另存为其他位置。

(5) 编辑。当在图 14 - 3 中的"F"区域中选中某一 Flash 文件中的元素后,点击"编辑"可以对图片、文字、声音等元素进行编辑修改。

(6) 另存为。可以将修改后的 Flash 文件重新保存。

2. "视图"菜单

如图 14 - 5 所示,点击不同的按钮,有不同的界面显示。

(1) 点击"资源管理器",可以显示图 14 - 3 中的"B"和"C"区域。

(2) 点击"信息",在中间的 Flash 文件下

图 14 - 6

面,显示文件的信息,如图 14－7.所示。

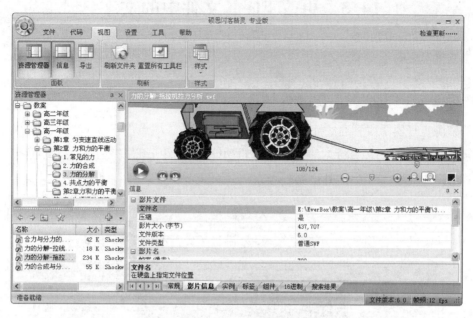

图 14－7

（3）点击"导出",在图 14－3 中显示"F"区域。

3. 设置

在如图 14－8 所示的"设置"菜单中点击"常规设置",在得到的如图 14－9 所示的"设置"对话框的
"常规设置"选项卡中,可以选择最近"记住"的文档的个数,点击"清除所有最近使用文件",可以清除最近
打开的所有文件。在"启动"选项中,可以设置启动时打开的不同项目。

图 14－8

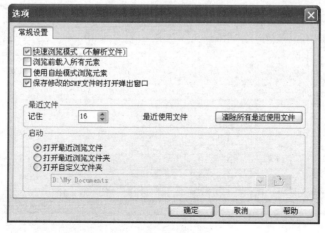

图 14－9

14.3　更改 Flash 文件中的文字

在教学中常常需要对于 Flash 文件中的个别文字进行修改，可以利用闪客精灵将 Flash 文件中的元素分解后，找到需要修改的文字进行修改。操作方法如下：

1. 打开 Flash 文件

在左边的资源管理器中找到准备打开的文件夹，在左下角区域点击 Flash 文件，则文件在中间的显示区域自动播放。如图 14-10 所示。下面利用编辑功能，将文件下部按钮上的文字"解析"和右下角的"yeqhoo10.12 制"修改为"分析"和"叶全豪制作"。

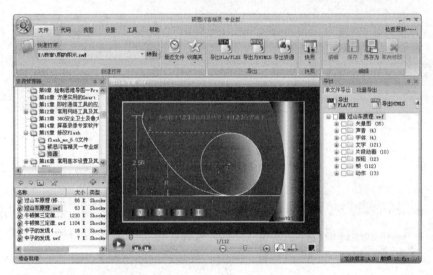

图 14-10

2. 文字"解析"更改为"分析"

（1）找到文字区域。点击右边"导出"操作区域的最上面的展开按钮" 🖶 "，可以看到文件的各种元素，点击"文字"项，即可看到该文件中的 121 个文字项目。如图 14-11 所示。

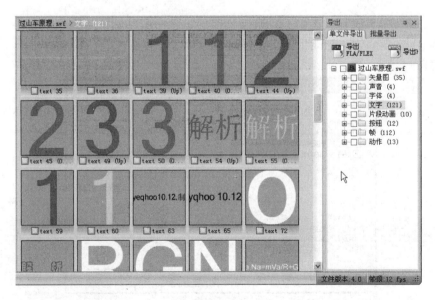

图 14-11

(2) 修改文字。

① 找到修改的文字。双击需要修改的文字,则右边该文字项自动被选中,再点击上面工具栏中的编辑按钮,即得到右下角的文字编辑区域。如图 14 – 12 所示。

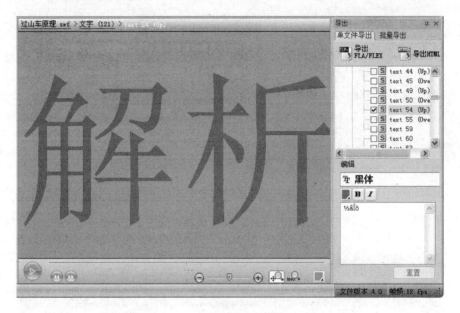

图 14 – 12

② 修改文字。在右下角的编辑区域内重新输入文字,更改字体、字体颜色、加粗等项目。图中文字颜色改为红色,字体改为黑体。如图 14 – 13 所示。利用相同的方法更改另一个"解析"文字为"分析"文字,并且设置成黑体红色。

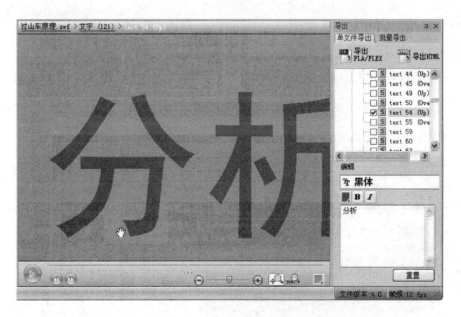

图 14 – 13

3. 修改右下角的"yeqhoo10. 12 制"为"叶全豪制作"

利用上面的方法修改"yeqhoo10. 12 制"文字为"叶全豪制作",并设置为红色、字体为华文新魏。如图 14 – 14 所示。

4. 修改后的文字如图 14 – 15 所示

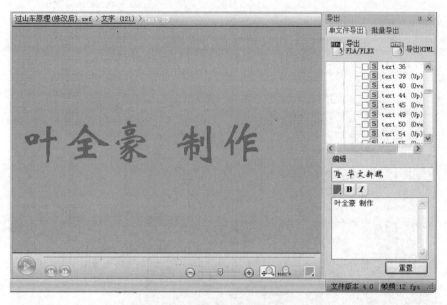

图 14 - 14

图 14 - 15

14.4 更改 Flash 文件中的图片

如果要更改 Flash 文件中的图片,操作方法如下:

1. 找到图片

在左边的资源管理器中找到准备编辑的 Flash 文件,再点击右边"导出"操作区域的最上面的展开按钮" ⊞ ",可以看到文件的各种元素,点击"图片"前面的展开按钮" ⊞ ",即可看到该文件中的 50 个图片。如图 14 - 16 所示。

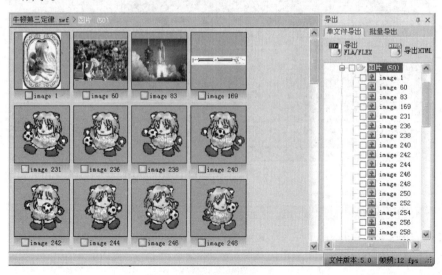

图 14 - 16

2. 调出操作框

选中需要更改的图片(选中图片下方的方格),并双击该图片,再点击上面的"编辑"按钮,出现图片编辑框。如图 14-17 所示。

图 14-17

3. 替换图片

(1) 在右下角的编辑框的右边点击按钮" ",找到图片,点击打开,如图 14-18 所示。

图 14-18

(2) 更换图片后的图片如图 14-19 所示。需要注意的是,一般直接把图片插入,往往大小不一致,需要先把图片导出后,看看原图片的大小,再把准备替换的图片通过前面介绍的方法(参见第 2 章 2.4 改变图片的大小)改变大小,使其与导出的图片大小相同再进行替换。

图 14 - 19

14.5 更改 Flash 文件中的声音

如果要更改 Flash 文件中的声音,操作方法如下:

1. 找出声音文件

在左边的资源管理器中找到准备编辑的 Flash 文件,再点击右边"导出"操作区域的最上面的展开按钮" ⊞ ",可以看到文件的各种元素,点击"声音"前面的展开按钮" ⊞ ",即可看到该文件中的声音文件。选中需要更改的声音文件(选中下方的方格),再点击上面的"编辑"按钮,出现图片编辑框。如图 14 - 20 所示。

图 14 - 20

2. 替换声音

在右下角编辑框的右边点击按钮"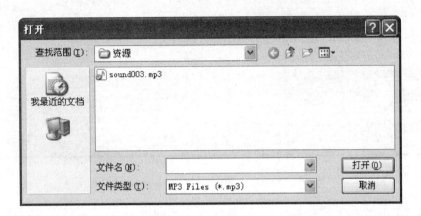",找到声音文件(一般为 MP3 格式,可以将非 MP3 格式的文件按照第 6 章 6.2"音频文件格式的转换"进行转换),点击打开即可,如图 14 - 21 所示。这样声音文件即被替换。

图 14 - 21

14.6 图片等元素的导出

可以利用导出功能提取 Flash 文件中的图片、声音等各种元素,操作方法如下:

1. 选中文件

找到需要导出的 Flash 文件中的元素,如需要导出两张图片,先选中两张图片,然后点击右上方的"导出资源"按钮。如图 14 - 22 所示。

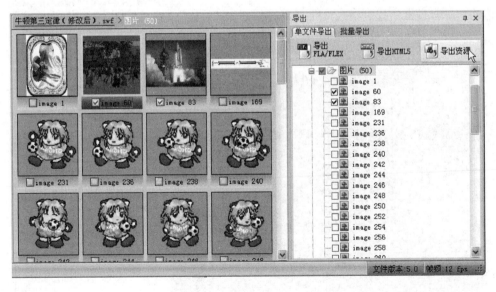

图 14 - 22

2. 保存图片

在"导出资源"对话框中,点击"浏览"可以修改文件的保存位置,然后点击"确定"即可将图片导出。如图 14 - 23 所示。

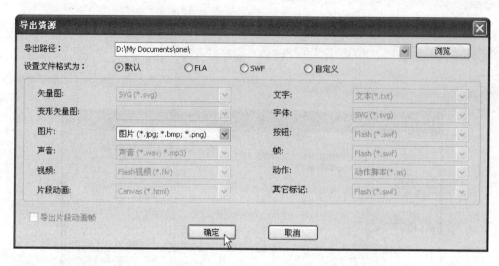

图 14 – 23

需要说明的是硕思闪客精灵只是对 Flash 文件进行个别修改,和文件中各种元素的导出,并不是 Flash 文件的编辑工具,要编辑 Flash 文件,需要在 Flash 文件编辑软件中进行。

14.7　swf 格式文件导出为可以编辑的 fla 格式文件

要对 Flash 文件进行编辑,可以利用硕思闪客精灵的导出功能,将 swf 格式文件导出为可以编辑的 fla 格式文件。操作方法如下:

1. 导出文件

在左边的资源管理器中找到格式文件,在右上角点击"导出"按钮。如图 14 – 24 所示。

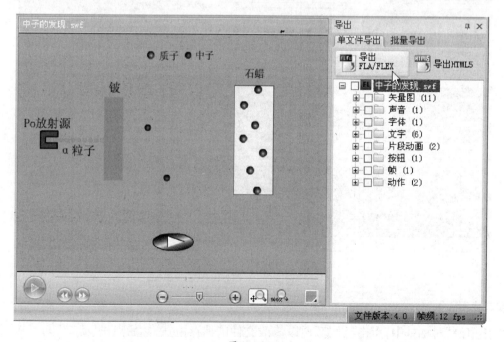

图 14 – 24

2. 保存文件

(1) 在"导出 FLA/FLEX"对话框中,点击"浏览",可以改变文件的存放位置,可以选择导出的版本。如图 14－25 所示。

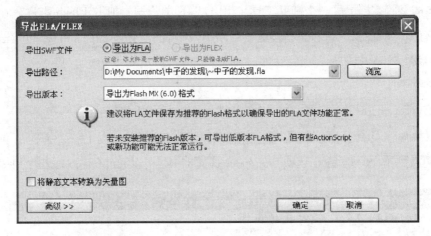

图 14－25

(2) 保存成功。保存后可以"打开文件",找到转换后的文件。如图 14－26 所示。

图 14－26

(3) 重新编辑。若电脑中安装了 Flash 文件编辑软件,当点击"打开文件"时,则可以在 Flash 文件编辑器中进行编辑。如图 14－27 所示。

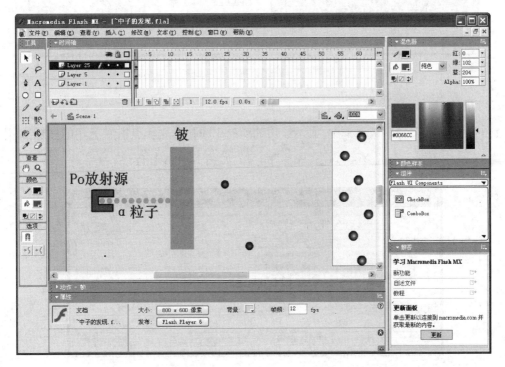

图 14－27

14.8　从 IE 浏览器中抓取 Flash 影片

硕思闪客名捕是闪客精灵的一个辅助工具。可以从 IE 浏览器中抓取 Flash 影片。在安装硕思闪客精灵前,关闭所有 IE 浏览器。安装完成后,重新启动 IE 浏览器。会发现一个小巧的硕思闪客名捕已被安装到 IE 浏览器上。

1. 启动闪客名捕

(1) 点击 IE 浏览器工具栏右边的图标"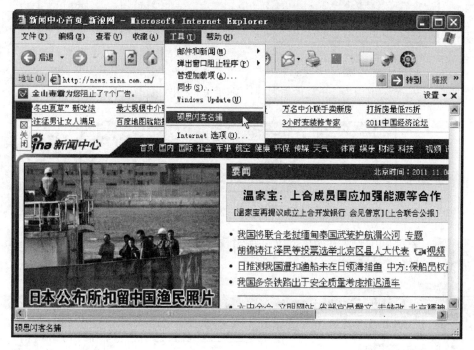",然后点击"硕思闪客名捕"。

(2) 点击 IE 浏览器菜单栏上的"工具",再点击"硕思闪客名捕"。如图 14 - 28 所示。或者在网页界面上右击鼠标,均可看到"硕思闪客名捕"选项。在 360 等浏览器中也可以通过右击鼠标进行 Flash 动画的抓捕。

图 14 - 28

2. 保存抓获的 Flash 影片

在得到的"硕思闪客名捕"对话框中,显示该页的所有 Flash 影片。点击右上角的按钮"＞",可以改变保存的路径,选中需要保存的文件,点击"保存"即可。如图 14 - 29 所示。

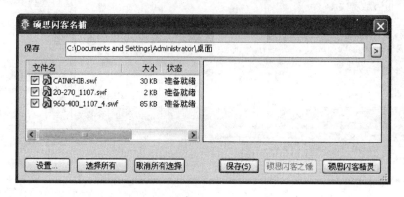

图 14 - 29

3. 硕思闪客名捕的设置

在图 14 - 29 的左下角点击"设置",在得到的"设置"对话框中,可以选择文件的保存位置,当文件已经存在时,选择"自动重命名"或"覆盖"等选项。如图 14 - 30 所示。

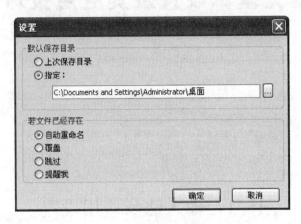

图 14 - 30

第15章　常见基本设置及其应用技巧

掌握一些电脑的个性化设置,既可以体现个性,也可以方便自己的工作,下面以 Windows XP 为例,介绍一些常见的基本设置。

15.1　输入法及应用设置

1. 输入法的切换

(1) 输入法之间的切换。按下组合键: Ctrl+Shift,可以在已安装的输入法之间进行切换。

(2) 中、英文间的切换。按下组合键: Ctrl+Space(空格键),可以实现英文输入和中文输入法的切换。

(3) 全角和半角间的切换。按下组合键: Shift+Space(空格键),可以进行全角和半角的切换(半角和全角主要是针对标点符号来说的,全角标点占两个字节,半角占一个字节,不管是半角还是全角,汉字都要占两个字节)。

2. 输入法切换的设置

在右下角的输入法图标上右击鼠标,点击"设置"。如图 15-1 所示。

(1) 在得到的"文字服务和输入语言"对话框的"设置"选项卡中,点击下面的"键设置",如图 15-2 所示。

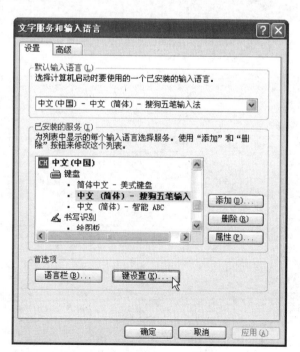

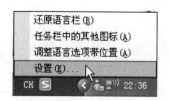

图 15-1

图 15-2

（2）在得到的"高级键设置"对话框中,在"操作"下面选择一种切换,点击下面的"更改按键顺序",如图 15-3 所示。可以更改按键的设置,如图 15-4 所示。

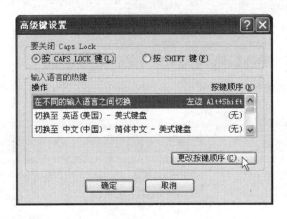

图 15-3

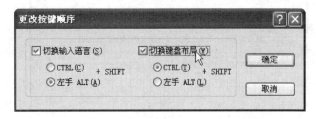

图 15-4

3. 找回丢失的输入法图标

有时输入法图标不慎丢失,找回的方法是:

（1）通过任务栏设置。

在下面的任务栏上单击鼠标右键,弹出快捷菜单,把鼠标移动到"工具栏"上,会弹出子菜单,看看其中的"语言栏"有没有被选中,如果没有选中,单击选中"语言栏",一般会显示出输入法图标。如图 15-5 所示。

（2）通过控制面板设置。

① 依次单击"开始"→"控制面板",在控制面板中单击"区域和语言选项",如图 15-6 所示。

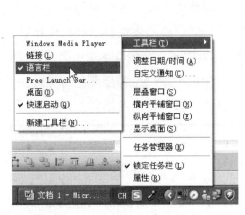

图 15-5

图 15-6

② 单击"区域和语言选项",弹出"区域和语言选项"对话框,单击"语言"选项卡,在"文字服务和输入语言"下单击"详细信息"按钮,如图 15-7 所示。

③ 在弹出的"文字服务和输入语言"对话框中,单击"高级"选项卡,在"系统配置"下,把"关闭高级文字服务"前面的"√"取消,单击"确定"按钮,输入法图标就回来了。如图 15-8 所示。

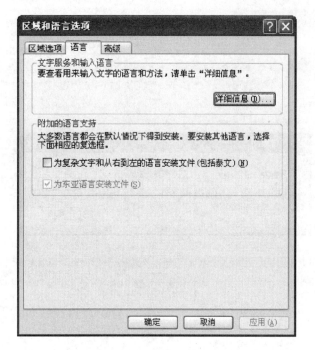

图 15 - 7

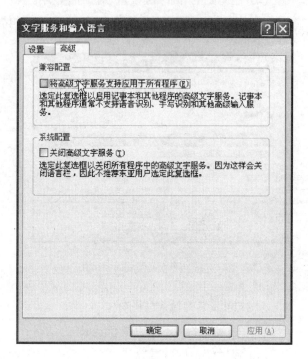

图 15 - 8

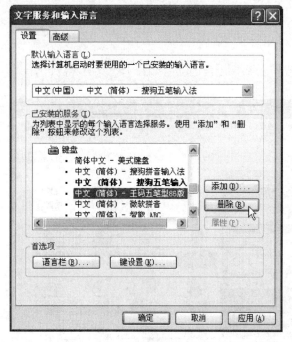

图 15 - 9

4. 设置默认输入法

为了使用方便,可以把自己基本不用的输入法删除,这样便于输入法间的切换,为了打开文档时,出现的是自己使用的输入法,可以设置自己常用的输入法为默认输入法。

(1) 删除不常用的输入法。

① 安装程序时,默认有很多不常用的输入法,为了切换的方便,可以把一些输入法去掉,在图 15 - 1 中,点击"设置",在得到的"文字服务和输入语言"对话框的"设置"选项卡中选中某一个需要删除的输入法,点击"删除"按钮即可。如图 15 - 9 所示。(这里的删除并不是卸载,以后还可以通过"添加"选项添加上去。)

② 要添加输入法到列表中,在图 15 - 9 中点击"添加",在出现的"添加输入语言"对话框中,默认"输入语言"为"中文(中国)",选中"键盘布局/输入法",然后在下面找到需要添加的输入法,点击后再点"确定"键,即将该输入法添加到列表中。如图 15 - 10 所示。

(2) 设置默认输入法。

在图 15 - 9 中,在"默认输入语言"下面,选中自己常用的输入法,点击"确定"即可。如图 15 - 11 所示。

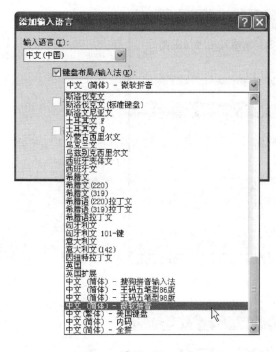

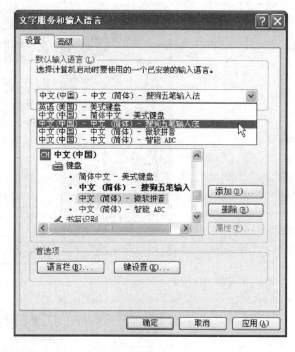

图 15-10 图 15-11

15.2 搜狗输入法及其应用

搜狗输入法的特点是可以把用户自己造的词组和自己喜欢的设置保存在网络上,随时登录可以把这些词组和设置显示在自己的电脑中。

1. 搜狗输入法的下载

在百度搜索中,输入"搜狗输入法",然后进入搜狗输入法官方网站:http://wubi.sogou.com/(或者直接进入该网站),找到你需要的输入法。如图 15-12 所示。下面先以"搜狗五笔输入法"为例进行说明。

图 15-12

2. 五笔输入法的安装

(1) 双击搜狗五笔输入法软件图标,然后在图 15-13 中点击"下一步"。

(2) 选择安装路径。不要使用默认(默认常常在 C 盘)的安装路径,可以把该程序安装在其他的文件夹中,如图 15-14 所示。点击"浏览",找到需要安装该程序的文件夹。点击"下一步"。

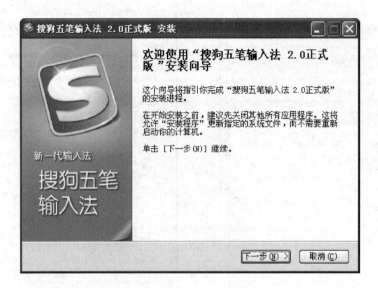

图 15 - 13

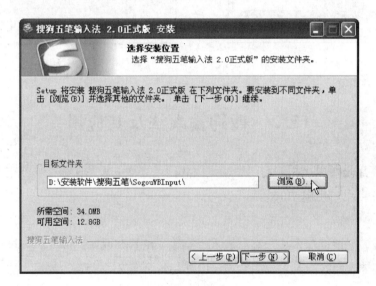

图 15 - 14

（3）安装程序。在图 15 - 15 中点击"安装"，安装后点击"完成"即可。

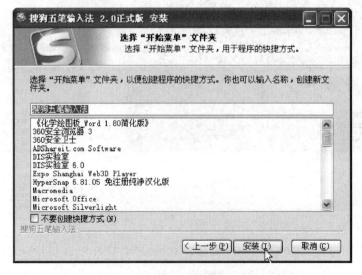

图 15 - 15

3. 五笔输入法的设置

对输入法进行必要的设置,可以方便自己的使用。

(1)"安装"后点击"完成",进入到"个性化设置向导"对话框,按照向导,一步一步地进行下去,如图15-16所示。

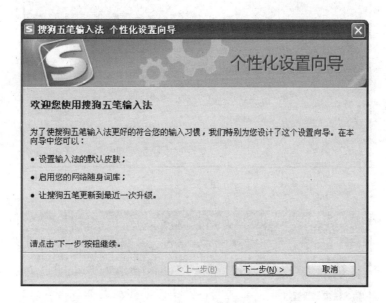

图 15-16

(2)选择适合自己的输入法模式。如图 15-17 所示。

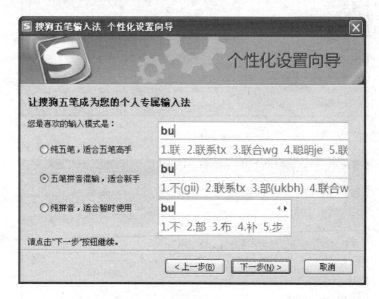

图 15-17

(3)在图 15-18 中点击"下一步"。并在图 15-19 中选择自己喜欢的输入法图标(即皮肤),最后点击"完成"即可,如图 15-20 所示。

4. 五笔输入法的使用

(1)新用户注册。在官方网站 http://wubi. sogou. com/的左边点击"注册新用户",如图 15-21 所示,按照步骤完成新用户的注册,以后以此用户名和密码进行登录。

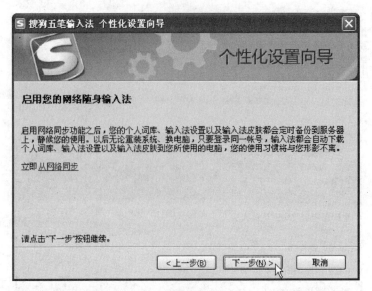

图 15 - 18

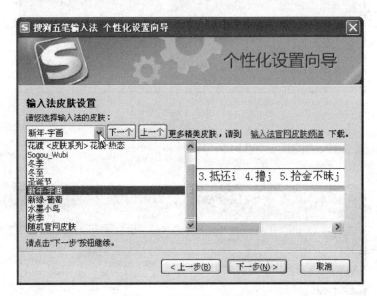

图 15 - 19

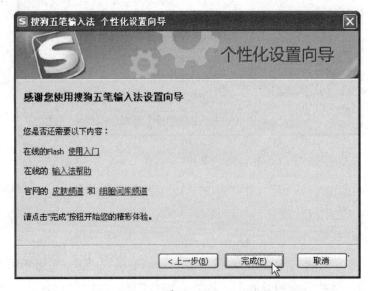

图 15 - 20

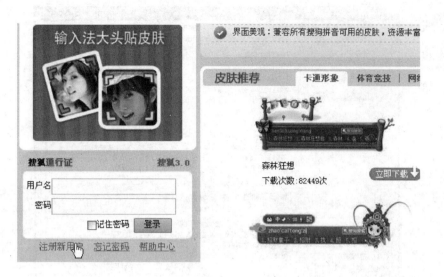

图 15 - 21

(2) 同步词库。在输入法图标(新年字画)上的右边点击鼠标,如图 15 - 22 所示,可以看到"搜狐通行证",在此可以点击"同步词库",即用户自己造的词上传到网上。如图 15 - 23 所示。以后重新装机只需要下载搜狗输入法,登录即可将用户造的词及所有其他的设置全部显示出来。

5. 五笔输入法属性的设置

(1) 进入属性设置界面。

在输入法图标(新年字画)上的右边右击鼠标,点击上面的"设置属性"。进入设置属性对话框。如图 15 - 24 所示。在"常规"选项中,可以进行一些设置,当然可以默认设置。如图 15 - 25 所示。

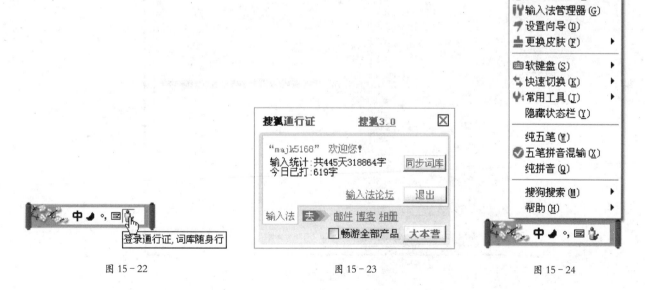

图 15 - 22   图 15 - 23   图 15 - 24

(2) "词库"的应用。

① 在词库项目中,点击"添加词条",可以添加任意常用词条;在选中某一词条时,点击"编辑词条",可以对该词条进行编辑修改;点击"词条导入",可以把"∗.txt"文件中的词条导入到词库中;点击"词库导出",可以把在词库中的词条导出为"∗.txt"文件。如图 15 - 26 所示。

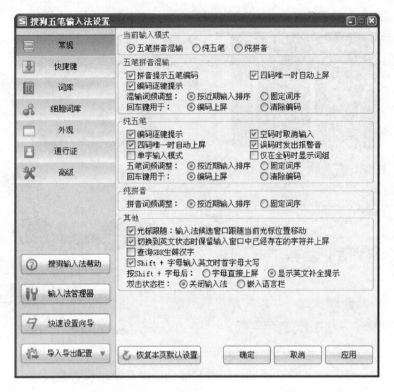

图 15 - 25

图 15 - 26

② 要批量造词,可以打开一个记事本文档,即"*.txt"文件,输入需要添加的词组,词与词之间要用空格隔开。如图 15 - 27 所示为被导入的文件。

③ 即时造词。在编辑文档的过程中,想让某个词组进入词库,输入该词后,直接按下手动造词快捷键:"Ctrl+Shift+Z",选定词组后,"确定"即可,或者直接在框中输入文字。如图 15 - 28 所示,点击"确定"。

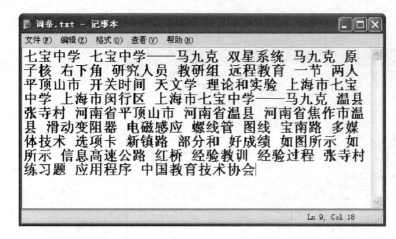

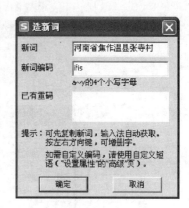

图 15－27   图 15－28

（3）应用细胞词库。

① 搜狗输入法的官方网站词库频道拥有数量众多的细胞词库。可以在图 15－12 中点击"细胞词库"，进入细胞词库频道，选择自己需要的词库，如图 15－29 所示。

图 15－29

② 双击下载的细胞词库，选择一种输入法。如图 15－30 所示。

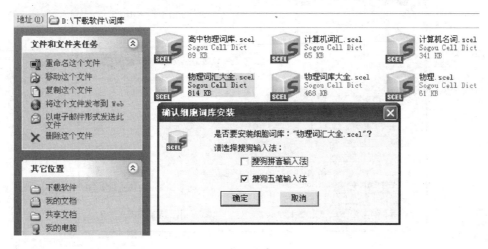

图 15－30

③ 可以在"搜狗五笔输入法设置"对话框的"细胞词库"选项中,看到添加的细胞词库。如图 15 – 31 所示。

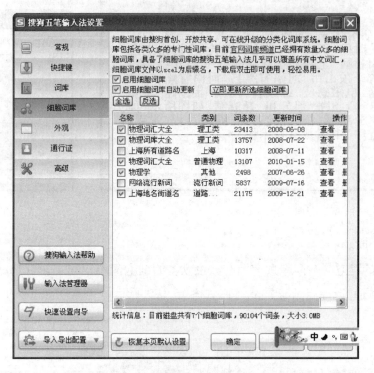

图 15 – 31

(4) 外观的设置。

① 输入框样式:可以选择候选项的数目及其他样式。

② 输入框外观:可以选择皮肤的样式,还可以到输入法官网上去下载您喜欢的皮肤。也可以对字体大小和颜色进行个性化的设置。如图 15 – 32 所示。

图 15 – 32

（5）通行证。

通行证是搜狗输入法提供的一个特色功能。通过通行证,您可以将您的个性化设置、您的词库上传到服务器,即使您在其他电脑上使用搜狗输入法,只要登陆通行证,就能同步您的设置和词库,可以"立即上传配置"和"立即下载配置",以及立即同步词库。给您文档的编辑带来极大的方便。如图 15 - 33 所示。

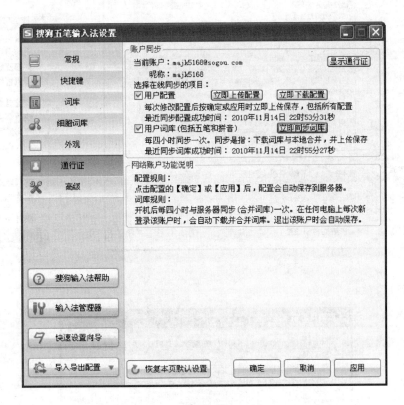

图 15 - 33

（6）高级的设置。

高级的设置中有多种选项,可以根据自己的情况在"启动选项"和"辅助功能"中进行选择。下面介绍部分选项:

① 启动选项:默认输入法状态指的是重新打开输入法时输入法的状态,输入法默认的是中文、半角、中文标点。

② 数字后面的"。"输出为". ":数字后面自动输出小数点,而不是句号,以方便经常输入数字的用户使用。

③ 使用词语联想,输入一个字或者词时,会自动对词语进行联想提示。如输入一个"人"字,可以有"人员"、"人们"、"人士"等词供选择。

④ 显示拼音提示:在用五笔输入文字时,自动提示该文字的汉语拼音。如图 15 - 34 所示。

6. 搜狐拼音输入法的设置

（1）搜狗拼音输入法与搜狗五笔输入法的设置在很多方面是雷同的。在此主要介绍自定义词库的设置。在输入法工具条上右击鼠标,点击"设置属性"。如图 15 - 35 所示。

（2）"常规"设置。在得到的"搜狗拼音输入法设置"对话框的"常规"选项卡中,可以选择自己喜欢的风格。如图 15 - 36 所示。默认即可。

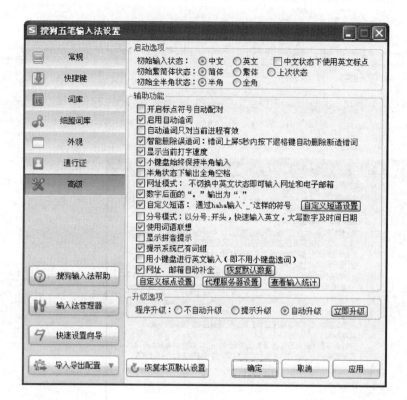

图 15 – 34

图 15 – 35

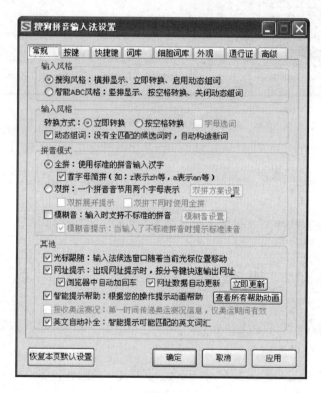

图 15 – 36

7. 创建自己的词库

在"词库"选项卡中,可以备份词库,也可以导入已经备份的词库,还可以创建自己的常用词库。

(1) 创建常用的词库文档。自己制作一个常用词库文件,每个词单独一行,且保存为 ＊. txt 格式文件,如文件名称为"常用词库. txt"。如图 15 – 37 所示。

(2) 在"词库"选项卡下面,点击"导入文本词库"按钮,如图 15-38 所示。然后找到已经保存的"常用词库. txt"文件,打开即可。

图 15-37

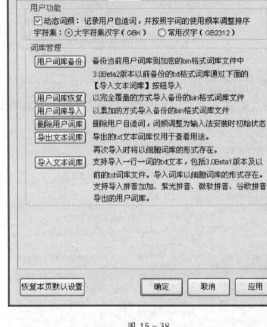

图 15-38

(3) 当出现如图 15-39 所示的安装信息时,说明新词库安装成功,可以看出已经安装了自己常用的词条数 218 条,但是导入的词库作为胞词库的一部分,其中的词条是不能单独删除修改的。

(4) 导入的词库文件显示在"细胞词库"中,如图 15-40 所示。

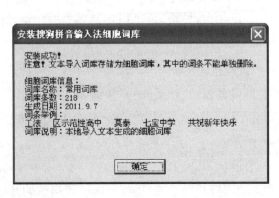

图 15-39

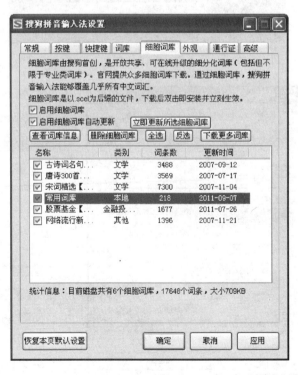

图 15-40

8. 修改词库词条

由于导入的词库作为细胞词库的一部分,其中的词条是不能单独删除和修改的。要修改搜狗拼音输入法中的自定义词条,要在图 15-40 中先选中该词库,然后点击"删除细胞词库"按钮将该词库删除。在图 15-37 中修改词条后保存文件,再按照图 15-38 的方法再重新导入字库文件即可。

15.3 设置开机声音及密码

1. 设置开机声音

电脑开机和关机时,默认是有声音的,有时不需要声音,可以将声音关掉,或者更改开机的声音。设置方法如下:

(1) 去掉开、关机的声音。

① 点击电脑左下角的"开始"→"控制面板",在"控制面板"中选择"声音、语音和音频设备",如图 15-41 所示。

② 然后选择一个任务"更改声音方案",如图 15-42 所示。

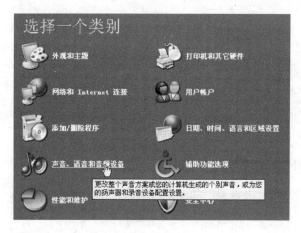

图 15-41

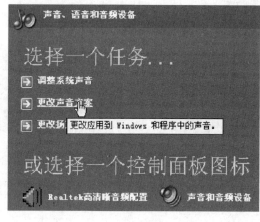

图 15-42

图 15-43

③ 在"声音和音频设备属性"对话框的"声音"选项卡中,在"声音方案"中选择"无声",这样开机和关机时就没有声音了。如果在声音方案中选择"Windows 默认",在"程序事件"中选择某一项目,可以在下面"声音"中,点击" ▶ "按钮,试听声音,也可以点击"浏览",选择其他声音。如图 15-43 所示。

(2) 自定义声音设置属性。

在"声音和音频设备属性"对话框的"音量"选项卡中,可以设置"音量"的高低,可以选择是否"将音量图标放入任务栏"中。如图 15-44 所示。

2. 设置开机密码

为了防止别人随便打开自己的电脑,可以设置自己的开机密码。

(1) 进入用户账户。

在图 15 – 41 中点击"用户账户",在此可以选择"更改账户",既可以更改原来的账户,也可以创建一个新的账户,或在此"更改我的图片"。如图 15 – 45 所示。

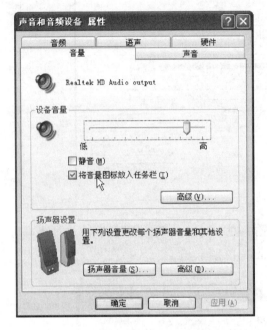

图 15 – 44

图 15 – 45

(2) 添加账户密码和图片。

① 若在图 15 – 45 中点击"更改账户",在得到的图 15 – 46 中选择更改的账户,如选择"马九克",在得到的图 15 – 47 中可以"创建密码"或"更改我的图片"。

挑选一个要更改的账户

图 15 – 46

图 15 – 47

② 点击"创建密码"后,在图 15 – 48 中两次输入新的密码,然后点击"创建密码",则密码创建成功。

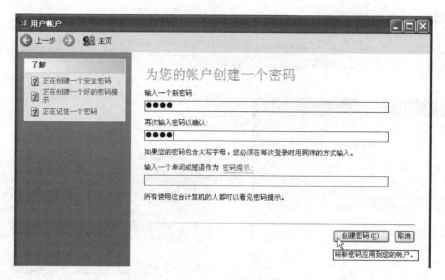

图 15 - 48

③ 在图 15 - 47 中点击"更改我的图片",可以在此选择某一个图片,或点击"浏览图片",选择自己喜欢的图片,如把自己的照片添加在开始的屏幕上。如图 15 - 49 所示。

图 15 - 49

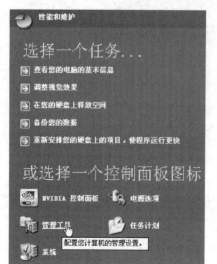

图 15 - 50

(3) 更改账户名称。

可以把默认的账户名称更改为自己的名字,操作方法如下:

① 在图 15 - 41 中点击"性能和维护",在"性能和维护"选项中,选择"管理工具",如图 15 - 50 所示。

② 在"管理工具"文件夹中,打开"本地安全策略"文件,如图 15 - 51 所示。

③ 在打开的"本地安全设置"选择框中,在"安全选项"文件夹中,选中下面的"账户:重命名系统管理员账户 Administrator"选项,如图 15 - 52 所示。然后右击该选项。

④ 在得到的"账户:重命名系统管理员账户属性"中,将 Administrator(管理员)名称改为自己的名字"马九克"。如图 15 - 53 所示。点击"确定"即可。

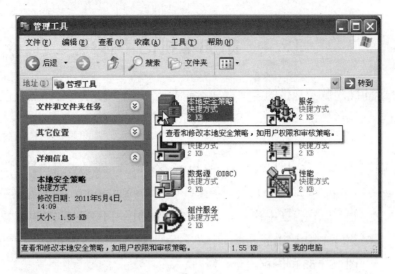

图 15－51

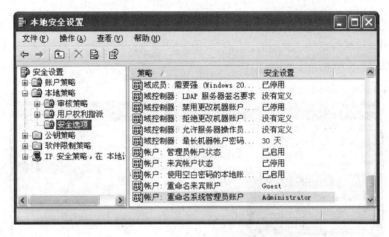

图 15－52

（4）密码、名称和图片设置好后，开机时需要输入密码，在"开始"菜单上可以显示出自己的图片和名字。如图 15－54 所示。

图 15－53

图 15－54

15.4　添加本机的字体

在文档编辑的过程中,电脑上自带的字体常常不能满足需要,可以在网上下载自己喜欢的字体,安装在自己的电脑中。

1. 下载字体

网上的字体网站很多,如:字体下载大宝库(http://font. knowsky. com)、中国素材网(http://

图 15 - 55

www. sucai. com)、中国字库(http://www. font6. com)等网站都可以下载字体,也可以在百度中输入需要的字体,如制作 PPT 时常需要用"方正粗圆简体",在百度中输入"方正粗圆简体",找到下载的网站下载即可,下载的字体文件常常以图 15 - 55 的图标显示。

2. 安装字体

点击电脑左下角的"开始"→"控制面板",在"控制面板"的左上角点击"切换到分类视图",在经典视图中打开"字体"文件夹。如图 15 - 56 所示。打开该文件夹后,直接把下载的字体文件复制过来即可。或者复制到 C:\WINDOWS\Fonts 文件夹中。

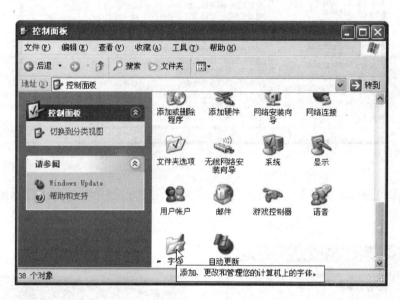

图 15 - 56

15.5　屏保及电源属性设置

1. 桌面显示属性设置

在桌面上右击鼠标,点击"属性",在"显示属性"对话框的"桌面"选项卡中,在"背景"下面可以选择桌面的图案,点击"浏览",可以在电脑中找到自己喜欢的图片放置在桌面上,在"位置"中有三个选项,分别是"居中"、"平铺"、"拉伸",它们指的是图片在桌面上的状态。点击"颜色",可以选择图片处于居中时,图片两边显示的颜色。设置好以后点击"确定"即可。如图 15 - 57 所示。"显示属性"对话框也可以通过"控制面板"的"经典视图模式",点击"显示"后进入"显示属性"对话框。

2. 屏幕保护的设置

（1）在图 15-57 中的"显示属性"对话框的"屏蔽保护程序"选项卡中，可以在"屏蔽保护程序"中选择屏幕保护的一个程序，如选择"字幕"，如图 15-58 所示。然后点击"设置"。

图 15-57

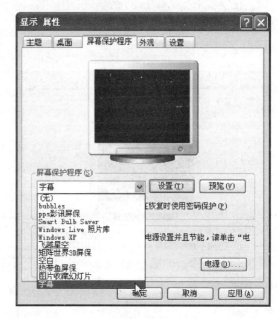

图 15-58

（2）在得到的"字幕设置"对话框中，可以输入文字，设置背景颜色，设置文字格式。如图 15-59 所示。

（3）在图 15-58 中点击"图片收藏幻灯片"，在得到的"图片收藏屏幕保护程序选项"中，可以选择更换图片的频率，点击"浏览"可以选择自己电脑中的照片。如图 15-60 所示。

图 15-59

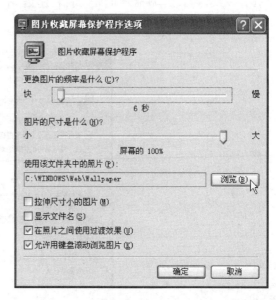

图 15-60

（4）在设置好屏幕保护程序后，可以继续设置在没有操作的情况下，"等待"几分钟启动屏幕保护程序，在退出时，即恢复时是否使用密码。如图 15-61 所示。

3. 电源属性的设置

在"监视器的电源"选项卡的右下角点击"电源",如图 15 - 61 所示。也可以通过"控制面板"的"经典视图模式",点击"电源选项"而进入"电源属性"对话框。

(1) 在"电源选项属性"对话框的"电源使用方案"选项卡中,可以对电源的使用方案进行相关的设置,如图 15 - 62 所示。

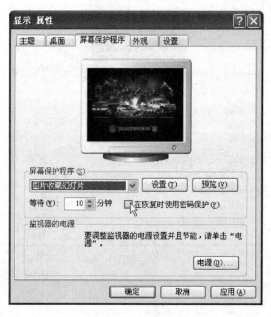

图 15 - 61

图 15 - 62

(2) 在"高级"选项卡中,可以选择电源图标是否显示在任务栏上,计算机从待机状态恢复时,是否输入密码,以及合上计算机盖子时是"待机"还是"不采取任何措施"。如图 15 - 63 所示。

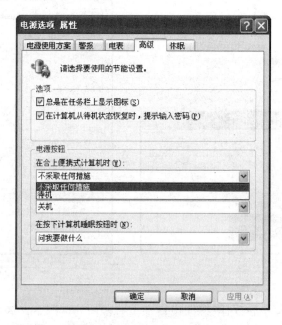

图 15 - 63

15.6 快捷启动项及开始菜单属性的设置

1. 设置"快捷启动"项

除了利用"开始"按钮进入程序以外,还可以利用电脑左下角的快速启动按钮"≫",快速打开某一程序。如图 15 - 64 所示。

(1) 拖动程序图标添加"快速启动"项目。快速启动按钮的左边显示的是最常用的三个程序的快速启动按钮,要增加快速启动栏中的程序项目,可以先把桌面上的某一程序的快捷键图标拖放到三个快速启动按钮之间的某一位置,利用滚动的方式进行排序和添加程序。

(2) 在文件夹中添加程序图标。

① 找到"快速启动"项所在的文件夹,该文件夹的位置:C: \ Documents and Settings \ Administrator \ Application Data \ Microsoft \ Internet Explorer \ Quick Launch。如图 15 - 65 所示。将桌面上程序图标复制到该文件夹中即可。

图 15 - 64

图 15 - 65

② 如果一些隐藏的文件或文件夹看不到,可以通过点击"工具"→"文件夹选项",在"文件夹选项"对话框的"查看"选项卡中,选中"显示所有文件和文件夹",如图 15 - 66 所示,确定后即可看到隐藏的文件和文件夹。

2. 任务栏和开始菜单的设置

(1) 认识任务栏和开始菜单。

① 电脑最下面的区域叫任务栏,点击左边"开始"按钮出现的菜单叫开始菜单,如图 15 - 67 所示。在开始菜单中可以快速地进入程序。

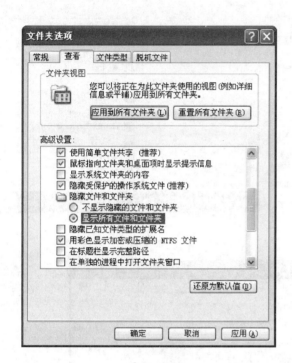

图 15 - 66

图 15 - 67

图 15 - 68

　　② 在下面任务栏中右击鼠标,然后点击"属性"。如图 15 - 68 所示。即可进入"任务栏和开始菜单属性"对话框。

　　③ 在"任务栏和「开始」菜单属性"对话框的"任务栏"选项卡中,"锁定任务栏"是指任务栏是否活动或锁定,"分组相似任务栏按钮"是指相同的程序在任务栏中作为一个组是否叠加放置,"显示快速启动"是指是否显示快速启动按钮,还可以设置是否显示时钟。如图 15 - 69 所示。也可以通过"控制面板"中的"经典视图模式",点击"任务栏和「开始」菜单"而进入"任务栏和「开始」菜单属性"对话框。

　　④ 在开始菜单中可以选择是按常规模式显示还是按经典模式显示开始菜单。如图 15 - 70 所示。如果选择"经典「开始」菜单",得到的开始菜单如图 15 - 71 所示。

　　(2) 在图 15 - 70 中点击"自定义",在"自定义「开始」菜单"对话框的"常规"选项卡中,可以设置开始菜单显示程序的数目,点击"清除列表",可以清除开始菜单中显示的程序。如图 15 - 72 所示。

　　(3) 在"高级"选项卡中,点击"清除列表",可以清除图 15 - 67 中"我最近的文档"中的各项。如图 15 - 73所示。"列出我最近打开的文档"指是否在点击"开始"时,在"我最近的文档"中显示最近打开的文档。

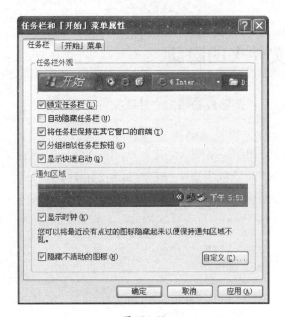

图 15-69

图 15-70

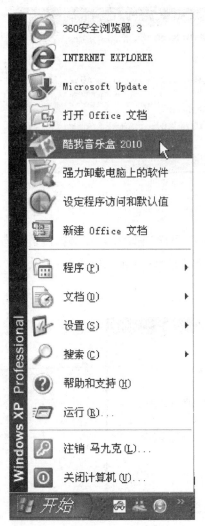

图 15-71

图 15-72

图 15-73

15.7 文件或文件夹的隐藏

电脑中很多文件或文件夹是被隐藏的,自己也可以设置能够被隐藏的文件或文件夹。

1. 文件或文件夹设置隐藏

在某一文件或文件夹上右击鼠标,在得到的属性对话框的"常规"选项卡中,在"属性"项中选择"隐藏",点击"确定",如图 15-74 所示。在"确认属性更改"对话框中点击"确定"即可,如图 15-75 所示。则该文件或文件夹具有了隐藏的属性。

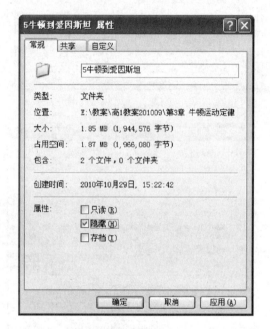

图 15-74

图 15-75

2. 隐藏或显示的设置

(1) 上述设置后,文件还不一定能隐藏起来,只是图标颜色变淡了,要真正隐藏还要进行设置。点击"工具"→"文件夹选项"。如图 15-76 所示。也可以通过"控制面板"中的"经典视图模式",点击"文件夹选项"而进入"文件夹选项"对话框。

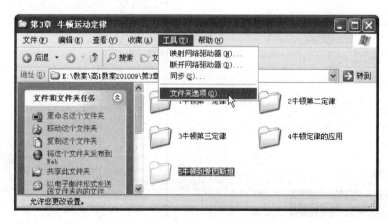

图 15-76

(2) 在得到的"文件夹选项"对话框的"查看"选项卡中,选中"不显示隐藏的文件和文件夹",如图15-77

所示,点击"确定"后,所有具有隐藏属性的文件和文件夹均被隐藏。有时某文件不知道是什么格式,即没有文件的后缀,可以在图中去掉"隐藏已知文件类型的扩展名"前的"√",即可显示出文件的后缀名称。

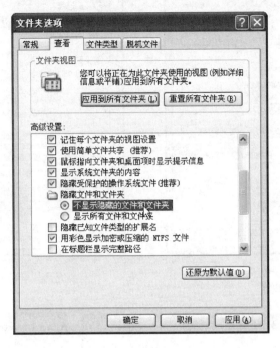

图 15-77

15.8 笔记本电脑的网络设置

用笔记本电脑上网,常常要更换不同的上网地方,因此要设置不同的 IP 地址。

1. 双击任务栏右下角的网络连接图标"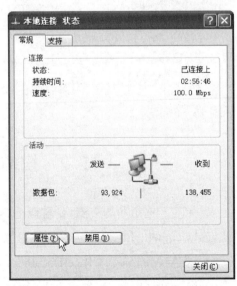",在得到的"本地连接状态"对话框的常规选项卡中点击左下角的"属性"按钮。如图 15-78 所示。

2. 在得到的"本地连接"对话框的"常规"选项卡中,选中"Internet 协议(TCP/IP)"。然后点击"属性"按钮。如图 15-79 所示。

3. 在得到的"Internet 协议(TCP/IP)属性"对话框中,修改 IP 地址即可。若到某些宾馆饭店上网,网线连接后,选中"自动获得 IP 地址",如图 15-80 所示。点击"确定"即可自动上网。

4. 无线上网

(1) 在任务栏右下角双击无线上网图标"",在得到的"无线网络连接"对话框中,选择一个网络信号,点击下面连接按钮输入密码即可。如图 15-81 所示。

(2) 点击左上角的"刷新网络列表",可以重新搜索该区域的无线网络信号。宾馆饭店的无线网络信号常可以自动连接。当无线网络连通后,双击无线网络连接图标"",可以看到如图 15-82 所示的"无线网络连接状态"。

图 15-78

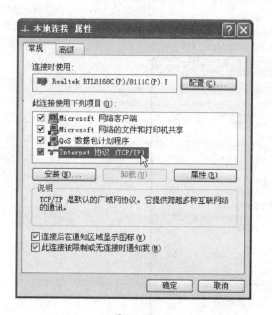

图 15 - 79

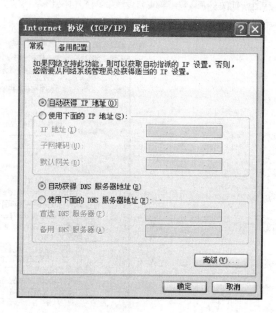

图 15 - 80

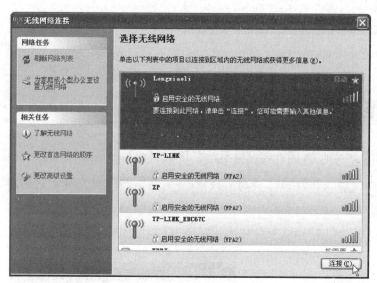

图 15 - 81

图 15 - 82

（3）点击"属性"按钮，可以看到在"Internet 协议（TCP/IP）属性"对话框中，是自动获得 IP 地址的。如图 15 - 80 所示。

15.9　扫描文稿后提取图片中的文字

如果有一些纸质的文稿，要重新把文字输入到电脑中去，是很辛苦的。利用微软提供的 Microsoft Office Document Imaging（办公文件影像处理）工具，可以轻松地完成这一任务。

1. 安装 Microsoft Office Document Imaging

Microsoft Office Document Imaging 不用去网上下载，如果你的电脑安装了 Microsoft Office 2003 或 Microsoft Office 2007，在开始菜单的 Microsoft Office 工具中就能找到该工具，如图 15 - 83 所示。如

果在 Microsoft Office 工具中没有该工具,可以插入 Microsoft Office 的安装盘,选择 Office 工具中的 Microsoft Office Document Imaging 安装即可。

图 15-83

2. 扫描文稿

Microsoft Office Document Imaging 其实包含了两个工具:Microsoft Office Document Scanning(办公文件扫描)和 Microsoft Office Document Imaging。Microsoft Office Document Scanning 通过扫描仪把文稿扫描成图片,Microsoft Office Document Imaging 是用来把扫描后的图片中的文字识别为可编辑的文本,再输送到 Word 或其他应用程序中。

(1) 把文稿扫描为图像。

打开 Microsoft Office Document Imaging 程序,点击"扫描新文档"按钮,如图 15-84 所示。在扫描新文档对话框中,选择"黑白模式"即可。如图 15-85 所示。也可以在打开 Microsoft Office Document Scanning 程序时,出现"扫描新文档"对话框。

图 15-84

图 15-85

(2) Microsoft Office Document Scanning 程序可以把文稿扫描为 MDI 或 TIF 格式的图像,当然也可以直接扫描得到 MDI 或 TIF 格式的图像。扫描得到的文档如图 15-86 所示。

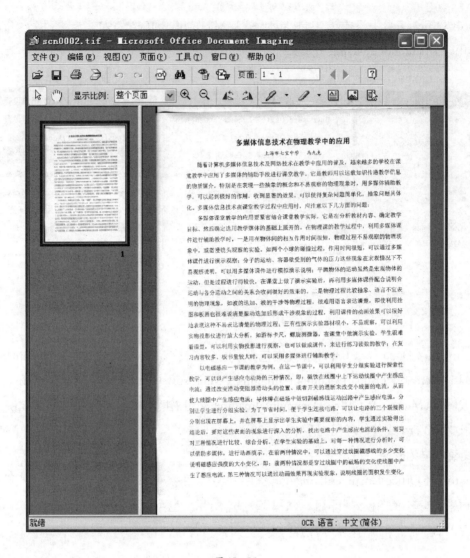

图 15 - 86

3. OCR 识别文字

(1) 在 Microsoft Office Document Imaging 程序中,点击"工具"→"使用 OCR 识别文本",如图 15 - 87 所示。然后再点击"工具"→"将文本发送到 Word"。

图 15 - 87

　　(2) 在得到的"将文本发送到 Word"的对话框中,选择文件的存放位置。如图 15 - 88 所示。点击"确定"即可。

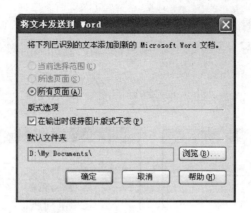

图 15 - 88

15.10　复制网页文字和百度文库中的文字

在浏览某些网页时,有时候想选取某些文本进行复制,可是按住鼠标左键拖动时,无法选中需要的文字。下面介绍几种复制网页文字的方法(测试网址: 1. http://www.exposworld.com/visa/visa6.asp♯1; 2. http://www.syszjzx.com/zsjy/jyzd/200808/1849.html):

1. 改变安全级别

(1) 点击 IE 的"工具"→"Internet 选项",如图 15 - 89 所示。

(2) 在"Internet 属性"对话框的"安全"选项卡中,将安全级别的滑块向上拉动到"安全级-高",如图 15 - 90 所示。然后点击"确定"。

图 15 - 89

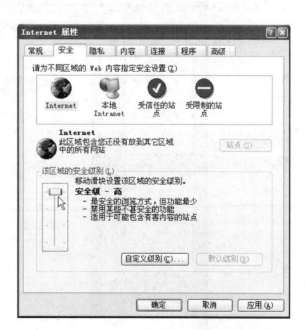

图 15 - 90

(3) 再按 F5 键刷新网页或者把网址复制后再重新打开,这时就可以选取文字进行复制了。

(4) 在采集到了自己需要的内容后,在图 15 - 90 中,再重新选择"默认级别",否则会影响浏览网页。

2. 利用虚拟打印机

在安装 Microsoft Office Document Imaging 组件时 Microsoft Office 为 Windows 安装一台虚拟打印机。

(1) 在打开不能复制的网页上点击"文件"→"打印",在"打印"对话框的"常规"选项卡中,选择打印机为"Microsoft Office Document Image Writer"。如图 15-91 所示。点击"打印"。

(2) 在"另存为"对话框中,选择文件的保存位置。如图 15-92 所示。

图 15-91

图 15-92

(3) 文件保存后,自动打开了 Microsoft Office Document Imaging 程序,再点击"工具"按钮,点击"使用 OCR 识别文本",如图 15-93 所示。

图 15-93

(4) 再点击图 15-93 中"将文本发送到 Word",在出现如图 15-94 所示的对话框中。选中"所有页面",点击"浏览"按钮,可以改变文件的存放位置,然后点击"确定"。

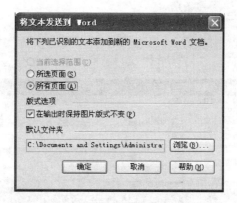

图 15 - 94

（5）然后自动打开了以 Web 版式视图显示的文本，进行编辑即可。如图 15 - 95 所示。

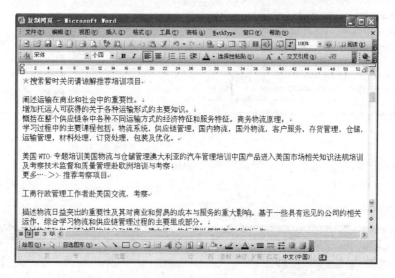

图 15 - 95

（6）或者在图 15 - 93 中选中页面文字直接复制到 Word 文档中即可。如图 15 - 96 所示。

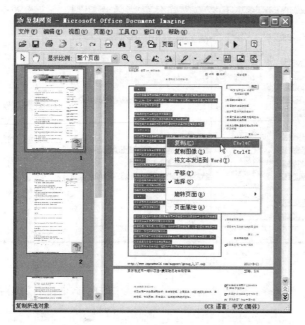

图 15 - 96

3. 利用发送电子邮件的方法

(1) 在需要复制的网页中,点击"文件"→"发送"→"电子邮件页面",如图 15 – 97 所示。

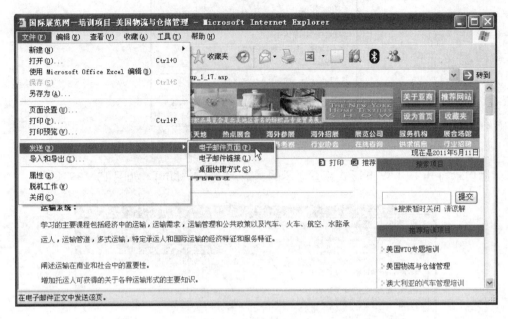

图 15 – 97

(2) 在打开的发送邮件页面上,直接将需要的文字复制即可。如图 15 – 98 所示。经过测试,这种方法最简单实用。

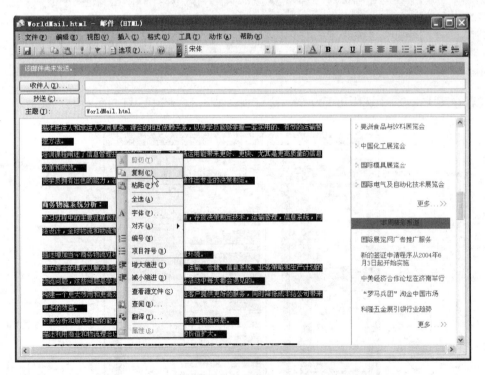

图 15 – 98

(3) 如果出现如图 15 – 99 所示的消息框时,点击确定后可以按照向导进行邮件设置。或者直接提前按照第 12 章 12. 4"在 Microsoft Outlook 中设置电子邮箱"一节的内容进行设置。

图 15-99

4. 利用浏览器工具

(1) 使用 Word 进行复制编辑。

① 在 IE 浏览器中,点击"文件"→"使用 Microsoft office Word 编辑",如图 15-100 所示。这样直接把网页文字转入到 Word 文档中,在 Word 文档中进行复制编辑。

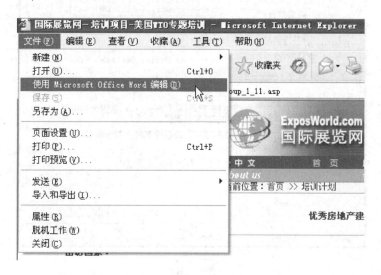

图 15-100

② 在 360 安全浏览器中,点击"文件"→"编辑网页",如图 15-101 所示。可以直接把网页文字发送到 Word 文档中,进行复制编辑。

图 15-101

(2) 设置。

如果点击"文件"时,没有出现"使用 Microsoft office Word 编辑",可以进行如下设置:

点击浏览器上的"工具"→"Internet 选项",在得到的"Internet 属性"对话框的"程序"选项卡中,在"HTML 编辑器"中,选择"Microsoft Office Word",如图 15 - 102 所示。也可以选择"Microsoft Office FrontPage",进行使用。

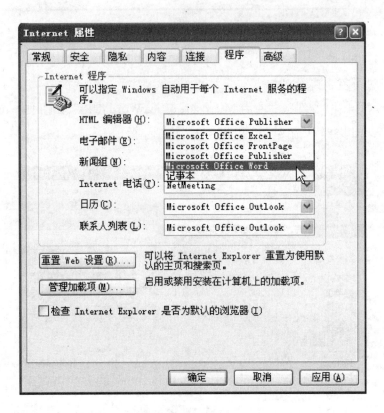

图 15 - 102

(3) 使用网页编辑工具 FrontPage 进行复制编辑。

① FrontPage 是微软的网页编辑工具,如果电脑中安装了 FrontPage 工具,在"开始"→"所有程序"中可以找到如图 15 - 103 所示的 FrontPage 程序。

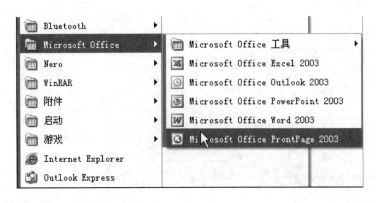

图 15 - 103

② 在图 15 - 102 中选择了"Microsoft Office FrontPage",当遇到你想要的网页内容时,在 IE 浏览器中,点击"文件"→"使用 Microsoft Office FrontPage 编辑",如图 15 - 104 所示。这样直接把网页文字转入到了网页编辑工具 FrontPage 中,在 FrontPage 中进行复制编辑。或在 360 安全浏览器中,也可按照如图 15 - 101 所示的方法进行操作。

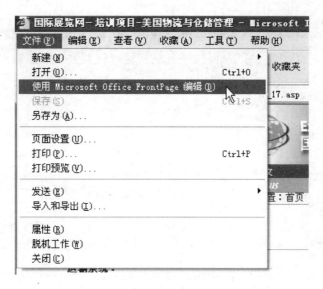

图 15 - 104

③ 在打开的 FrontPage 程序中,网页中的全部内容都在里面了。如图 15 - 105 所示。然后选中复制即可。

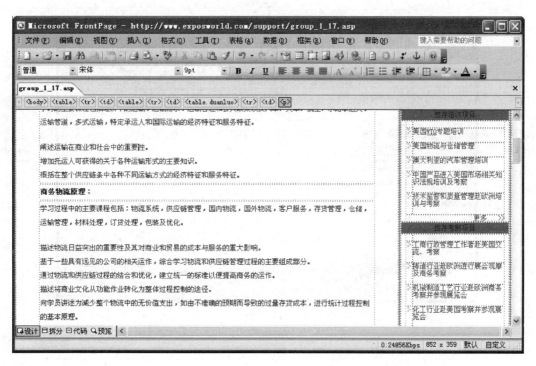

图 15 - 105

5. 网页存为文本格式或用 Word 打开网页

(1) 网页另存为文本格式。将网页保存为文本格式,然后再打开该文件即可进行复制。如图 15 - 106 所示。

(2) 用 Word 打开网页。

① 可以尝试用 Word 来解决网页内容的复制问题。打开 Word 后,点击"文件"→"打开"选项,在弹出的"打开"对话框中,在"文件名"框中输入无法复制网页内容的网址(网址可以通过选中网址后,按下"Ctrl+C"复制后,光标置于文件名框后,按下"Ctrl+V"粘贴即可)。如图 15 - 107 所示。

图 15 - 106

图 15 - 107

② 点击"打开"按钮后,稍后就可以在 Word 窗口中看到所有的网页内容了。可以直接进行复制、删除和保存等操作。

不同的网页打开方法可能不同。通过上面的几种方法,基本上就可以解决网页屏蔽的问题了。

6. 复制百度文库中的文字

教师常常在网络中搜索教学所需要的资料,常常碰到有些文字不能直接复制编辑。下面介绍一种技巧,可以很方便地提取出需要的文字。但在使用这种办法时,切记所选用的文字完全是用于教学而不是其他目的,不能侵犯他人知识产权,这是教师们需要记住的。

（1）在网络中找到自己需要的文档。如图 15 - 108 所示。

（2）复制文档中的文字。

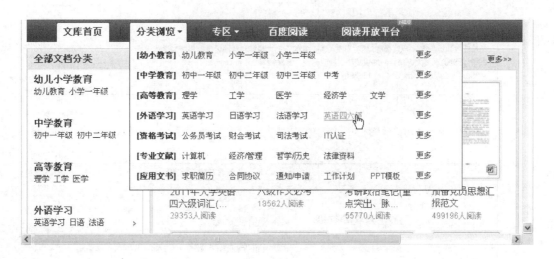

图 15 – 108

① 找到文档复制标题。如图 15 – 109 所示,用鼠标选中标题"党风廉政建设制度",然后复制。

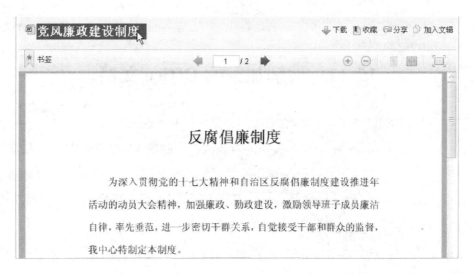

图 15 – 109

② 在网络常用搜索框中输入"site:wenku. baidu. com 党风廉政建设制度"(com 与后面的文字之间要加空格),然后点击搜索。如图 15 – 110 所示。

新闻 **网页** 贴吧 知道 MP3 图片 视频 地图 百科 更多>>

| site:wenku.baidu.com 党风廉政建设制度 | 百度一下 |

图 15 – 110

③ 在得到的文档搜索列表中,找到需要的文档,点击"快照"。如图 15 – 111 所示。

④ 选中文字进行复制编辑。如图 15 – 112 所示。

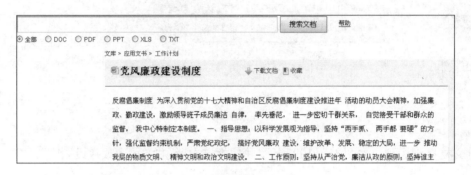

党风廉政建设制度 文库
党风廉政建设制度 - 反腐倡廉制度 为深入贯彻党的十七大精神和自治区反腐倡廉制度建设推
进年 活动的动员大会精神，加强廉政、勤政建设，激励领导…2页 浏览:16次
wenku.baidu.com/view/6143cc13866fb84ae45c ... 2011-12-1 快照

图 15 - 111

搜索文档 帮助
○全部 ○DOC ○PDF ○PPT ○XLS ○TXT
文库 > 应用文书 > 工作计划
党风廉政建设制度   下载文档 收藏

反腐倡廉制度 为深入贯彻党的十七大精神和自治区反腐倡廉制度建设推进年 活动的动员大会精神，加强廉
政、勤政建设，激励领导班子成员廉洁 自律， 率先垂范， 进一步密切干群关系， 自觉接受干部和群众的
监督， 我中心特制定本制度。 一、指导思想:以科学发展观为指导，坚持"两手抓、 两手都 要硬"的方
针，强化监督约束机制，严肃党纪政纪， 搞好党风廉政 建设，维护改革、发展、稳定的大局，进一步 推动
我局的物质文明、 精神文明和政治文明建设。 二、工作原则:坚持从严治党，廉洁从政的原则，坚持谁主

图 15 - 112

15.11 破解加密的 Office 文档

一些加了密码的文档时间长了忘记了密码,那的确是一件非常麻烦的事情。下面介绍一款破解密码的小工具 Office Password Remover,可以在极短的时间内轻松破解 Word、Excel、Access 等 Office 文档的密码。

1. 下载密码小工具 Office Password Remover,安装该软件后,点击桌面的快捷图标,得到如图 15 - 113 所示的窗口界面,然后点击右边的打开文档按钮"![icon]"。

2. 找到被解密的文件,然后点击"打开",如图 15 - 114 所示。文件则加入到解密软件上。然后再点击"移除密码"。如图 15 - 115 所示。

图 15 - 113

图 15 - 114

3. 密码的解除需要连接网络,"信息"提示如图 15 - 116 所示。解密成功后,得到如图 15 - 117 所示的提示。

图 15 - 115

图 15 - 116

4. 文件解密后,以新的文件重新命名,如原来的"教学管理文档"文件,现在变为新的文件名为"教学管理文档(DEMO)"的没有密码的文件。点击下面的"在 Microsoft Excel 中打开文档"按钮,即可打开已经解密的文件。如图15 - 118所示。

图 15 - 117

图 15 - 118

15.12　消除电脑的记忆

在浏览网页时,Internet Explorer 会存储有关您访问的网站的信息,如在某些网站上输入用户名、密码后,因为点击了"下次记住我",以后每次进入这个页面,就自动登录了。通常这些信息存储在计算机上是有用的,它可以提高 Web 浏览速度,并且不必每次重复键入相同的信息。但是,如果您使用的是公用计算机,不想在该计算机上留下任何个人信息,您就要删除这些信息。

1. 消除自动保存的密码

(1) 在网页最上面的工具栏上,点击"工具"→"IE 选项"→"内容",在"自动完成"中,点击"设置"。如图 15 - 119 所示。

(2) 在出现的"自动完成设置"对话框中,去掉"表单上的用户名和密码"前面的钩即可。如图 15 - 120 所示。或者点击"删除自动完成历史记录"后,在出现的"删除浏

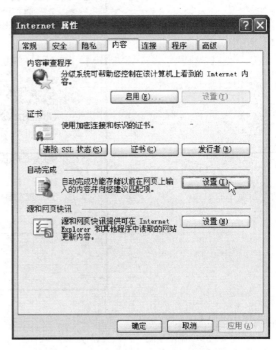

图 15 - 119

第 15 章　常见基本设置及其应用技巧 | 309

览的历史记录"对话框中,选择需要删除的相应选项。如图 15 - 121 所示。

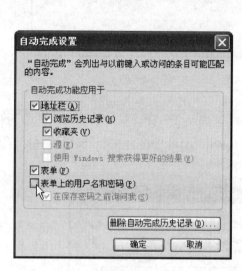

图 15 - 120

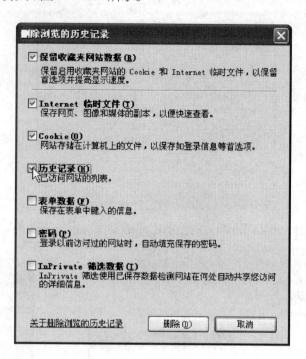

图 15 - 121

2. 删除浏览历史记录

在上网准备结束时,点击"工具"→"IE 选项"→"常规",在"浏览历史记录"下面,选中"退出时删除历史记录",如图 15 - 122 所示。如果点击"删除"按钮,也会出现图 15 - 121 的对话框。

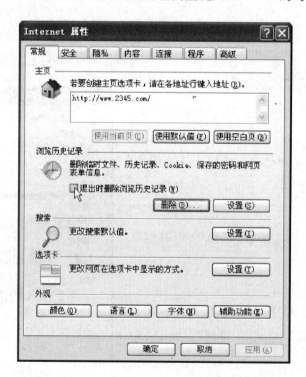

图 15 - 122

后记

　　作为一名物理特级教师,多年来一直致力于中学物理教学的研究与实践,从未想过自己会研究多媒体信息技术,曾经发表的论文和著作,也没有涉及多媒体信息技术的内容。只是近年来在教育教学过程中,大胆尝试,把多媒体信息技术引入其中,在课堂教学和学生管理的过程中充分发挥了这一现代技术的作用,取得了事半功倍的效果,引起了同事和有关领导的关注。令我没想到的是,初期的研究成果得到了信息技术教育专家的肯定,这才使我在专业教学之余,对多媒体信息技术的研究投入了更大的热情,将自己多年来在使用 Office 和网络软件的过程中的方法和技巧加以总结和整理,希望能够给更多的人尤其是从事教育教学的同仁带来帮助。

　　教育现代化要求教师在转变教育观念的同时,也要实现教育手段的现代化,要求教师具有将多媒体信息技术与课堂教学进行整合的能力。所谓多媒体信息技术与课堂教学的整合,我认为就是将多媒体信息技术应用于常规的教育教学工作中。多媒体信息技术包括的内容很多,那么作为普通教师,就是要能够将最常用的几个办公软件应用于教育教学工作中,提高工作效率和课堂教学的实效。

　　几年来,我带着教育教学管理中遇到的问题,在班级管理和年级管理工作中深入研究了 Word、Excel 和 PowerPoint 的功能,结合教学管理工作的需要,探索出了 Word 和 Excel 在教学管理中的一些方法和应用技巧,并取得了一定的成效;在课堂教学中,利用 PowerPoint 制作的具有动感的课件,将抽象的问题具体化,将复杂的问题简单化,将杂乱的问题系统化,把微观的世界和超大的宇宙空间呈现在学生的面前,提高了学生们学习的积极性和课堂教学的实效性。

　　作为"Office 办公软件在教育教学中的应用"的系统研究成果之一的"利用 PowerPoint 制作教学课件",已经得到了很多专家教授的高度评价。教育部教师信息技术培训专家,2008 年 6 月将该研究成果在联合国教科文组织召开的"多媒体信息技术应用大会"上展示,引起了与会专家的高度评价。教育部全国教师教育信息化专家委员会委员、中国教育技术协会学术委员会副主任、上海师范大学黎加厚教授认为:"这项研究为在基础教育中推广应用现有的 Microsoft Office 为平台,实现高质量的计算机辅助教学作出了贡献,这是一项很有作者原创特色的中学教学研究成果。"华东师范大学物理系博士生导师、全国高等物理教育研究会理事长胡炳元教授说:"我们总是说多媒体信息技术与课堂教学整合,到底怎么整合? 你的这种将 Word、Excel、PowerPoint 真正地应用于教育教学实际工作的过程就是最好的整合,可以极大地提高我们教育教学的工作效率,把教师从繁杂的日常事务性工作中解放出来;用 PowerPoint 制作出的甚至可以替代 Flash 的部分功能的动画课件,可以极大地提高课堂教学的绩效。师范院校的学生及广大教师在从事课堂教学的过程中,如果能够掌握这些办公软件的操作方法和技巧,会对他们从事的教育教学工作起到积极的作用。"上海大学理学院副院长、博士生导师张金仓教授认为:"这种将 Office 的办公软件能够很好地应用于教育教学过程的研究,是一项高水准的教学研究,会对我们提高教育教学工作的效率和绩效起到积极的推动作用。"

许多专家都认为这项研究成果极具推广价值。2008年4月在华东师大举办的"全国学科教育论坛"大会上作的"Office在教育管理与课堂教学中的深度开发与应用"的报告得到了与会专家的高度评价。2009年7月,中国教育技术协会在贵阳召开的"国家社会科学基金'十一五'规划课题研讨会"上,该研究项目作为规划课题的内容之一,在大会上详细介绍了研究的过程及前期研究成果,与会的全国各高校的信息技术专家纷纷称奇。2008年12月21日,中国教育技术协会在南宁召开的年会上,PowerPoint在课堂教学中深度应用的研究成果,获得"征文评比一等奖",并在大会上作了专题发言。

目前,PowerPoint深度应用的培训工作已经在上海闵行区全区从小学到高中的100多所学校所有任课教师中培训结束,并全部通过了考核,培训工作得到了参加学习教师的高度评价。并且已将Word和Excel在教育教学工作中的深度应用的培训列入"十二五"教师培训的培训计划。

第一本书《用PowerPoint2003制作教学课件》发行以后,全国各地不少读者纷纷来信,对该书介绍的课件制作方法给予了很高的评价和赞赏,并咨询在使用中遇到的技术问题。不少地方,把这本书作为教师培训的教材使用。另有一些师范院校,已经把该书作为学生课件制作的教科书使用。从众多的来电中发现,这本书的读者对象,不仅仅是中小学教师,还有大学教师及在校大学生、工程技术人员、办公室工作人员、行政干部等。福州屏东中学郭祥深老师来信:"本人多年来一直在探索和实践如何高效地将信息技术应用于中学英语教学之中。拜读了您的专著《用PowerPoint2003制作教学课件》之后感到收获很大,您才是真正的名师高手,我愿拜您为师。"衡阳南华大学彭再新老师来信:"前段时间看到我们教务处一位老师有您的这本书,但他把它当成宝贝一样,说还是在深圳买的,自己没看完,我也不好意思借他的,就在当当网上购买了它。下载了您发来的课件,确实觉得您想象奇妙,真是大开眼界。"上海外国语大学教育技术中心主任周安国教授来信:"在南宁听了您的学术报告后,感到您对PPT的研究和使用已达到炉火纯青的地步。"上海育才中学徐成华老师来信:"听了您的报告,收获很大,未曾想到我们天天使用的Office在您的手下会变得如此的神奇。"绍兴文理学院上虞分院计算机系主任顾鹏尧教授来信:"我发现您编写的这本教材,无论是内容的选择还是顺序的设计,无论是内容的深度还是实际的案例,都很适合已经拥有一定大学计算机基础的学生进行学习,它不仅是可以提高PowerPoint的操作能力,更是可以掌握用它来制作课件的方法,所以特别选择了您编写的这本书作为我们学生的教材使用。"……读者对研究成果的肯定和认可是对研究者的最高奖赏。在这里对这些关爱作者及其研究成果的广大读者朋友致以崇高的谢意。

很多读者来信问:"你为什么会有那么多的奇思妙想?你真的是太聪明了。"在这里我可以告诉大家,我只是一个极普通的教师,也不比任何人聪明,唯一与众不同的可能是我较别人更善于思考,爱动脑而已。同时我有"干一行爱一行,学一行专一行"的人生信条。在学习计算机的过程中(做任何事情都是这样),首先要有创新的意识,进而才有创新的思维,慢慢会具有创新的能力,最后才会有创新的成果。读者朋友在学习我的各种计算机应用的方法和技巧时,不应该仅仅是学习一些机械的操作技能,而应该通过学习,掌握它的思维方法,只有学到了这种创新的思维方法,你才会有所突破,有所提高,才能将这些方法和技巧结合你的工作实际进行应用,那么你将会有无限的创造力。而单纯为了考试而去学习计算机,是不可能学好的。要深入进去,多思考,多实践,多体验。正如黎加厚教授说的:只有你深入进去,你才有机会发现美;深入是一种体验,体验则是一种过程,过程才是一种人生享受。

Office的几个办公软件其实是非常简单、实用、易学的,但是我们的不少教师对它的了解还太少。我曾遇到一件事,令我感触颇深。一个同事在统计一个全校学生的调查问卷,在计算有关数据的百分比时,他用计算器手工操作整整计算了一天,后来我帮助他在Excel中操作完成了另一个年级的统计计算,仅仅是一分钟的事。实际上我们还有很多教师及教学管理人员没有很好地利用计算机,没有让它发挥应有的作用。为了让计算机充分地为教学服务,为教师服务,让教师办公自动化,提高工作效率,改善工作质量,将教师从繁杂的日常工作的手工操作中解放出来,应广大教师的要求,我在出版了《用 PowerPoint 2003 制作教学课件》一书之后,又重新修订再版了《PowerPoint 2003 在教学中的深度应用》,目前,《PowerPoint 2003 在教学中的深度应用》《Word 2003 在教学中的深度应用》《Excel 2003 在教学中的深度应用》《常用信息化软件在教学中的深度应用》四本作为教师教育技术应用的系列丛书,已被中国教育技术协会向全国教师推荐使用。四本书各具特色,《PowerPoint 2003 在教学中的深度应用》一书,主要介绍课件制作的方法和技巧;《Word 2003 在教学中的深度应用》一书,主要介绍教学文档编辑过程中的方法和技巧;《Excel 2003 在教学中的深度应用》一书,主要介绍教学管理和班级管理中常使用的统计运算及成绩查询的方法。书中的动感函数图像能够让课堂教学更添光彩。福建省教育学院信息技术研修部主任、计算机博士陈展虹教授看了 Excel 制作的图像后说:"Excel 函数图像做得非常精彩,你的创造思维实在好,对于利用 Excel 函数制作出的动感图像,很值得推广。"《常用信息化软件在教学中的深度应用》一书,主要介绍在制作课件的过程中,图片、声音、视频文件的下载、编辑的方法,以及网络和常用软件的使用技巧。系列丛书中介绍的方法和技巧,如果能够配合起来熟练的使用,你的教育教学工作将会变得轻松、高效、快捷、方便,并能在工作中体会到极大的乐趣。

在这里我还要向大家说明,我的研究成果之所以能够面世,除了要感谢七宝中学以仇忠海校长为首的学校领导所给予的极大帮助和鼓励外,还要感谢闵行区教师进修学院徐国梁院长、王永和副院长、教育技术部朱林辉主任,是他们在发现了这项研究成果后,立即决定在全区教师中进行培训推广,他们是研究成果的最早发现者。后来闵行区教育科学研究所龙一芝所长,带领五位教科所的有关专家和领导来学校专门听取了研究成果汇报,认为"这项研究优化了我们的教学过程和学生的学业管理,这么好的金矿应该开采出来,让它发光",感到"Office 能够在教学中这样应用,太让人惊奇了"。2008 年 6 月 18 日由闵行区教师进修学院组织在七宝中学召开的教育技术应用研究汇报会上,我专门向张民生主任汇报了 PowerPoint 制作课件以及 Excel 和 Word 的研究情况,张主任给予了高度评价,认为这项研究做到了精致和极致,且易学、实用,具有创新性。还说:"马老师的这种创新精神和研究成果都值得我们大范围去推广……这种技巧和方法不需要计算机理论,不仅在教师中推广,还可以在学生中开选修课,让学生掌握这门技术。"张主任还为该系列丛书作了序。这些专家和领导对研究工作的肯定和认可,是我做好这项研究工作的巨大动力,在此深表感谢。同时也要感谢华东师范大学出版社的领导,每一本书的出版都突破了常规,为了让新书与读者早日见面,从报选题到编审以及印刷发行都是以最快速度特批完成的。

教育部教育信息化技术标准委员会主任,全国教育科学规划领导小组成员暨教育信息技术学科组组长,联合国教科文组织 ECNU 联系中心副主任、首席专家,联合国教科文组织教师教育信息化项目专家,教育部基础教育资源建设项目专家,华东师范大学网络教育学院院长,全国著名教师教育技术应用研究专家祝智庭教授,发现了我的研究项目后来信说:"马老师,我觉得你做的工作最大价值在于让平凡人用平凡工具做平凡事而产生不平凡的工作成效,应该在全国大范围推广。"并且指导我明确下一步的研究方向说:要把研究的内容进一步整合,将所有教师实用的具体教学案例整合在一起,直接服务于教师的工作需要,这将对提高教师的工作效率,提高课堂教学的实效性起到积极的作用。并将下一步的研究命名为"马九克教学工法"(祝智庭教授是针对我的研究特点,专门提出的"教学工法",就是运用大家日常使用的办公软件以及多媒体信息技术,针对教育教学中经常遇到的实际问题,研究出有针对性和创新性的快捷、方便的解决问题的方法,这些方法应具有:问题上的针对性,应用上的简便性,技术上的创新性)。建议围绕普通教师的日常工作来组织内容,提供宝贵的真实案例。领导和专家的认可,是研究和创造的巨大动力。

目前,全国已经有省、地、市、学校及培训机构等不少地方,都在按本丛书介绍的方法和技巧对教师进行 Office 在教育教学中的深度应用的学习培训。该研究项目已经被上海市教师教育资源专家委员会评选为优秀课程,上报为教育部在全国开展的"国培计划"培训课程资源征集、遴选的优秀课程资源。目前《PowerPoint2003 在教学中的深度应用》、《Word 2003 在教学中的深度应用》、《Excel 2003 在教学中的深度应用》三门课程,已经作为上海市教师教育市级培训共享课程在全市开展培训,作者本人已被聘华东师范大学教育信息化系统工程研究中心研究员,中国教师报教师教育技术应用培训专家,上海市教师教育市级共享课程培训教师,上海闵行区电子书包项目研究中心组成员。

让我的研究成果造福于社会,造福于教育,造福于教师是我的最大心愿。对全国各地的教师培训机构和广大读者朋友对该研究成果的认可,再次深表感谢。由于本人水平有限,殷切希望广大读者朋友在使用本书的过程,多提宝贵意见,以便再版时修改。来信请寄:PPT5168@163.com,也可以登录:http://majk5168.blog.163.com(马九克教育技术应用研究工作坊),查看更多内容并下载相关文件。

2012 年 4 月 18 日

附:
教师教育教学必备网址大全

1. http://www.jiaoyu910.com 教育网址导航大全,可以进入众多教育教学网站

2. http://www.moe.edu.cn 教育部网站

3. http://edu.people.com.cn 人民网教育频道

4. http://www.xinhuanet.com/edu 新华网教育频道

5. http://www.gmw.cn 光明网,知识分子的网上家园

6. http://www.edu.cn 中国教育和科研计算机网,国家级的大站

7. http://www.eol.cn 中国教育在线

8. http://www.chinaedu.edu.cn 中国教育信息网

9. http://www.cer.net 中国教育在线

10. http://www.pep.com.cn 人民教育出版社

11. http://www.cctr.net.cn 中国高等学校教学资源网

12. http://www.k12.com.cn 中国中小学教育教学网

13. http://www.nrcce.com 中国中小学信息技术教育网

14. http://www.nlc.gov.cn 中国国家图书馆

15. http://www.chinaedu.com 101远程教育网

16. http://www.teacher.edu.cn 中国园丁网,众多教师招聘信息

17. http://www.cpus.gov.cn 中国科普网

18. http://www.hongen.com 洪恩在线

19. http://www.ncet.edu.cn 中央电化教育馆

20. http://www.teacherclub.com.cn 中国教师研修网

21. http://www.etr.com.cn/phpcms 中国教育技术网

22. http://www.52kjzx.com 我爱课件中心下载课件

23. http://www.xsj21.com 新世纪课程网

24. http://blog.edu.cn 中国教育人博客

25. http://blog.edudown.net 中小学教育博客

26. http://www.alllw.com 免费的论文网,提供大量各学科论文

27. http://www.jiaoshizhaopin.net 中国教师招聘网

28. http://www.zxxk.com 中学学科网

29. http://www.shec.edu.cn 上海教育

30. http://www.shmeea.com.cn 上海招考热线

31. http://www.edu.sh.cn　上海市基础教育信息网

32. http://www.sherc.net　上海教育资源库

33. http://sh.gaokao.com　上海高考网

34. http://www.shedunews.com　上海教育新闻网

35. http://edu.sina.com.cn　新浪教育

36. http://learning.sohu.com　搜狐教育

与本书配套的教学资源下载地址：

http://majk5168.blog.163.com　（马九克教育技术应用研究工作坊）